LAAT ME LIEFDE ZIEN

Voor mijn dochters

RIK LAUNSPACH

Laat me liefde zien

Uitgegeven door G&B
PC Hooftstraat 51
1071 BN Amsterdam

Omslagontwerp: Martin Roodnat
Auteursfoto: Michiel Voet
Vormgeving : Forsrood

Eerste druk 2018
Tweede druk 2018
Derde druk 2022

ISBN 978 94 92597 97 7 | NUR 301

Dit werk betreft een fictief verhaal. Namen, personages, bedrijven, locaties, evenementen en incidenten zijn door de auteur bewerkt tot fictief gegeven.

1 *Wat, verblind door het licht, gebeurt in het donker*

2 *De Man op het Nachtkastje*

3 *Space Invaders*
4 *Abteilung B*

5 *Just Another Mission*

6 *De Ringelrat*

7 *Semper Augustus*
8 *Wat gebeurt in het donker wordt verblind door het licht*

1. *Wat, verblind door het licht, gebeurt in het donker*

Nu weten ze het nog niet. Niemand weet wat hij gaat zeggen. De televisies staan overal nog uit. Of op een kinderprogramma, misschien. De twitteraars, journalisten en meningverkondigers zijn bezig met het updaten van hun berichtjes en fotootjes, zitten in de trein of in de file, sommigen misschien al aan tafel met hun afhaalthai, geliefde of hun gezin. Ze hebben er geen weet van dat zijn taxi straks stopt bij de glazen gevel van het Amsterdamse grand-café waar de registratie plaatsvindt van de populaire dagelijkse talkshow die over een uur de laatste ontwikkelingen zal uitzenden over het onderwerp dat de afgelopen weken het nieuws heeft gedomineerd.

Het make-upmeisje brengt hem naar een kamertje dat overdag ken-nelijk gebruikt wordt door de bedrijfsleider. Ze heeft een spiegel gezet tussen de printer en een archiefkast. Ze beweegt vluchtig een stukje schuimrubber over zijn gezicht. 'Tegen de glim,' zegt ze. Kort daarna: 'Klaar.'

Hij kijkt taxerend naar de man tussen printer en kast, een kale schedel met stoppels. Het gezicht van een oude vechter, de huid on-der zijn ogen en kin wordt al slap. De bril met ronde glazen maskeert het een beetje. Hij probeert een glimlach, meer rimpels verschijnen, maar hij weet: het is een innemende glimlach. Tientallen, honderden mensen hebben die lach gezien en gedacht: wat een aardige vent. Die bedoelt het vast goed. Rafelige buitenkant misschien, maar blanke pit, hart op de juiste plek.

Hij haakt een vinger achter de overhemdrand en wijst het meisje op de bultjes in zijn nek. Kan ze daar nog iets aan doen?

Terwijl ze tissues over zijn boord vouwt en haar sponsje langs een huidkleurige stick haalt, trekt een jonge, kortgerokte redactiemedewerkster in netpanty een bureaustoel dichterbij om het gesprek voor te bereiden. Hij is als eerste aan de beurt, zegt ze, want de mensen willen het weten, het is een scoop, maar hij moet die eerste minuut zien als een introductie, een teaser. Een opwarmertje. Dit is er gebeurd. Zo is er gereageerd. Hier staan we nu. Begrijpt hij? Een paar korte zinnen, niet meteen de diepte in. Met een nagel in verontrus-tend oranje beroert ze het plastic mapje op haar genylonde knieën met de andere onderwerpen die vervolgens aan bod komen. Een minister, een wetenschapper, een schrijver met een nieuwe roman. Dan een muzikaal intermezzo. En dan komen ze pas weer bij hem. Hij hoort het maar half, want hij denkt aan die nylons en wat erin zit en beseft dat hij deze gedachten niet mag hebben. In ieder geval niet hier. Niet op dit moment. Ze verplaatst haar gewicht en slaat haar benen over elkaar. Hij hoort het visnet ritselen als een rivier rond een krib. 'Zo,' besluit ze. 'Alles duidelijk?'

Hij knikt. Ze heeft iets oosters. Haar lange zwarte haar valt als een glanzende gotische mantel steil naar beneden. Het make-upmeisje trekt de tissues weg. Opeens realiseert hij zich dat er van hem een antwoord wordt verwacht. 'Ja,' mompelt hij, 'ik snap het.'

De redactrice bestudeert hem, ze houdt haar hoofd schuin, het glinsterende zwart golft mee. 'Hoe...?' begint ze en doet er dan het zwijgen toe. Ze begrijpt ook wel dat het niet aan haar is om hem te bevragen. Mogelijk heeft ze de banden al gezien, denkt hij. Op haar netvlies staan misschien al de gore videobeelden die hij zo goed kent en waar hij nu niet aan wil denken.

DEEL I – MIMESIS

2. *De Man op het Nachtkastje*

Het is een test. Alles is een test.

Hij is negentien. Op de aanmeldingsdag van de selectiecursus is hij misselijk. Er zijn te veel zenuwen, te veel mensen. Op de stoep, in de gang, in de hal, voor de deur van het kleine kantoor waar je het stencil kunt ophalen dat je moet invullen. Tientallen jongens en meisjes die elkaars ballpoint lenen. Daar moet ze ergens tussen hebben gestaan, maar hij kan het zich niet goed herinneren.

In zijn maag woedt een storm. Zo veel kandidaten. Ze zijn stuk voor stuk mooier, langer, krachtiger en zelfverzekerder dan hij. Hoe kan hij zich hier onderscheiden? Met zorg schrijft hij zijn naam op de stippellijn, een handschrift vertelt veel over je karakter. Duidelijke letters, voldoende spaties. Opleiding, leeftijd. Zijn hobby's: schermen, literatuur. Dat is niet waar, natuurlijk, maar het geeft hem mogelijk wel een streepje voor.

Hij levert het formulier in en betaalt tachtig gulden. Hij is ingeschreven.

Pas bij de derde les worden de gezichten om hem heen herkenbaar. Het witblonde meisje met de mopneus heet Guusje. Die met de kleine borsten en brede heupen: Babette. Of Nanette. De luidruchtige, zwartharige jongen met het hoge voorhoofd en een kleine, natte mond: Jaap.

En dan is er natuurlijk Lotte.

Hij wordt zich van haar *bewust*. Het is een bijna empirische ervaring, alsof er de hele tijd naast je een kachel heeft staan branden en je opeens voelt hoeveel warmte ervan afkomt. Hij kijkt naar haar via de plafondhoge spiegels. Ze staan in de dansstudio van de academie: een twintigtal theaterschoolstudenten, in drie rijen opgesteld in het lokaal. Jaap is de enige andere jongen. Vóór hen een afgetrainde dame van in de veertig.

Het is een proefles. Hij heeft nog nooit ballet gedaan, Lotte wel. Zij staat vooraan, hij schuin achter haar, voeten uitgedraaid. Acht keer relevé. Op je tenen. Kantel je bekken onder je, strek je kuiten. Stel je voor dat er een ijzeren staaf in je wervelkolom naar het plafond loopt. Acht pliés. Zorg dat je knieën over je voeten wijzen. Hij ziet eruit als een harlekijn. Zij niet. Ze lijkt op een jonge Audrey Hepburn, maar dan goudblond. Ze is mooi, maar niet op een statische, mannequinachtige manier. Haar ogen en mond springen je tegemoet, nieuwsgierig en gulzig. Als ze je aankijkt, tenminste. Nu staat haar gezicht naar binnen gekeerd, geconcentreerd volgt ze de aanwijzingen op van de lerares. Het is een beenhefoefening, iets met rond de jambe, het gaat Reuben boven de pet. Wat hij doet ziet er belachelijk uit. Hij wendt een spierkramp voor en gaat aan de kant zitten. De rest van de les volgt hij ademloos haar bewegingen.

Er is geen aparte jongenskleedkamer. Sommige meisjes klitten rond elkaar met handdoeken en shampoo en verdwijnen richting douche. Dat durft hij niet. In een hoekje wisselt hij snel van shirt, niemand hoeft zijn magere bleke borst te zien. Lottes ondergoed is van degelijke, witte katoenstretch. Het lijkt alsof de les nog niet voorbij is, de manier waarop ze haar spijkerbroek aantrekt is soepel en lenig, niets aan haar bewegingen is overbodig. Je weet: als je met haar aan een bergwand hangt, zal ze je niet in de steek laten. Die sterke, gladde spieren zijn er niet voor de show. Ze is compleet zichzelf en lijkt zich totaal geen zorgen te maken wat men van haar vindt – precies het omgekeerde van hoe Reuben zich voelt. Hij ritst zijn enkellaarzen dicht.

'Hoe is het met je been?'

In verwarring kijkt hij omhoog. Ze staat voor hem, bindt een elastiekje om haar haar.

'Je been,' vraagt ze. 'Achillespees?'

'Geen idee.' Met beide handen omvat hij zijn dij, en scharniert zijn knie heen en weer. 'Misschien meniscus.'

'Ik vind het dapper. Tussen al die meiden. Als je maar niet opgeeft, oké?' Haar gezicht gloeit, de straling verwarmt en verwart hem. Ze kijkt lief, haar ogen lijken alles te begrijpen, harlekijn, nepblessure, zijn schaamte. Alles is perfect aan haar, lengte, breedte, borstomvang.

De gulden snede van het meisjesdom.

Tijdens de rest van de week komen de muren van zijn zolderkamertje in de Tolstraat op hem af, hij leeft naar de volgende zaterdag toe als een junkie naar zijn shot.

Om tien uur meldt hij zich bij de Toneelschool op de Da Costakade. Hij ziet haar in de kantine, onbereikbaar in een groep extraverte, lawaaiige cursisten.

Tijdens de fantasietraining zoekt hij een plekje bij haar in de buurt. Naast elkaar liggen ze met gesloten ogen ruggelings op de vloer van de balletstudio. Een baardige speldocent loopt tussen hen door en vertelt hun dat de vloer langzaam verandert in een rivier. Het water neemt hen mee naar een grote oceaan van rust. Je dobbert ontspannen op de golfjes, boven je is de blauwe lucht. Vervolgens word je door een zeearend opgepakt en meegenomen op een trans-Atlantische vlucht. De wind buldert zo hard om je oren dat je na verloop van tijd zelf lucht wordt, zo transparant en licht als een zonnestofje, totdat de adelaar je laat vallen, net boven New York, en plotseling zie je het asfalt van de straten in die miljoenenstad met driehonderd kilometer per uur op je afkomen. Je schreeuwt je keel schor, en dat is prima, gooi het er maar uit, die angst.

Godzijdank is er wel een parachute aanwezig, en iedereen moet vervolgens het geluid maken dat hoort bij het gevoel van langzaam naar beneden zweven. Helaas blijft het valscherm hangen aan de reling van het panoramadak van een van de Twin Towers. Toch even die angst terug. Het dak is verlaten. De nacht valt en het is steenkoud. Helemaal alleen sta je in de vriesnacht boven die bruisende metropool en neemt de eenzaamheid bezit van je. Je schreeuwt om hulp, maar niemand die je hoort. Je roept je moeder, maar die zit natuurlijk aan de andere kant van de oceaan. De temperatuur daalt nog verder, bewegen wordt moeilijk. Je gaat liggen en je geeft je over.

Het wordt zo koud dat het vocht van je traanklieren bevriest. Je moet je ogen sluiten. Je bent klaar om te sterven. Opeens hoor je ergens iemand ademhalen. Je houdt je ogen dicht en gaat op de tast op zoek naar leven, naar warmte. Wanhopig strek je een hand uit. Voel hoeveel expressie er in zo'n gebaar kan zitten. En dan raken je vingers een andere huid aan, een kledingstuk, een ander wezen. Je bent zielsgelukkig, maar kunt nog steeds niets zien. Je tast het gezicht af en merkt dat je deze persoon kent. Je hebt hem of haar ontmoet tijdens een toneelcursus. Je stroomt over van genegenheid. Als je kunt raden wie het is, mag je hardop zijn of haar naam zeggen.

'Lotte!' roept hij keihard, vervuld van dankbaarheid.

'Jaap!' gilt ze terug.

Ze mogen hun ogen opendoen. Lotte lijkt een beetje teleurgesteld. Toch gaat ze naast Reuben zitten in de pauze. Als je een oceaan, een intercontinentale vlucht en een vrije val hebt gedeeld, ben je geen vreemden meer voor elkaar. Zachtjes praten ze over de charismatische docent die hun met hulp van hun eigen fantasie alle hoeken van de planeet heeft laten zien.

'Ik was zo bang toen ik boven Manhattan naar beneden stortte,' huivert ze na.

'Ik ook. Op de South Tower schreeuwde ik eerst om hulp naar die andere donkere toren, en daarna naar een bewegend lichtje op het water. Jezus, dat je zo alleen kunt zijn in een wereldstad.'

Hij zegt er niet bij dat hij, door een wonderlijke spiegeling in zijn verbeelding, zijn moeder aan de andere kant van de zee had zien staan, een vrijheidsbeeld van ongenaakbaar steen.

Zo gaat het zes zaterdagen lang door: zangles, fysieke trainingen, improvisatietechniek. Dit is de eerste ronde. In de zevende week besluiten de cursusdocenten wie er moet afvallen en wie door mag naar de volgende zes zaterdagen. Daarna wordt pas beslist wie er toelatingsexamen mag doen voor de dagopleiding. Gemiddeld beginnen er tweehonderd jongens en meisjes aan ronde één, vijftig blijven over voor ronde twee en slechts twintig mogen examen doen. Daar valt dan nog de helft af.

Het is, kortom, verschrikkelijk moeilijk om te worden toegelaten tot de Toneelschool, maar Reuben is eigenlijk alleen maar bezig geweest met Lotte. Op de zaterdagen zit hij in een roes en is tot dingen bereid die hij niet voor mogelijk had gehouden. Als ze uit het raam zou springen, zou hij haar volgen. In de kantine flapt hij er soms een roekeloze opmerking uit waar iedereen om moet lachen. Zij ook. Op zo'n moment is hij gelukkiger dan hij in zijn hele leven is geweest.

Na zes weken is het bijltjesdag. Tot zijn stomme verbazing mag hij door. Voorlopig, dan. Presentatie: matig, staat er in zijn evaluatie. Zangtechniek: redelijk. Fysieke conditie: onvoldoende. Spelvaardigheid: redelijk. We hebben tot nu toe weinig van je gemerkt, is de conclusie. Opdracht voor ronde twee: Laat je meer zien. Het is een geweldige opsteker voor Reuben. Opeens lijkt het denkbaar, leren acteren. En belangrijker: nog eens zes weken Lotte.

De cursisten die door mogen gaan na afloop nog iets met elkaar drinken. Met medelijden kijken ze naar de afvallers. Een bijzonder boos meisje staat buiten ruzie te maken. In haar beoordeling staat: 'We zien onvoldoende aanleg.' Woedend schopt ze tegen een fiets. 'Die kutdocenten zijn blind,' schreeuwt ze.

Reuben probeert haar te kalmeren. 'Je moet je overgeven,' zegt hij. 'Woede is eigenlijk verzet.'

~

Hij weet waar hij het over heeft. Woede en verzet zijn kernwoorden waar hij uitermate vertrouwd mee is. Zijn halve jeugd stond in het teken van deze emotie. Het was het gevolg van een ongelukkige samenloop van omstandigheden: de ontmoeting van zijn ouders op een van de eerste beatconcerten. Zijn vader, ingenieur uit een respectabele plantagefamilie in Indië, had daar niet moeten zijn, maar vond het wel geinig, een paar jongens met een gitaar. Zijn moeder hoorde er wel: een zweverig yogatype dat van Franse chansons hield en al zeven jaar Nederlands studeerde.

Reuben was het product van een haastige copulatie achter een vrachtwagen met lichtapparatuur en zijn vader was te beschaafd om de dame alleen op te laten draaien voor de consequenties. Je kon ook zeggen dat Reuben het product van hun spijt was.

Zijn vader hield niet van yoga en Franse liederen, en eigenlijk dus ook niet van zijn moeder. Hij hulde zich in beleefd stilzwijgen terwijl de jonge moeder experimenteerde met hasj en lsd in de studentencafés – zij was niet van plan om haar ontdekkingsreis naar de Nieuwe Tijden te laten bederven door de aanwezigheid van een boreling. Zo voelde ze dat af en toe; een baby met een boormachine die klaar stond om haar leven te gaan verbouwen. Een enkele keer probeerde Reubens vader haar bootje aan de kant te houden, maar dat liep altijd uit op geschreeuw en gegooi, en uiteindelijk liet hij het maar zo.

Tegenwoordig zouden de relatiepartners dan allang bij een mediator zitten om de scheiding te bespreken, maar begin jaren zeventig kon je ook zien als een draaischijf. Aan de ene kant stonden vrouwen die het niet erg vonden als hun schaamhaar uit hun badpak groeide, aan de andere kant stonden goed opgevoede mannen die weigerden weg te lopen voor hun verantwoordelijkheid en het gedwongen huwelijk zagen als het enige fatsoenlijke antwoord op een ontspoorde onenightstand.

Ze hielden niet van elkaar, die twee, maar probeerden het toch.

Reuben had natuurlijk geen idee van het tijdsgewricht waarin hij opgroeide, maar dat het piepte en knarste voelde hij wel degelijk aan. Hij huilde veel en had extreem veel aandacht nodig. Als hij die niet kreeg omdat pa naar kantoor was en ma in bed lag met een kater, martelde hij vliegen, sprinkhanen, kikkers en buurkatten, en als een talkshowhost anno nu dat had geweten, had hij uiteraard zijn humoristische vinger kunnen leggen op het cynische verband tussen een eenzame jeugd en het beroep van castingdirector. Maar Reuben wil zijn jeugd verborgen houden voor de pers, het enige wat hij er eventueel over kwijt wil, is dat het 'niet altijd even leuk was'.

Zijn ongelukkig jeugd had dus enerzijds te maken met dat concert, maar anderzijds ook met de Arabieren. Die hadden namelijk de Golanhoogte en het Suezkanaal aangevallen in '73 en daarna was de Jom Kippoeroorlog uitgebroken. Nederland steunde Israël, met als gevolg dat het land hard werd getroffen door de oliecrisis. Reubens vader moest halsoverkop naar Oman – het enige olieproducerende land dat niet onder de OPEC-boycot viel – om te proberen de schade te beperken. Reuben was acht, tot dan toe was zijn vader een lange, stille man geweest, nauwelijks zichtbaar achter de eveneens wazige gestalte van zijn moeder. Hij hield zich niet bezig met zijn opvoeding en voerde 's avonds lange telefoongesprekken in vreemde talen. Hij werkte in een grote, grijze kubus in Den Haag met een grote gele schelp boven de ingang, ze waren er een keer met de auto langsgereden. Reuben kon zich niet goed voorstellen wat voor werk je dan deed, in zo'n doos. In zijn fantasie stonden er achter de blikkerende ramen rijen en rijen benzinepompen, die allemaal verbonden waren met een hele dikke slang die onder de grond naar het Midden-Oosten liep.

Opeens bleek die lange man dus best wel belangrijk te zijn, hij moest weg, er was geen tijd te verliezen, en Reuben bleef alleen achter met een teleurgestelde moeder. Zo zei ze het tenminste, als de fles port al rond vier uur halfleeg was: in de steek gelaten, ik sta er alleen voor, hoe moet dat nou met Rubje, ik heb ook recht op een leven. Nu was zij degene die de uitgebreide telefoongesprekken voerde. Hij begreep dat een en ander ook zijn schuld was, want anders zou zijn moeder wel andere woorden gebruiken als 'opgescheept' en 'in de maag gesplitst'. Dan moest je toch denken aan buikpijn op zee en een dek dat al volgestouwd was met kratten en dozen en dat hij er dan ook nog bij moest.

~

Tijdens de pauze op de volgende selectiezaterdag vertelt Lotte aan haar vrienden dat ze geauditeerd heeft voor een piepklein rolletje bij een toneelgezelschap. Gewoon, om ervaring op te doen, zegt ze. Reuben staat bij de koffiemachine, vlakbij. Hij heeft een hele week moeten wachten op haar stem. Wat heeft ze in de tussentijd gedaan? Haar zien doet pijn, hij voelt het tussen zijn ribben. Gedurende de middag lukt het hem niet om dichterbij te komen, tijdens improvisatieles wacht hij te lang met participeren, bij de ontspanningsoefeningen ligt er iemand anders naast haar.

Reuben heeft zich twee jaar geleden ingeschreven bij Rhuggenaath Sterren Casting, maar is nog nooit benaderd voor een auditie. Af en toe komt hij de telefoonhulp van het bureau tegen in het café: een corpulent Noormannetje met mollige enthousiaste handjes dat Marcel heet en je tijdens een gesprek steeds wil vastpakken. Hij heeft de gewoonte 'Dat meen je niet!' te roepen bij alles wat je zegt, en grijpt dan je schouders of armen vast alsof hij wil voorkomen dat je wegloopt zonder hem precies te vertellen hoe het allemaal zit. Reuben heeft het idee dat hij een speciale band met hem heeft, want hij wordt door die handjes vaker en langer vastgepakt dan anderen.

'Met wie?' vraagt Marcel als Reuben hem na het weekend belt.

'Reuben Bierkwiek.'

'Ah. Ja. Reuben. Wat kan ik voor je doen?'

'Ik heb al een tijdje niets van jullie gehoord en dacht–'

'Er is niet zoveel op het moment, ja, een grote periodefilm, maar daar zoeken ze geschoolde acteurs voor. Moeilijke dialogen, Multatuli, Van Eden, snap je?'

'Tuurlijk, maar denk bijvoorbeeld aan Harrison Ford. Die was eerst timmerman.'

'Hij was wel wat ouder, hoor. Toen-ie doorbrak.'

'Wie heeft het over doorbreken? Het mag iets kleins zijn, want het gaat om de ervaring, mijn cv. Dat ik op een filmset gestaan hebt.'

Hij hoorde een aarzeling aan de andere kant. Aarzeling betekent dat het niet onmogelijk is.

'Marcel, kom op. Je moet me een kans geven.'

~

De samenhang is hechter geworden. De mensen die zijn overgebleven in de tweede ronde trekken meer naar elkaar toe. Het talent dat door de docenten in deze groep in theorie aanwezig wordt geacht, vermindert de onderlinge strijd: ze zijn allemaal acteurs in de dop en zitten met elkaar in hetzelfde schuitje. Reuben vraagt aan Lotte of ze hem wil helpen.

'Waarom?'

'Dat was het advies toch vanochtend? Help elkaar.'

Lotte knikt. Dat was waar.

Hij lacht verlegen. 'Ik kan moeilijk thuis voor de spiegel gaan staan.'

Dat was ook waar. Spiegels waren verboden.

Op haar kamertje aan de Zwanenburgwal laat Reuben de monoloog zien die hij heeft voorbereid voor de cursus. De tekst gaat over een Deense prins die zichzelf een lafaard vindt; hij komt er maar niet aan toe om de moord op zijn vader te wreken. Lotte is na de laatste zin een tijdje stil en zegt dan: 'Ehm, het kwam op mij allemaal tamelijk krampachtig over.'

'Vond je?' Hij dacht dat ze zweeg uit bewondering.

'Ten eerste. Je keuze voor de tekst is niet heel origineel. Iedereen doet dat stuk. Je hebt dus altijd veel competitie.'

'Dat wist ik niet.'

'En waarom praatte je het eerste stuk als een robot?'

'Dat was niet de bedoeling, moet ik nog aan werken. Kijk, Hamlet haat zichzelf. Hij klemt zijn kaken op elkaar, maar de woorden persen zich uit zijn keel. Dat gevecht.'

'Hm. En waarom slaat hij zichzelf, aan het einde?'

'Hij staat in brand, vanbinnen. Dat wil hij doven. Het vuur van zijn twijfel.'

'Vuur van zijn twijfel?'

'Ik heb dat ergens gelezen. Dat je kunt worden verzengd door het niet weten, alsof het steeds hapjes neemt uit je kern tot je een lege huls bent.'

Dat vindt Lotte wel mooi. Maar voelt hij het ook zo, hapjes uit zijn kern?

Ja, natuurlijk. Hij stelt het zich voor, een brand die vreet aan je binnenste. Daar schrijft Konstantin Stanislavski ook over, het is zaak om alles zo echt te voelen dat de zaal vanzelf met je meevoelt. Maar Reuben is geen Scandinavische prins die achtervolgd wordt door het drogbeeld van een geharnaste, dode vader. Dat moet hij zich inbeelden. Met zijn eigen emoties. Konstantin heeft een paar hoofdstukken gewijd aan deze methode. Ben je weleens achtervolgd? Zo ja, kun je dat gevoel weer opzoeken? Zo niet, kun je de angst en adrenaline oproepen die bezit van je nemen wanneer denkt dat je met een geest te maken hebt?

Als oefening heeft hij bij de videotheek een horrorfilm gehuurd. De film was niet heel goed, en het beeld zat vol slijtagestrepen, maar zo moet het er dus uitzien, een lichaam dat in ontbinding is. Dat wil je liever niet ontmoeten, 's nachts, op een verlaten kerkhof. Maar wat als de ondode iemand is van wie je houdt? Een zus, een ouder? Een geliefde? Wat doe je wanneer afgrijzen en liefde met elkaar overhoop liggen?

Reuben heeft weinig referentie. Zijn ouders wonen inmiddels in Hilversum, maar dat had net zo goed Antarctica kunnen zijn – zo kil en afstandelijk is de sfeer de enkele keer dat ze afspreken. Nee, aan zijn familie heeft hij niets. Hij probeert de horrorfilm op Lottes gezicht te projecteren.

Het haar in de kleur van Scandinavisch grenen valt uit, vettige grijze slierten omlijsten een gezicht waarin het vlees zich terugtrekt en de beenderstructuur blootlegt. Haar mond verdwijnt in haar schedel en onthult zwart tandvlees en een geschonden maar bijtgraag gebit. Hij strekt een trillende hand uit en roept: 'Zeg mij waarom uw tombe waarin wij u zagen neergelegd, zijn marmeren kaken heeft geopend en uw opgebaarde beenderen uit hun grafwaad zijn gebarsten?'

'Wauw,' zegt de Lottezombie.

Aangemoedigd gaat hij door. 'Wat kan het zijn dat gij, een dode, in volle rusting zo terugkeert?'

Hij merkt dat hij bij 'volle rusting' naar Lottes borsten kijkt, bij gebrek aan een harnas. Het pakkende beeld van de afschrikwekkende geliefde, daarnet nog zo krachtig, valt uiteen.

'Zo terugkeert, in het grillig schijnsel van de maan en de nacht benauwt.' Maar het gevoel is verdwenen, de woorden drijven weg. Hij probeert het beeld terug te roepen, zet extra druk op zijn stem: 'Wat is het dat zo gruwelijk schokt – dat onze geest, de speelbal der natuur, niet denken kan en dit niet meer kan bevatten?' Hij stopt, hoort ook wel dat de tekst nu hol klinkt.

Tussen Lottes mooie ogen zit een frons. Ze denkt even na. Dan: 'Het begin vond ik heel sterk. Het was impulsief, alsof je inderdaad verrast werd door een geest uit het hiernamaals en even klonk de tekst niet raar en stijf, maar geloofde ik je. Ook bij "de maan en nacht" voelde ik iets echts: onzekerheid en verwarring. Daarna werd het gekunsteld en was je me kwijt.'

Dat laatste komt hard aan, maar toch is Reuben blij. Even werd die onmogelijke tekst gedragen door iets echts. Lotte had het gezien. En ze vond het goed. En ook belangrijk: zijn tanende concentratie werd aangezien voor echte verwarring. Je kunt dus naar iemands borsten kijken en dan kan het alsnog lijken alsof je twijfelt over wat je ziet op een maanverlichte nacht in een middeleeuws kasteel. Dat is op zich dan wel weer een verontrustende gedachte: niets in het theater lijkt te zijn wat het is.

~

'Reuben! Raad eens!' Ze komt het theatercafé in met de blosjes van een hockeymeisje na een gewonnen wedstrijd.

'Wat moet ik raden?' Hij is afgunstig: Lotte heeft inderdaad het figurantenrolletje gekregen in *Mata Hari's Geheim;* een grote toneelproductie over de jaren twintig met veel snorren en baarden en fluweel en varens in potten van geslagen koper.

'Wie er in de zaal zat, daarnet.'

Hij heeft geen idee. Bij de tussendeur naar het theater ontstaat enig gedrang. Zes, zeven mensen proberen gelijktijdig naar binnen te komen.

'Ursul Rhuggenaath!'

'Echt waar?'

'In de zaal. Rij vier, aan het gangpad. Dan is er iets. Hij komt niet zomaar naar een matinee.'

'Ik hoorde dat Nanouk bezig is met een nieuw script.'

'Zie je? Dan zijn ze aan het casten.' Lotte probeert rustig te blijven.

'Als er nog geen scenario is? Ik weet niet.'

'Wie zegt dat je dan niet kunt casten? Is juist goed, scriptfase. Dan kun je meegroeien met je personage.'

Reuben houdt wijselijk zijn mond. Hij weet niet goed hoe een film tot stand komt. Ja, tuurlijk zal er eerst een scenario zijn, maar hij weet niet wat ze bedoelt met 'meegroeien met de personages'.

Het groepje bij de tussendeur staat inmiddels in het café, maar nog wel vlak bij de uitgang. Er wordt kennelijk getwijfeld tussen vertrek of een drankje. In het midden van de kring staat een kleine, perkamentwitte man met een onregelmatige gezichtshuid, dikke lippen en sterk wijkende haargrens. Dit is Ursul. 'Ik vond het leuk. Heeeel leuk,' zegt hij. Lotte is al van haar kruk gegleden, voegt zich in de kring, maar ze is te laat. Ze zien nog net een wuifhandje boven de hoofden, voelen een vlaag koude lucht en de kleine grote man is weg. De rest van de middag praat Lotte over haar dromen. Heeft ze hem al verteld dat sommigen haar de Nieuwe Monique noemen? Het gaat over Ben en Marleen en Orlow, zelfs L.A. komt even voorbij. Reuben vindt het best. Het maakt niet uit wat Lotte zegt. Hij kijkt naar haar mond en ogen en veel te snel is het twaalf uur en moet ze weg. Hij probeert een nieuwe afspraak te maken, maar ze kan deze week niet. Elke avond moet ze spelen, elke avond ergens anders in het land.

Reuben staart haar na terwijl ze naar buiten loopt en is jaloers op de stoel in de bus waar ze morgen op zit, op de collega's waar ze mee speelt, op alle mensen die straks in Emmen en Ede en Stadskanaal twee uur lang naar haar mogen kijken.

~

Hij heeft deze periode nachtdienst en fietst om kwart over negen van de Tolstraat vijf winderige en natte kilometers naar de Admiralengracht waar hij de lichtblauwe werkkleding aantrekt, de lichtblauwe overschoenen aandoet en zijn krullen wegduwt onder het elastiek van een lichtblauwe wegwerpmuts. Dan stapt hij de helverlichte productiehal binnen.

Om half elf denkt hij: nu is ze klaar, buigt ze voor het applaus, op het podium helemaal links aan het einde van de rij, hand in hand tussen de huisknecht en de ordonnans. Om half twaalf denkt hij: nu zijn ze op de terugweg, ergens op de donkere Veluwe, maar ze hebben wijn en hapjes in de bus en misschien grijpt die ene acteur die de luitenant speelt nu wel zijn kans en gaat naast Lotte zitten met een zak kaasstengels. Om één uur denkt hij: nu zitten ze in het café en roept de jonge militair of de huisknecht: 'We gaan uit! Wie gaat er mee?'

Tijdens zijn pauze tussen half twee en twee zit hij onder de tl-buis in de kantine naast de defecte koffieautomaat en ziet hij een bezwete Lotte dansen in de Odeon of de Schakel, haar huid glanst en schittert in het licht van de stroboscoop. Om drie uur ziet hij de rug van een officier, op zijn schouders zitten zwarte krulhaartjes. Lotte ligt onder hem en kreunt. Om kwart over drie ziet hij weer een harige rug. Of is het nu de ordonnans die nu op haar ligt? Tussen half vier en zes wordt hij verteerd door een eindeloze variatie van erotische posities, allemaal met Lotte in een prominente rol. Zo voelt een brand vanbinnen, denkt hij. Zo voelen je ingewanden als ze verteerd worden door vuur.

Om tien over zes fietst hij doodmoe door een natte en glimmende stad naar huis. Hij kan het niet helpen, halverwege slaat hij af op de Rozengracht, maakt een enorme omweg en staat ruim een half uur naar de donkere ramen van haar appartement op de Zwanenburgwal te kijken terwijl de eerste bouwvakkers arriveren op de bouwplaats van de Stopera.

~

Het castingbureau is ergens op een gracht. Reuben neemt de trap naar de eerste verdieping. Daar zitten al een half dozijn jongens te wachten.

Vergeet je zenuwen, denkt hij, concentreer je op een denkbeeldig punt in de ruimte. Vertrouw op jezelf. Hij kijkt nog een keer extra, in de wc. Zijn haar zit goed. Aan zijn korte, zwarte krulletjes heb je nooit veel werk. Hij lijkt een beetje op die Italiaanse acteur, hoe heet die, Mastroianni. Toen-ie jong was, dan.

Binnen geeft hij een handje, noemt zijn naam, gaat op de aangewezen plek staan voor de scene die hij heeft voorbereid. Hij beeldt zich in dat hij in een park is. Straks zal hij haar zien, na drie jaar gevangenisstraf. De ontmoeting is niet toe-vallig. Twee uur en achtentwintig minuten heeft hij zich verscholen, in de bosschage voor haar huis. Achter een boom, als een ordinaire struikrover.

Als ze naar buiten komt, vergeet hij adem te halen. Daar is ze eindelijk. Ze is nog net zo mooi als vroeger. Haar mond gaat open, haar lach bevriest in de koude lucht als ze hem ziet. Onbewust heeft hij een stap gezet en daar staat hij, in het heldere zicht van de lage winterzon.

Hij zou naar haar toe moeten rennen, een lichaamsdeel omklemmen, eender welk.

Een stem achter hem. 'Het is de warmste maand van het jaar. De natuur ademt zwaar, alles hangt slap. Maar zij ziet eruit alsof ze net uit bad is gestapt.'

Hij ziet het, ze is zo fris en sprankelend als een bos speenkruid op een voorjaarsochtend, de huid onder het kuiltje van haar keel ziet er koel uit, hij is dichterbij gekomen, ongemerkt hebben zijn benen bewogen, zijn knieën scharnieren, de spieren van kuit en dij duwen hem naar haar toe, maar de rest van zijn lichaam weigert nog elke dienst. Zijn armen bungelen levenloos heen en weer. Hij zou 'Hedwig' moeten zeggen. En daarna: 'Waarom heb je me verlaten?' In plaats daarvan zegt hij:

'Ík wil je omklemmen, eender waar.'

Hedwigs blik verandert. De schrik is verdwenen. Nu kijkt ze hem enigszins afstandelijk aan.

'Eh, wat?'

Achter zijn rug hoort hij het geluid van ritselend papier.

'Ik wil elk deel van je lichaam omvatten, om de beurt. Kootje voor kootje, lid voor lid, kaakbeen, lel, eender welk.'

Ergens wordt met een stoel geschoven.

'Sta het mij toe,' roept hij terwijl hij zich op de grond laat vallen. 'Gun mij een aanraking, het kleinste contact met uw epitheel!'

'Sorry?'

'Of neen, met minder neem ik genoegen. De asem die nu uw lippen verlaat, geef die. U hebt die immers niet meer nodig.'

'Eh...'

Hij wordt gedragen door een golf van creatieve energie en trekt zich omhoog, langs heupen en buik en borsten. 'Het is gebruikte lucht, maar voor mij is het sterrenstof.' Hij snuift als een hond, zijn mond vlak bij de hare. Hij ruikt een vage, bedorven geur, alsof hij in de deurpost van een schimmelende kelder staat.

'U!' Hij spreidt zijn armen, gooit het hoofd in de nek, blik op het plafond. 'U bent de koningin van het universum, de usurpator van mijn bestaan.' Het is een ongemakkelijke pose, stelt hij vast. De inspiratie is hem aan het verlaten, maar de kelderlucht is zo tenminste te verdragen. Hij pakt het mes uit zijn broekzak, zet het tegen zijn borstbeen. 'Ik ben de Uwe, u kunt met me doen wat U wilt. Beveel het me, en ik geef mijn leven, hier en nu.'

Zij geeft geen antwoord. Iemand zegt: 'Dank je wel.' Aan de rand van zijn blikveld staan mensen op.

Hij drukt de punt stevig tegen zijn trui. Hij is nog niet klaar, wil zo graag indruk maken. Hij stoot het mes diep naar binnen. Het is gewoon tafelbestek, je kunt er niets eens behoorlijk een biefstuk mee snijden, maar met beide handen om het heft lijkt het net alsof hij zichzelf net dodelijk heeft verwond. Hij doet een halve stap, zwalkt door zijn knieën, zijn vrije hand maait rond op zoek naar houvast. Zijn tegenspeelster deinst terug, maar hij grijpt haar jurk vast en laat zich langzaam naar beneden glijden. Zij doet nog een stap achteruit, en nu ligt hij op zijn buik, zijn handen om haar enkels. Hij heeft al veel bloed verloren, hij voelt dat de dood nabij is. Het is goed zo, zijn hoofd op haar schoenen. Een lichte zweetlucht bereikt zijn neus, maar dat geeft niet. Hij heeft laten zien dat hij bereid is zich te offeren. Nog een laatste stuiptrekking, en dan sterft hij.

'Heel apart,' zegt de regisseuse. 'Je hebt, eh, de tekst een beetje losgelaten, zeg maar. Een beetje geïmproviseerd, werktheaterachtig. Grappig.'

Reuben knikt. Hij heeft het boek waar de film op gebaseerd is helemaal gelezen. En heeft zich verdiept in de tijd waarin het geschreven is: eind negentiende eeuw, de gefrustreerde seksualiteit, de knellende etiquette, het woordgebruik. Eender welk. Wat moest hij anders? Hij weet niets van acteertechniek. Hoe moet je je voorbereiden? Ja, je tekst leren. Maar daarna? Zoek in jezelf naar overeenkomsten met het personage dat je moet spelen. Wees eerlijk. Zoek de essentie. Wat was de bedoeling van de schrijver? Denk na. Ontdek je observatievermogen. Acteurs zijn schilders. Je lichaam is je instrument. Oefen je stem. Train. Val. Sta op. Het staat ook in het zelfhulpboek op de plank naast zijn bed: *An Actor Prepares*, maar er waren hele stukken die hij niet begreep. Het leek op een reisbeschrijving van een ver en onbereikbaar land, met landschappen en steden die hij niet kende. Maar dat hoefde ook niet, daar zijn verre landen voor. Hij stond klaar af te reizen, maar nergens stond iets over een treinverbinding of een dienstregeling. Hij liep de stad door op zoek naar een station, maar na elke hoek was er een nieuw steegje, een nieuwe trap of bocht, het gebouw dat hij wilde vinden leek zich te verbergen achter een wirwar van middeleeuwse straatjes.

~

'Sorry man, maar je zit niet in de volgende ronde voor die Frederik van Eden-film.' Het is drie dagen later. Aan de telefoon is Marcel. 'Ze zoeken toch een meer... ouder iemand.'

Reuben is niet zomaar teleurgesteld, het is een dreun onder de gordel – hoewel hij zich er uiteraard op had voorbereid. Een acteur moet om kunnen gaan met deceptie, dus hij kiest zijn woorden zorgvuldig. 'Helemaal niet erg, joh. Ben ook hartstikke druk,' doet hij vrolijk. 'Dacht toch al, misschien ben ik niet helemaal geschikt. Voor de rol. Tijdens de auditie al.'

'Nee, jammer.'

'Ik kan wel ouder spelen, overigens.'

'Heb ik ook al gezegd, heb ik ook al gezegd. Maar ze denken aan Hugo of Huub, dus ja.'

'Voor de Verliefde Jongeman? Halve draaidag?'

'Ze zetten hoog in. Andere divisie.'

Andere divisie, wat heet. Elitekorps, blikkerende distinctieven in de zon, ver weg van het voetvolk. Huub en Hugo, bevoorrechte cavalerie rondom de wuivende helmbossen van de generale staf. Hij: laarzenpoetster bij de reservetroepen. Nu ging het erom nonchalant te klinken zonder arrogant over te komen. 'Ja nee, is ook lastig. Ik dacht ik pak die tekst wat lichtvoetig aan, wat spielerei binnen het victoriaanse gedachtegoed.'

'Mag ik je een tip geven voor de volgende keer? Het mag met minder. Niet te veel pushen. Laat wat te raden over.'

'Jaja, precies. Wat zeiden ze nog meer?' Hadden ze hem uitgelachen? Hij spant zich in om de boventonen in Marcels stem te kunnen onderscheiden.

'Ze vonden het verrassend. Zag gisteren trouwens Dick binnenlopen, volgens mij heeft-ie een nieuw script. Als er iets voor je bij zit, bel ik je.'

Reuben hangt op en kijkt een tijdje naar muur waar het toestel hangt. Wat doet hij verkeerd? Hij heeft zich er helemaal in gestort maar kennelijk ging er toch iets mis.

De rest van de week is verloren, weet hij. Het gevoel van falen zal hem deze week blijven achtervolgen totdat het tijd is zich op te peppen voor de volgende screentest. Goddank heeft hij er nog één staan, over zes dagen. Alles is relatief. Er zijn ook mensen die nooit een auditie hebben.

In *An Actor Prepares* staat niets over casting. Niet gek, natuurlijk, het boek is geschreven door Konstantin Stanislavski – in een tijd waarin je als acteur aan werk moest zien te komen terwijl je in rokkostuum met een glas bubbels in de hand tijdens een soiree beoordeeld werd op je conversatievermogen. Konstantin verzette zich tegen het burgerlijke toneel dat in de mode was aan het begin van de twintigste eeuw, maar dat kon hij doen omdat zijn familie stinkend rijk was. In de tuin van hun buitenverblijf had zijn vader speciaal voor hem een theater laten bouwen. Hij kon er naar hartenlust experimenteren, sleutelde met een aantal vrienden een gezelschap in elkaar en gooide de kunstwereld op zijn kop met voorstellingen waarin het echte leven centraal stond. Ja logisch, denk je nu misschien, maar anno 1900 was dit revolutionair.

Driftig bladert Reuben door het boek op zoek naar aanknopingspunten die nu, tachtig jaar later, betekenis zouden kunnen hebben, maar afgezien van 'een acteur moet zich altijd met volledige inzet van lichaam en geest wijden aan hetgeen de rol van hem vraagt', vindt hij niets concreets. Zich met volledige inzet wijden aan de rol deed hij immers al, de vraag is juist of hij het niet overdrijft. Acteren is doseren, het is net als met koken. Eén ingrediënt verkeerd inschatten kan de hele maaltijd verpesten.

Koken kun je echter leren. Iedereen kan een ei bakken. De gaartijd van spaghetti kun je zelfs op de verpakking lezen, maar op de zijkant van een toneelmanuscript staat geen bereidingswijze. Er is geen receptuur. Het is niet zo dat je na een week tekstvoorbereiding en anderhalve maand repetitie automatisch iets hebt wat je kunt opdienen in een restaurant. Hoe weet je of je op de goede weg zit? De Huubs en Hugo's zijn leden van een geheimzinnig genootschap. Ze kunnen allebei acteren – de ene beter dan de andere – maar is dat ook de reden voor hun succes? Reuben denkt dat het misschien ook een kwestie is van juiste tijd en plek. Als je de sterren van de hemel speelt maar er zit toevallig geen filmregisseur of castingdirector in de zaal, ben je op de verkeerde plaats.

Hij vraagt het aan Marcel. Hoe doe je dat, aan de top komen?

In een stampvolle Smoeshaan roept de castingassistent in zijn oor: 'Als je acteur wilt worden omdat je beroemd en gezien wil worden, moet je het vergeten, man!'

Reuben lacht. 'En dat zegt een castingdirectorsassistent.'

'Dat zegt een castingdirectorsassistent. Ik pik ze er zó uit, de eendagsvliegjes en blaaskaakjes die het nooit gaan maken. Omdat ze het te graag willen.'

'Er is toch niks mis met ambitie?'

'Dat hangt van de ambitie af. Als jij écht van het vak houdt, ben je ook bereid om een leven lang bij het straattoneel te blijven.'

Hij knikt. Marcel heeft gelijk. Spelen lijkt hem het leukste wat er is. Een kostuum aantrekken, in een rol kruipen, een niet-bestaand karakter creëren – hij zou een van zijn nieren doneren om het te mogen doen. Inderdaad, straattheater is prima. Circusclown of hofnar is ook goed. Geef hem een kans en hij doet het.

~

Na een half jaar was de oliecrisis zo goed als voorbij en kon je weer gewoon tanken, maar zijn vader bleef in Masqat en zijn moeder bleef ongelukkig. De grote oliemaatschappij in de zilveren doos wilde de activiteiten in Oman uitbreiden, legde zijn moeder hem uit, en dat was na de schrik over zo'n boycot best te begrijpen. Ze kondigde tevens aan haar huwelijk te willen redden, daar bij de Arabieren. Ook in het landsbelang eigenlijk, en daarom was het voor alle partijen beter als Reuben een tijdje bij een pleeggezin ging wonen.

Hij wist niet wat dat was, een pleeggezin. Hij dacht aan iets steriels en ziekenhuisachtigs. Hij was totaal niet voorbereid op de omgeving waarin hij terechtkwam: een hechte, dynamische samenlevingsstructuur die heel anders was dan de stille, angstige wereld van een enig kind met ouders die elkaar probeerden uit te gummen. In het nieuwe gezin waren twee zonen, tien en twaalf jaar oud, die er vanaf dag één geen misverstand over lieten bestaan dat zij hem als de indringer beschouwden.

Wat kon hij eraan doen? Hij was niet dom, met negen begreep hij al intuïtief dat een sociale structuur een systeem is waarin insiders en outsiders in de aard der zaak van elkaar moeten worden gescheiden. Na twee maanden gepest en getreiterd te zijn sloeg hij zijn pleegbroertje heel hard op het hoofd met een draaiende keukenmixer en gooide het voetbaltenue van het andere pleegbroertje in de toiletpot. Daarna trok hij een paar keer flink door. Er moest een ambulance en een ontstoppingsdienst aan te pas komen omdat het bloed en de drollen door de gang dreven.

'Het lijkt wel of je gek bent!' riep zijn moeder toen ze van het vliegveld kwam. 'Je denkt alleen maar aan jezelf!' En hij dacht: ze heeft gelijk.

Ze lieten hem kubusjes verschuiven, Rorschach-testjes doen, ze plakten zelfs zijn hoofd vol met elektroden voor een EEG, maar afgezien van enkele vage diagnoses over bovengemiddelde intelligentie en een mogelijke hormoonstoornis leverde het niets op. Het meest voor de hand liggend was natuurlijk dat zijn vader ontslag nam bij het olieconcern of dat zijn moeder naar Nederland terugkeerde – al was het maar tijdelijk – maar dat was kennelijk geen optie. Er moest een nieuw pleeggezin worden gezocht.

~

Hij is de vleesgeworden verzetswoede. Hij gooit het er tijdens de tweede reeks zaterdagen ongeveer bij elke oefening uit, heel overtuigend kan hij tegen stoelen trappen en iemand de huid vol schelden, ook als het om scènes gaat als: 'Op je werk krijg je een slechtnieuwsgesprek.' Of: 'Na een barre zeiltocht zie je je verloren gewaande geliefde weer terug.' Hij merkt dat Lotte af en toe bewonderend naar hem kijkt, en als hij haar uit eten vraagt, zegt ze 'goed'. Terwijl ze, zo weet hij inmiddels, een vriendje heeft.

In een Italiaans restaurant – PIZZA'S HALVE PRIJS VAN MA-DO – bij de Halve Maansteeg praat hij aan één stuk over talent waarvan je zelf vaak niet weet of je het hebt, maar als je het hebt en het is ontwaakt, komt het naar buiten, of je wilt of niet, dwars door alles heen.

'Ja,' antwoordt ze, en kijkt weer op die speciale manier, met die smeulende, koolzwarte ogen waar je opperhuid van gaat gloeien. Ze draagt een ragfijn, wit jurkje.

'Nee,' roept hij zachtjes. 'Het laat zich niet sturen, maar dat is wat je dan moet leren, er is controle nodig, dosering, en dat is niet altijd makkelijk, het is vaak alsof je een wild paard berijdt: je hebt geen idee waar het je naartoe brengt. Het enige waar je mee bezig bent is in het zadel blijven zitten.' Na twintig minuten vraagt hij hoe het met haar is. Woont ze samen?

Nee, ze woont niet samen met Ewout. Hij wilde wel, maar zij is te veel gesteld op haar autonomie.

Reuben knikt kauwend, autonomie, precies. Heel belangrijk.

'Hij is een heel ander type dan ik,' zegt ze. 'Hij is gestopt met de TU Delft en zit nu de hele dag voor een computer. Tenminste, dat zou hij wel willen, maar hij moet 'm delen met acht huisgenoten en kan bloedchagrijnig worden als het zijn dagdeel niet is.'

Ze klinkt geïrriteerd. Reuben kan dat wel begrijpen, met zo'n vriendje. Hij snapt alleen niet wat je dan doet, achter een computer, een hele avond.

'Ewout is programmeur. Tenminste, dat wil hij worden. Daarom is hij gestopt met studeren. Op de universiteit liepen ze hopeloos achter de feiten aan, vond hij. Op het moment dat je afstudeert zijn je vaardigheden al achterhaald, roept hij. Hij heeft vergeefs geprobeerd de studiebegeleiders ervan te overtuigen dat computers straks een centrale rol in ons leven zullen spelen. Telefoneren, tv-kijken, winkelen, communicatie, dat gaat straks allemaal veranderen.' Ze lacht ongelovig.

Reuben glimlacht met haar mee. Lottes vriendje was gelukkig een ongevaarlijke nerd. Met een computer kon je waarschijnlijk best iets totaal oninteressants doen als salarisadministratie of statistiek, maar als je beweerde dat een apparaat ooit met je zou kunnen praten, had je ze niet allemaal op een rijtje. Ewout, besluit hij, is geen partij voor hem. Hij bestelt nog twee glazen chianti en zegt: 'Ik ben blij dat onze communicatie nooit via een rekenmachine zal gaan. Want wat voor wereld zou dat worden? En ik weet waar ik het over heb. Wij zijn communicatiedeskundigen, jij en ik. De kracht van het woord. De stembuiging, de zinswending. De subtekst, het idioom van de lichaamstaal.' Hij tuit zijn lippen tot een trechter. 'Dictie.'

~

Hij dendert als een dolle stier door de zaterdagen. Zijn medecursisten zijn geïmponeerd door zijn ongeremde driftuitbarstingen, en ook de docent moet erkennen dat er 'overtuigende elementen' in zijn spel zitten. Maar in de laatste les krijgt hij de opdracht om zijn ongeneeslijk zieke dochtertje van zes bij te staan op de avond van haar euthanasie en daarna is hij een tijdreiziger die per ongeluk terechtkomt in een dinosaurusnest in het Krijt. In beide gevallen wordt hij kwaad op de wereld om hem heen, en in een ziekenhuis kan dat misschien nog wel, maar tussen een paar jonge brontosaurusjes moet je dat natuurlijk niet flikken, zegt de docent. Dan overheerst angst en overlevingsinstinct en is het volstrekt ongeloofwaardig om schreeuwend je gelijk te willen halen. Hij mag geen toelatingsexamen doen.

Lotte wel. Die heeft zich als een bang vogeltje verstopt achter een eischaal in het brontonest en droeg het verlies van haar kind op de afdeling oncologie op Jeanne d'Arc-achtig wijze.

Hij kan niet omgaan met de afwijzing. Het voelt als een gedwongen abortus tijdens een bloeiende zwangerschap. Hij wordt weggeschopt. Hoe kan Lotte nog met hem omgaan als hij geen onderdeel meer is van de selectie? Ze zal op hem neer gaan kijken, zich van hem vervreemden. 'Nee,' roept hij, als ze hem wil troosten. '*It's not over till it's over.*'

Hij eist een gesprek met de betreffende speldocent, die hem nog eens rustig uitlegt dat hij bij Reuben vooral twee dingen heeft gezien: ambitie en eruptie. Veel druk en veel energie. En heel veel aanvallen van ongerichte boosheid. Die waren redelijk authentiek overgekomen. Zo authentiek zelfs, dat hij zich afvraagt of Reuben geen professionele hulp nodig heeft. De nuance, de gevoeligheid, het teamplay of het fingerspitzengefühl dat je nodig hebt als acteur, heeft hij niet gezien. Reuben veegt zijn koffiebekertje van tafel en vertrekt met genuanceerd dichtgegooide deuren. Daarna gaat hij met Lotte naar een café om zich te bezatten. Hij is een vuurberg die zijn omgeving in lichterlaaie zal zetten, waarschuwt hij, de vulkanologen zullen allemaal uit schaamte hun sokken opeten wanneer hij straks hun ongelijk heeft bewezen. Hij haalt er een toneelrecensie bij over een voorstelling waarin de selectiecursusdocent wordt afgemaakt. Ze moeten zich serieus afvragen of ze niet drie maanden lang les hebben gekregen van een charlatan.

'Nou ja, hij had ook wel een paar goede opdrachten,' merkt Lotte voorzichtig op.

Dat is voor hem olie op het vuur. 'Hoe kun je dat nou zeggen? Als Coster Diamonds de opdracht krijgt een aantal ruwe diamanten te bewerken, en ze slaan er per ongeluk eentje dwars doormidden, denk je dan dat ze daarmee wegkomen? Of denk je dat de eigenaar daar dan een puntje van zal maken?'

'Eh...'

'Of zeggen die beunhazen dan: ja sorry voor de puinhoop, maar het kloven van die andere stenen is toch best gelukt?'

'Nee, natuurlijk niet.'

'Precies. Dus waarom komt de rest van onze klas dan niet in opstand omdat we bij een slechte juwelier terecht zijn gekomen? Hij wordt toch door de Theaterschool betaald om tussen de keien en het gruis de pareltjes te vinden?'

'Je hebt gelijk,' sust ze. 'Maar het lijkt me niet makkelijk, hoor. Om overzicht te houden. Dan kun je toch een fout maken?'

'Nee. Dat kan niet.' Hij legt een hand op haar schouder en zegt nadrukkelijk: 'Niet als je verantwoordelijk bent voor ongepolijst talent. Dat is kwetsbaar materiaal. Supergevoelig. Eén verkeerde klap en het is voorbij.'

Ze kijkt ernstig terug. Hij ziet dat hij haar bijna overtuigd heeft. Hij zou een Van Gogh kunnen zijn, een Mozart. Destijds verguisd door velen, aanbeden door een enkeling. Hij is weliswaar niet zo dronken dat hij zich met hen wil vergelijken, maar er zijn bepaalde overeenkomsten. Lotte kan die enkele aanbidder zijn, tenminste, als ze die computermongool zou vergeten. 'Een gebroken talent is niet reparabel,' besluit hij dramatisch.

'Ach, Reuben.' Ze strijkt met de rug van haar hand over zijn wang.

Maar dat wilde hij niet. Hij wilde erkenning, geen compassie. Hij pakt haar pols. 'Jij hebt makkelijk praten. Jij ligt vanaf het begin al een beetje achteloos te schitteren.'

'Wat bedoel je?'

'Ik bedoel dat jij vanaf dag één alles goed doet.'

'Hè?'

'Je snapt altijd precies wat de bedoeling is van een oefening. Je valt op zonder nadrukkelijk aanwezig te zijn, je krijgt complimenten, maar je laat je niet over het paard tillen. Het is onuitstaanbaar.'

Ze legt haar hand over de zijne. 'Dat zie je helemaal verkeerd. Let maar op, ik word straks ook afgewezen.'

'Nee,' zei hij. 'Jij wordt aangenomen. *Mark my words*.'

En zo ging het ook. Lotte slaagde overtuigend voor het toelatingsexamen, hij voelde zich een mislukkeling toen ze het aan hem vertelde, de eerste week na de zomervakantie.

'Wat fijn voor je, Lot. Ik wist het wel.'

'Ewout vindt het niks.'

'O?'

'Hij vond die selectiecursus al ruk. Laat staan als ik nu elke dag naar school moet.'

'Ik snap het niet. Dit is toch wat je wilt?'

'Tuurlijk. Maar hij is van mening dat het niet zomaar een opleiding is. *It's a way of life*, zegt-ie.'

'Op die manier.'

'Hij weet zeker dat-ie me kwijtraakt.'

'Dat is inderdaad een mogelijkheid.' Het was een van de zeldzame momenten dat hij met Ewout kon meevoelen.

'We hebben de hele vakantie ruzie gehad.'

'Wat vervelend voor je.' Prima. Ruzie is goed. Laat die computerlullo lekker in zijn sop zitten.

'Hij snapt niet dat je dit vak alleen maar kunt leren als je er helemaal voor gaat.' In haar ogen vonkt de opwinding.

'Dat is ook moeilijk, voor een buitenstaander.'

'Voor jou wordt het ook nog lastig, denk ik.'

'Welnee. Ik kan het altijd volgend jaar nog een keer proberen.'

Hij lacht zorgeloos, maar vindt het ondraaglijk dat zij zal gaan doen wat *hij* het liefste wil. Hij realiseert zich dat ze iedere dag op de vloer van het bewegingslokaal een tijdreis zal gaan maken, haar komeet zal naar de verste hoeken van haar verbeelding zwieren. Hij begrijpt dat hij haar onmogelijk kan volgen, ze is toegetreden tot een wereld waar hij buiten staat. Ewout heeft gelijk, hij zal haar ook kwijtraken.

Hij begon de buurt van de Toneelschool te mijden, het was te pijnlijk om voorbij de cafeetjes te fietsen waar hij met haar had zitten fantaseren over een acteertoekomst, hij wil voorkomen dat hij haar tegenkomt in het gezelschap van luidruchtige artistieke types met bontjassen en vilthoeden, op weg naar hun stamkroeg of de Mazzo op de Rozengracht.

Hij dacht: als ze hetzelfde voelt voor mij als ik voor haar, komt ze vanzelf wel naar me toe. Ik heb die hele Toneelschool niet nodig, heeft Mulisch ooit Nederlands gestudeerd? Nou dan. Als ik genoeg heb gespaard zoek ik de beste privétoneeldocent die er is. Hij dacht: de mensen zien een heuveltje, maar in werkelijkheid ben ik een vulkaan.

~

In de pers zal hij het later vaak benadrukken: hij heeft in zijn leven nooit iets cadeau gekregen. Na de keukenmixer en het voetbalshirt in het riool kwam hij onder de hoede van een nieuwe pleegvader.

Het was de tweede echtgenoot van een tante in Limburg en hij had gevochten in de Korea-oorlog. Hij had vier dochters en was bedrijfsleider bij een middelgrote bouwfirma in Venlo. Als je vijf vrouwen aan kon en het geteisem van het metselaarsgilde de bouwsteiger op wist te krijgen, kon je een opstandige puber ook wel managen, was de gedachte, en die oorlogservaring in het buitenland was dan mooi meegenomen. Het pakte wonderwel goed uit, voor Reuben. Dat had echter niets te maken met de Koreaveteraan. Maar alles met die dochters, natuurlijk.

Over dit hoofdstuk praat hij nooit. Mensen hebben de raarste associaties, met incest bijvoorbeeld, en hoewel daar strikt genomen geen sprake van was – de man was getrouwd met de zus van zijn moeder, maar de dochters waren uit zijn eerste huwelijk – was dat *imago wise* niet handig. De sensatiepers zou er een fijne scoop aan hebben, en die meiden waren nu allemaal zelf getrouwd, sommige hadden kinderen. Hij wist zeker dat ze daar niet op zaten te wachten. Het tipje van die deken moest hij met rust laten. Over oom Abe kon hij echter wel uitgebreid vertellen. Een man van pokhout – een tropische traaggroeier waar ze in de tijd van de VOC ankerspillen en klampen van maakten. Als zo'n schip verging en je haalde het vierhonderd jaar later boven water, viel alles uit elkaar, behalve het pokhout. Dat zag er nog net zo gepolijst en glanzend uit als toen de timmerman in opdracht van de Heeren Zeventien het op het dek schroefde.

Oom Abe's hardhoutkarakter had overigens niets te maken met het feit dat hij in de jaren vijftig weleens een kanon had laten afschieten aan de demarcatielijn. Of dat de Chinezen het internationale leger regelmatig de bergen in jaagden en dat sommige van Abe's kameraden op die ijzige Koreaanse hellingen tenen en vingers aan de kou waren kwijtgeraakt. Oom Abe was gehard door zijn dochters. Als een stel wilde paardjes had hij ze in bedwang moeten houden, de een na de ander, twintig jaar lang. Zijn insteek bij de opvoeding was in die jaren niet versoepeld, maar door de eindeloze lussen en kabels die de dochters om hem heen hadden proberen te slaan, was het versteend en ingesleten tot een eenkennig coloriet. Alle speling en ruimte was bij hem verdwenen. Er was goed en fout, en niets ertussenin.

Als hij had gezegd dat je om tien uur thuis moest zijn, hoefde je niet te proberen om vijf minuten te laat te komen. Als hij had gezegd dat je eigenlijk een paar extra wiskundesommen moest maken als voorbereiding op een proefwerk, kon je dat maar beter doen, want hij controleerde alles. Als Reuben aan zijn huiswerk zat, rekende hij – gebogen over diens linkerschouder – de sommen na met de nauwgezetheid van een ballistisch specialist. Als er iets niet klopte aan de optelling, haalde hij uit en veegde met zijn rechterhand langs Reubens oor. Van beneden naar boven. Een vernederende schampklap. Schandklap.

In die zin was oom Abe net zo streng als – of mogelijk strenger dan – een tuchtschool, het grote verschil was het penitentiaire instrumentarium dat hij tot zijn beschikking had. Bij hem geen flauwe pesterijen zoals een strafweekend of kamerarrest. Als hij vond dat je op je lazer moest krijgen, kwam de schandklap. Of nam hij je mee naar een bouwput. Om zeven uur 's ochtends kon je dan hartje winter in het donker bakstenen de ladder op sjouwen. Zonder handschoenen. De opzichter bracht hem om vijf voor negen naar school met een kleine vrachtwagen vol bouwmateriaal, en stond je na het laatste lesuur ook weer op te wachten. De metselaars waren al naar huis, en oom Abe liet hem dan rustig tot acht uur cementzakken stapelen of de betonmolens schoonmaken, net zo lang tot hij zelf in ging zien dat het veel comfortabeler was om een paar uur huiswerk te maken dan een gedwongen bijdrage te doen aan de totstandkoming van een paar nieuwbouwwoningen aan de rand van Sittard.

Met zijn dochters had Abe een vergelijkbaar traject aan willen gaan, maar waar zijn tante de schandklap voor Reuben een geoorloofd correctiemiddel achtte, had ze haar eigen kinderen er proberen tegen te beschermen. Soms had Abe geen andere optie dan de uitvoering van de benodigde strafmaatregelen voor zijn dochters aan zijn vrouw over te laten, die dit vaak lafhartig omzette naar onduidelijke huishoudelijke opdrachtjes zoals helpen met afwassen en schoonmaken, waar de pony's vervolgens vrolijk door- en omheen huppelden met achterlating van veel half werk. Abe zag vanaf de zijlijn met lede ogen toe hoe zijn kinderen konden ontkomen naar mavo 3 en lager, maar kreeg met de komst van Reuben een onverwachte herkansing om te bewijzen dat zijn opvoedmethode meer hout kon snijden. Hij legde vanaf het begin de lat hoog, en waarom ook niet? Reubens ouders zaten aan de andere kant van de equator, en in de rapportage van de jeugdpsychiater stond duidelijk de potentie van zijn onwillige neef: een IQ van honderdtweeënveertig. Hij kreeg gelijk. Toen de jonge rebel een paar keer met vijfentwintig kilo op zijn schouders de bouwsteiger op was geweest, gingen zijn cijfers langzaam omhoog. Het leren ging hem inderdaad makkelijk af. Uiteindelijk hield hij zelfs tijd over voor de schoolmusical.

In interviews zal Reuben naar die tijd verwijzen als een periode van meer van hetzelfde: een jongensziel in opstand, veel pedagogisch onbegrip en misgekleun. Toch heeft hij zijn einddiploma aan oom Abe te danken, al zal hij er een klein trauma aan overhouden: bij elke cijfermatige opdracht, of het nu een optelling in de energierekening of een kwartaalaangifte betreft, heeft hij het gevoel dat er iemand meekijkt over zijn schouder en verwacht hij elk moment de klap langs zijn rechteroorschelp.

~

Het hele jaar blijft hij in de nachtdienst. Het verdient beter en hij heeft niet het idee dat hij overdag iets mist. Deze maand zijn het weer snijbonen. Tussen verwerkingstafels van roestvrij staal en zoemende elektromotoren ziet hij ze op de lopende band naderen.

Vannacht staat hij in de bocht van de transportbaan, de schoongemaakte bonen maken hier een hoek van zestig graden op weg naar de selectiemachine. Ze verzamelen zich, plakken aan elkaar tot er een bergje ontstaat dat op een gegeven moment snel hoger wordt aan de rand van de transportbak door de aanvoer van nieuwe boontjes. Dan gaat het snel. De berg groeit verder aan totdat de bocht helemaal verstopt raakt en de productie stilgelegd moet worden. Daar staat een boete op van vijfhonderd gulden. Elke vier minuten schept hij daarom de berg weg, veegt de bonen van de vloer, na acht minuten brengt hij twee emmers terug naar de wasinstallatie. Theoretisch is het denkbaar dat er een boontje is dat in de bocht over de rand valt, door hem wordt opgeschept en teruggebracht, en na een tweede wasbeurt opnieuw op de grond valt, waardoor het een derde keer wordt gewassen en zo door, waardoor het mogelijk is dat hij de hele nacht lang hetzelfde boontje heen en weer brengt. Daar wil hij liever niet aan denken. Was er in de oudheid ook niet iemand die in de onderwereld elke dag een steen naar boven moest duwen? Een steen die elke nacht weer naar beneden rolde?

Het is echter niet het werk – scheppen, tillen, kieperen, teruglopen met de lege emmers – dat hem gek maakt. Het is de interval van tweehonderdtwintig seconden nietsdoen. Hij mag zijn post niet verlaten. Leunend op zijn schep met het geratel van de geleiderollen in zijn oren, heeft hij veel tijd om na te denken. Hij kijkt naar de eindeloze opeenvolging van groente en denkt aan Lotte. Wat zou ze nu aan het doen zijn? Hij verlangt naar de late herfst, wanneer de appels komen. Appels zijn makkelijk. Ze rollen mooi door de bocht, zijn te zwaar om aan elkaar te kleven en laten zich gewillig tot moes pletten. Deze peulvruchten zijn anders. Ze vormen onvoorspelbare, chaotische opeenhopingen, alsof ze bang zijn voor de naderende snijmachine.

De bocht is het gevolg van een constructiefout: als de zeefplateaus verderop naar achteren zouden worden verplaatst, zou de hoek kleiner worden en zouden de bonen niet over de rand vallen. Als hij machinebouwer of groente-ingenieur was geweest, zou hij dat op die manier gemaakt hebben. Of hij zou een bak onder de transportband maken waar de rebellerende boontjes in kunnen vallen waardoor je maar eens per uur in actie hoeft te komen, bijvoorbeeld met een heftruck. Hij bedenkt dat het afdelingshoofd misschien lang geleden, voor zijn tijd, een memo naar het management heeft gestuurd en dat ze daar hebben uitgerekend dat het maken van een opvangbak of het verplaatsen van de zeefinstallatie meer kost dan het inhuren van een loser die in de snijbonenperiode hier zijn tijd mag verdoen. Hij moet hier nog vijftien nachten staan totdat de uien of de knollen komen en hij weer wordt ingezet bij de schilmachine of inpakafdeling. Hij verdient bruto tachtig gulden per nacht, maal vijf is vierhonderd, maal drie weken is twaalfhonderd gulden. Kennelijk is dat goedkoper dan het verschuiven van de zeef. Hoe zwaar zou dat ding zijn? Vier ton? Vijf? Hoe duur zou het aanpassen van de transportbanden zijn? Hoeveel kost een simpele bak onder die kutbocht? Ligt Lotte nu naast haar computerprogrammeur? Of heeft ze het al uitgemaakt? Wie ligt er dan naast haar?

Om hem heen is het stil geworden. Iemand brult in zijn oor. In de knik van de band ziet hij een uitstulpende muur van groen. De machines zijn gestopt.

Verslagen houdt hij de rest van de nacht de wacht bij de bocht en maakt stipt elke acht minuten de gang naar de wasinstallatie. Ze zullen het bedrag inhouden op zijn salaris, hij moet de hele volgende week voor niets werken, een emmer in elke hand, Zeeuws meisje onder een juk. Tollend van de slaap maakt hij om vijf uur de vloer van zijn werkplek schoon met een riekend goedje uit een gifroze jerrycan en fietst dan door een ontwakend Amsterdam terug naar de Pijp. Overdag droomt hij van peulvruchten.

Na de opgelegde boete begint hij de groente echt te haten. Later die week, als hij zeker weet dat er niet op hem wordt gelet, schept hij de rotzooi rechtstreeks terug op de band. Wat maakt het uit? Scheelt een hoop heen en weer geloop. Hij probeert een ander baantje te zoeken, maar die zijn er nauwelijks. Dagdiensten al helemaal niet. En als hij bij het uitzendbureau iets vindt, is het onderbetaald en nog onaantrekkelijker dan de conservenfabriek. Hij zet dus zijn tanden op elkaar en is blij als de appelperiode eindelijk aanbreekt. Hij plakt etiketten, spuit de schilmachine schoon, stapelt blikjes in dozen. Op de keper beschouwd is het eigenlijk best afwisselend werk. Hij maakt de wortels mee, de knollen, de prinsessenbonen, de witte kool. Als opnieuw de snijboontijd aanbreekt, mag hij op de inpakafdeling blijven. In de bocht staat nu een nieuwe loser.

~

Zijn toneeldocent is een lijvige zestigjarige ijdeltuit met een haarstuk die Elias heet. Reuben heeft hem gevonden via een advertentie in *Het Parool*: PROF ACTEUR GFT LES, BEG EN GEV; 15/U!

Hij woont boven een kantoorbenodigdhedenwinkel op de Weteringsschans. Op de gang bij de deur hangt een levensgrote poster van een beroemde theaterproductie: *De Perzen*. Het is het eerste wat je ziet als je het appartement binnenkomt: twee voeten van marmer, afgebroken bij de enkel. Het geeft Elias de gelegenheid om de binnentredende gast met gespeelde impulsiviteit te wijzen op zijn bescheiden aandeel in de voorstelling. 'Dat? O, ja. De reprise in Carré. Holland Festival '63. De mensen wisten niet wat ze zagen. Aischylos in een nieuwe jas.'

In de woonkamer hangt een foto van de cast. Elias is de tweede raadsheer van rechts. 'Maar dat zegt niets, hè. Het was een maskervoorstelling, alle acteurs waren onderdeel van het koor, ook Xerxes en Darius kwamen daar organisch uit voort, het stuk werd, zeg maar, gedragen door het collectieve bewustzijn van de Perzische bevolking in hun strijd tegen de Grieken. Het was ongehoord. Niemand had dat eerder gedaan. We waren aan één stuk door uitverkocht.'

Reuben knikt. Hij wil zo snel mogelijk beginnen. Dit gaat allemaal van zijn lestijd af. Vijfentwintig gulden voor twee uur. Het vereiste enige onderhandeling voor ze een overeenkomst hadden.

Het begint, net zoals op de cursus, met ontspanningsoefeningen en fantasietraining. Reuben ligt op de grond, Elias zit rokend op een chaise longue. Hij zegt bijvoorbeeld: 'Het is zomer. Je bent op een strand. Het zand is heet, je rug en de achterkant van je benen zijn warm. In de verte hoor je de branding, kinderstemmetjes, de lach van een moeder, een paar meeuwen. Je merkt dat je lichaam zacht en week wordt. Het valt uit elkaar in ontelbare zandkorreltjes. Een golf spoelt over je heen en neemt je mee de zee in. Daar los je verder op totdat je één bent geworden met het water.' Reuben probeert zo snel mogelijk de opdrachten uit te voeren, in zijn hoofd tikken de minuten: vijfentwintig gulden is voor hem veel geld.

Het is de bedoeling dat lichaam en geest vrij gemaakt worden, je de dagelijkse stress en sleur helemaal vergeet, maar dat is door die urenteller soms erg moeilijk. Tijd is geld. Het echte werk begint meestal met een serie improvisaties op basis van de 'elementaires' zoals verdriet, vreugde, woede, ongeloof. Elias steekt een nieuwe sigaret op en zegt dingen als: 'Je bent jarig. Je bent net achttien geworden. Je wordt heel blij wakker, totdat je merkt dat iedereen je verjaardag vergeten is.'

Reuben probeert op het tapijt blij wakker te worden. Hij rekt zich uit, glimlacht, komt half overeind, en ontdekt dan er geen feestontbijt voor hem klaar staat. Geen jus d'orange, geen cadeautjes of slingers, helemaal niks. Hij merkt dat zijn blijdschap verdwijnt en plaatsmaakt voor een deprimerende, verdrietige stemming. Maar het voelt niet echt waarachtig, hij denkt bezorgd: dit ziet er beroerd uit, ik krijg geen contact met mijn emoties. In zijn ooghoek ziet hij dat Elias zijn as aftikt in een asbak van blauw glazuurmozaïek.

'De telefoon gaat, het is je moeder.'

Reuben kantelt zijn rechterhand bij zijn oor, steekt pink en duim uit en luistert aandachtig.

Elias gaat door: 'Ze vertelt je dat ze van haar belastinginspecteur het advies heeft gekregen het ouderlijk huis op jouw naam te zetten. In één klap ben je een vermogend man.'

Reuben stelt het zich voor: eigenaar van een twee-onder-een-kap aan de doorgaande weg van Hilversum naar Naarden, met inpandige garage en een grindpad. Oké, maar wat heeft hij eraan? Kan hij het verkopen? Hoeveel brengt dat dan op met de huidige prijzen? En wat als zijn ouders er willen blijven wonen? Misschien moet hij ze dan naar een bejaardenflat doen, of zijn ze daarvoor nog te jong? Zijn gedachten dwalen af.

'Maar dan,' zegt Elias, 'biecht je moeder op dat ze samen met je vader besloten heeft je op je achttiende ook de waarheid te vertellen over je afkomst: je bent geadopteerd.'

Ongeloof. Ik moet ongeloof voelen, denkt Reuben. Maar het lukt niet. Hij trekt zijn gezicht in een verbaasde plooi, maar hij weet nu al wat Elias straks zal zeggen: niet onderbouwd. Onecht. Acteren moet gebaseerd zijn op waarachtigheid, niet op een leugen. Hij probeert het opnieuw. Geadopteerd. Wat gebeurt er met je als je een leven lang bent voorgelogen? Hij wordt boos. Het komt van twee kanten: hij haat zichzelf omdat hij niet bij zijn gevoel kan komen. En daarbij: hij ís in werkelijkheid toch bedrogen? Eerst door Shell en dat standbeeld van koud graniet en daarna door de Toneelschool, en Lotte en het uitzendbureau en ga zo maar door? Maar 'woede' is te makkelijk, heeft hij inmiddels geleerd. Toch schreeuwt hij in de telefoon: 'Godverdomme! Hoe kon je dat doen, mama? Of eigenlijk dus niet mama, want je bent mijn moeder helemaal niet. Waarom heb je me dit niet eerder verteld, kutwijf?'

Elias drukt zijn sigaret uit. 'Je biologische moeder moest je op last van een rechterlijk vonnis afstaan. Want je echte ouders zijn veroordeeld voor een dubbele roofmoord, ze zitten al jaren te wachten op *death row*, sterker nog, de geplande executiedatum is vandaag.'

Ontreddering, verbijstering. Maar Reuben komt niet verder dan een frons en een mond die openvalt.

Elias vult aan: 'Je moet als de wiedeweerga naar de gevangenis, maar op de achterbank van de taxi merk je dat je je portemonnee bent vergeten. De chauffeur weigert om verder te rijden.'

Reuben verstart. Wat moet hij doen?

Elias inhaleert en zegt: 'Zorg dat die taxi je naar je ouders brengt.'

'Alstublieft, we moeten naar de gevangenis.'

'De chauffeur wil geen meter rijden zonder dat je hem geld laat zien.'

'Maar ik heb geen geld.'

'Verzin een smoes.'

'Godjezus!' roept Reuben. 'We moeten door. Ik mag absoluut niet te laat komen. Er wordt op me gewacht. Er is een benefietconcert voor alle gevangenen. Ik ben de bassist! Zonder mij kunnen ze niet beginnen, en er zijn mensen bij die levenslang hebben!'

'O?' vraagt Elias in de rol van chauffeur. 'En waar is je gitaarkoffer dan?'

'In de vrachtwagen. Of in de kleedkamer. Daar zijn mensen voor.'

'Ik geloof je niet.'

'Luister. Het is een big event. Alle gevangenen van de Benelux zijn overgebracht naar de Bijlmerbajes voor dit concert. Amnesty International is er, de secretaris-generaal van de Verenigde Naties, noem maar op. Ik móét er echt naartoe. Ik beloof je dat de floormanager je zal betalen bij de poort. Dubbel tarief.'

De chauffeur schudt zijn hoofd. 'Ik voel te weinig belang.'

'Jezusman, je moet me geloven!' Er breekt een snikje door in Reubens stem.

'Die snik. Ga daar op door.'

'Er zijn honderden mensen die de hele dag tegen een muur zitten aan te kijken!' roept Reuben, 'en misschien wel onterecht zijn veroordeeld! Dit is de enige avond dat ze hun cel uit mogen en muziek kunnen horen. "Die Unvolendete." Bach.'

'Bach heeft geen "Unvolendete". Die heeft alles keurig afgemaakt.'

'Wat weet een taxichauffeur daar nu van?'

'Laat je niet verleiden tot een discussie. Die emotie die je net had. De radeloosheid. Ga daar naar op zoek.'

'Ja, ik ben radeloos. Ik weet niet wat ik moet doen als je niet verder rijdt. Dat wordt een ramp. Ik krijg ontslag. Ik vind nooit meer werk. Bassisten hebben het al zo moeilijk.'

'Je overtuigt me niet.'

'Godsamme, klootzak. Oké, ik ben geen bassist. Ik heb gelogen.' Hij begint te huilen, tot zijn eigen verrassing. 'Ik heb net gehoord dat mijn ouders zo direct een dodelijke injectie krijgen. Ik heb ze al achttien jaar niet gezien omdat ik in een pleeggezin zat.'

'Heel goed.'

'Ik wil ze nog één keer zien. Eén keer maar. Om ze de waarheid te zeggen. Dat ik ze gemist heb.' Er loopt een traan over zijn wang. Dat moet er behoorlijk dramatisch uitzien, vermoedt hij. Hij kan het niet helpen, een deel van zijn bewustzijn blijft onaangedaan, ziet hem zitten op een kleedje in dit overvolle appartement met bijzettafeltjes, kussens met kwastjes, draaipoten en vergulde spiegels. Vannacht nog één keer Chinese kool, denkt hij. Tussen de messen van de snijmachine blijven altijd van die fliedertjes achter, hij zal vannacht extra lang met de hogedrukspuit bezig zijn. Daarna begint de andijvie.

'De taxi rijdt niet verder. Op de radio hoor je dat de geplande doodvonnissen op het laatste moment niet zijn uitgevoerd. De koningin heeft amnestie verleend.'

Reuben lacht. Van opluchting. Zijn ouders blijven leven. Er is nog een kans op verzoening. Hij lacht ook omdat hij iets heeft laten zien dat geen woede was. Maar was het echt genoeg? Hoe zit het met al die bijgedachten? Was het waarachtig acteren? Hij weet het niet.

~

Elias heeft hem op het spoor van andere toneelvernieuwers gezet, Artaud, Brook. Reuben begint te begrijpen dat een gespleten bewustzijn heel normaal is bij acteurs. Kennelijk hangt er aan het plafond altijd een camera die vastlegt wat je doet, zelfs op momenten van grote opwinding. Dit hoort bij de alertheid, het altijd aanwezige observatieteam van de kunstenaar. Hoe ziet de wereld om je heen eruit? Hoe gedragen de mensen zich? Elias spoort hem aan notities te maken van interessante karakters, lichaamshoudingen, tics. Allemaal materiaal voor later. Registreer alles, zelfs de kleinste details. Oogopslag, achtergrondgeluiden, temperatuur, de stof van de stoelzitting waar hij op zit.

's Nachts oefent hij. Als een geheim agent scant hij de kleedruimte met de lichtblauwe overalls, de kantinejuffrouw met het haarlakkapsel, het afdelingshoofd met wallen onder de ogen, de zwijgzame collega's bij de assemblage die mogelijk Iraanse spionnen kunnen zijn – want waarom hoort hij ze nooit praten? Het gevoel van zijn blote voeten in de gummischoenen, het koele oppervlak van de glimmende werktafels, het verborgen ritme in de ultrasoon brommende apparaten, de muziek in de hakselmachine – als je goed luistert klinkt elke biet anders onder het mes.

De nachtdienst past ook goed bij zijn nieuw verworven inzicht van nederigheid. Lang heeft hij het acteursbestaan geassocieerd met aanzien en roem. Dankzij denkers als Brook en Stanislavski ziet hij nu ook dat het vak in eerste instantie dienstbaar moet zijn, de acteur is maar een radertje in het grote uurwerk van de Kunst. Er zijn hogere machten, zoals de schrijver en de regisseur en de wetten van de tuinbouw die bepalen wat de grenzen van de rol zijn en je in de juiste richting sturen. Je moet bereid zijn je te voegen en te plooien naar de wensen van anderen. Acteren is overgave.

Na een half jaar adviseert Elias hem de selectiezaterdagen nog een keer te doen. 'Al is het alleen maar om met andere mensen te werken. Ik kan je niet alles leren,' legt hij uit.

Reuben heeft niet veel zin om toelatingscursus te doen op de school waar Lotte inmiddels al in haar tweede jaar zit. Hij denkt aan de vernedering als hij haar per ongeluk zal tegenkomen. Aan de andere kant: twaalf zaterdagen les voor tachtig gulden, dat is bijna voor niks. En: in de weekenden is de dagopleiding gesloten. De kans op een onvrijwillige ontmoeting is heel klein.

Hij laat zich overtuigen en schrijft zich in. Stel je voor dat hij straks wordt aangenomen. 'Hi, Lotte, alles goed? Ik begin binnenkort met het eerste jaar.' Hij zou het veelbelovende, aanstormende talent kunnen zijn waar iedereen het over heeft. Starten met een achterstand, maar door een combinatie van privélessen, discipline en doorzettingsvermogen alsnog finishen als winnaar.

Deze keer is hij niet zenuwachtig. Hij weet de weg. Zijn medecursisten kijken tegen hem op. In het gebouw aan de Da Costakade loopt hij rond alsof het zijn natuurlijke habitat is. In de kantine staat nog dezelfde koffieautomaat. Lottes vingers op de knoppen, denkt hij. Haar kluisje bij de kleedkamer. Hier staat ze dan elke ochtend, in haar balletpakje. Zou ze nog met Ewout zijn? Was ze vrij? Elke nacht bezet?

'Ik ken een aantal mensen in het tweede jaar,' zegt hij achteloos tegen zijn groepsgenoten. En: 'Het is in deze cursus belangrijk dat je je helemaal geeft. Ruim je obstakels op.' Zelf vindt hij het deze keer makkelijker om los te laten. Emoties genoeg. Hij wisselt woedeaanvallen af met momenten van stil verdriet waar iedereen door ontroerd zal raken, hoopt hij.

Met elke week wordt hij fanatieker. Sommige docenten schijnen hem goedgezind te zijn, nauwgezet volgt hij hun adviezen op. Volg je impulsen, niet zoveel nadenken, ga tot het gaatje. Soms lijkt inderdaad alsof hij bezig is met een inhaalrace, het is zelfs niet ondenkbaar dat ze hem straks laten instromen bij het tweede jaar.

Maar dan, na anderhalve maand, wordt hij uit de Eerste Ronde gegooid. Hij is verbijsterd. Hij, een selectieveteraan, smadelijk halverwege de cursus afgewezen. De krenking is verlammend. Al helemaal als hij ontdekt dat Lotte als stemloze leerlingenvertegenwoordiger aanwezig was bij de beoordelingsvergadering. Hij wacht haar op bij de brug, afwijzingsbrief in de vuist. Stotterend van woede confronteert hij haar met het commissiebesluit.

'Ik weet nergens van, Reub. Ik heb alleen die vergadering bijgewoond, als afgevaardigde van de leerlingenraad.'

'Maar je kent me. Je had voor me in de bres kunnen springen.'

'Je mag niets zeggen op zo'n bespreking. Alleen luisteren.'

'Wat hebben ze dan allemaal gezegd?' Hij voelt afstand. Dit is niet hetzelfde meisje als uit de cursus. Logisch ook. Kutschool.

'Jezus, ik weet niet. De stemdocent en de schermleraar waren wel positief, geloof ik. Je was erg aanwezig, maar de speldocenten hadden de indruk nooit de echte Reuben te hebben gezien. Zoiets.'

Hij grijpt haar mouw. Schermen en zingen! Dat kan hij dus al. Dan kan hij de rest ook leren!

Lotte, de Pleegzuster Bloedwijn van de losers, is met hem begaan. Voorzichtig zegt ze: 'Acteren is wel wat ingewikkelder dan zwaardvechten.'

'Natuurlijk. Maar er zijn ook overeenkomsten. Concentratie, timing, precisie, souplesse, dosering. Anders zouden het geen toneelschoolvakken zijn, toch?'

Lotte aarzelt. Nee, daar had hij wel gelijk in.

'Nou dan.' Hij krijgt weer een beetje hoop. 'Het enige wat ik dan nog nodig heb is gevoel. Dat je de echte Reuben ziet, zonder remmen. Dat is helemaal niet moeilijk.' Hij spreidt zijn armen alsof hij, hier op deze brug, bereid is zich binnenstebuiten te keren.

Ze neemt hem mee naar een cafetaria op de Bilderdijkstraat en probeert hem ervan te overtuigen dat hij beter een jaartje kan wachten. Lezen, voorstellingen bezoeken, levenservaring opdoen.

'Niet nodig. Ik ben al klaar.' Hij maakt een gebaar of hij zijn hart op tafel legt. 'Hier, mijn gevoel. Ik geef me aan je over. En: Ik heb Ibsen gelezen, Molière. Alle tragedies van Shakespeare. Becket. Pinter. Williams. Die schrijven allemaal over de *condition humaine*.' Hij wijst langs de vitrine met frituurartikelen. 'Ik weet echt niet wat ik met nog meer levenservaring aan zou moeten.'

Het is een zinloos gesprek, natuurlijk. Lotte heeft niet de macht om het besluit terug te draaien. De functie van de tweedejaarsbegeleider is juist gecreëerd om teleurgestelde cursisten als Reuben te kalmeren en een hart onder de riem te steken. Maar Lotte is niet geschikt voor deze taak. Ze is te aardig. Te veel inlevingsvermogen. Ze vat alles te persoonlijk op. De hele avond zit ze Reuben moed in te praten, maar kan niet voorkomen dat hij steeds bozer wordt en haar ten slotte begint uit te schelden. Hij verwijt haar medeplichtigheid aan de corruptie van de cultuurmaffia. Rood van kwaadheid fietst hij midden in de nacht uit haar leven.

Denkt hij.

~

Hij vertelt de camera hoe hij heet, wat zijn leeftijd is, zijn lengte, hij draait zijn hoofd naar links en rechts. Hij is bloednerveus. Ja, hij heeft dit allemaal al een keer gedaan, maar zo voelt het niet. Achter de tafel zit de assistent van de regisseur, iemand van de productiemaatschappij, en Marcel. De laatste knikt hem geruststellend toe. Het is de eerste ronde van een belangrijke casting. Een boekverfilming. Het gaat om een kleine, maar belangrijke rol.

'Het bijzondere van dit personage,' zegt de regie-assistent, 'is dat we hem, zeker in het begin, nauwelijks te zien krijgen. Hij is een mysterie. Het luistert allemaal erg nauw. De keren dat hij in beeld is, moeten we meteen getriggerd zijn. Wie is dit? We moeten meteen snappen waarom Jeroen door hem geobsedeerd raakt.'

Reuben snapt het. Jeroen is een bekende acteur die speelt in de divisie van Huub en Hugo. Daar moet wel wat voor gebeuren, voordat die gebiologeerd raakt. Hij heeft het boek gelezen. Jeroen moet de biseksuele schrijver spelen die verliefd wordt op Herman. Hij zou dat kunnen spelen, dat weet hij zeker. Is hij geen stil water met diepe grond? Hij glimlacht onpeilbaar naar de heren achter de tafel. Marcel balt een vuistje ter aanmoediging.

'In het boek heeft Herman niet echt veel dialoog. Maar het scenario is nog in ontwikkeling,' vervolgt de assistent, 'en Paul wil natuurlijk alle opties openhouden, dat doet-ie altijd, en het zou zomaar kunnen dat-ie iets wil toevoegen, een droomscène of zo.'

Reuben heeft geen bezwaar tegen extra scènes, gedroomd of niet.

Hij leest een stukje uit de roman hardop om ze een idee te geven van zijn tekstbehandeling. Hij doet zijn best mysterieus te klinken.

Twee dagen later – het is tien uur, hij is diep in slaap – wordt hij gebeld. Gedesoriënteerd hobbelt hij in zijn onderbroek naar de gang waar de telefoon hangt. 'Hallo?'

'Ursul Rhuggenaath.'

Ongelovig kijkt hij naar de muur. De baas van het castingbureau. Hij verstijft. De volgende keer weet hij hoe hij verbazing moet spelen. Iets anders dan 'ja?' komt er niet uit zijn mond. Rond het toestel van zwart bakeliet staan talloze nummers op het behang. Loodgieter: 715205, Amy: 621825.

'Reuben?'

'Ja. Sorry. Meneer Rhuggenaath.'

'Ursul. Zeg gewoon Ursul.'

Hij kan het nog steeds niet geloven. Dit gaat over de film. Over het boek van Gerard, kan niet anders.

'Reuben, moet je luisteren. We hebben naar je test gekeken.'

Hij staat doodstil. Hotel Warnsborn 085 431679. Hij mag door. Zijn talent is gezien.

'De meningen zijn verdeeld. Paul ziet het nog niet zo, maar ik denk dat er iets in je zit.'

Hij zwijgt. Wat moet hij zeggen?

'Reuben?'

'Ja. Ik ben er nog.'

'Mooi. Ik zit nu naar je foto te kijken. Marcel zegt dat die al minstens een jaar oud is. Klopt dat?'

'Eh, dat denk ik wel.'

'Uitstraling. Dat is heel belangrijk. Om mee te beginnen. Maar zoals ik zei, er is enige discussie. Kun je daarom volgende week woensdag een volgende test doen? Laten we zeggen, einde middag, half vijf?'

Een tweede test! Het is het eerste wat hij Elias wil vertellen. Die doet open in kamerjas. Hij voelt zich ziek en had eigenlijk af willen bellen, maar hij kon Reubens nummer zo snel niet vinden. Dus vooruit dan maar, alles voor de kunst. Op het toneel heeft hij het zo vaak gedaan, doorspelen, doodziek soms, een keer zelfs met een acute bloedvergiftiging.

'In Winterswijk had ik de zijkant van mijn hand opengehaald, het uiteinde van een schroef in de achterwand van het decor, niks bijzonders, een pleister en klaar. Het stak en klopte een beetje, meer niet. Maar drie dagen later, in Roosendaal geloof ik, ging die pleister er af – we deden Prometheus, kan niet met Hansaplast natuurlijk, en toen zag ik dat de zaak best wel opgezet was. Gewoon gespeeld, uiteraard, maar daarna kregen we Arnhem, Zaandam, Breda. Mijn hand werd dikker en dikker. In Leeuwarden ben ik ten slotte omgevallen, in de laatste acte. Viel niet eens heel erg op, met al die dooien op het toneel. Ambulance erbij, de hele mikmak. Mijn onderarm was donkerpaars, het had niet veel gescheeld of ik had het niet gehaald.'

Reuben knikt. Hij wil beginnen. Hij is toe aan een volgende stap.

'Je bent ongeduldig. Snap ik, snap ik: tien minuten praten over een ontstoken hand, wat heeft dat met jou te maken, denk je. Jij wilt aan het werk. Je bekwamen in het Vak.' Hij articuleerde overdreven: 'Leren Acteren.'

Reuben glimlacht beleefd. In stilte vraagt hij zich af of Elias heeft gedronken.

'Nee, ik heb niet gedronken. Het enige wat ik heb gehad is dit.' Hij houdt een fles hoestdrank omhoog, fronst naar het etiket. 'Zit wel beetje codeïne in, vermoedelijk. Maar. Ik ben heel goed in staat om les te geven. Ik ken mijn beperkingen. Misschien ben ik geen eersteplansacteur, maar lesgeven kan ik. Heb het negen jaar gedaan in Maastricht. Wist je niet, hè? Maar ja, negen jaar. Heen en weer op de A2. Ik was meer daar dan hier, per week bijna twintig uur aan reistijd kwijt. Dus. Nu geef ik jou les, en nog een paar anderen. Ik vind het leuk. Jonge mensen. De ambitie spat ervanaf. Raak je kwijt op den duur, natuurlijk, maar zolang het er is zijn we in staat grootse dingen te verrichten.'

Met de fles in zijn hand wijst hij naar Reuben. 'Met die ambitie zit het wel goed. Jij wilt een raket zijn. Je hebt genoeg brandstof voor de maan en terug. Maar hoe zit het met de rest? Is het ontwerp luchtwaardig? Hittebestendig? Daar heb ik de laatste tijd over nagedacht, na de opdracht op de achterbank van die taxi. Vorige week. Heb misschien een beetje doorgedrukt, ik doe dat niet graag, maar ik dacht, dit heeft deze jongen nodig. Noem het een doorbraak.'

Reuben lacht. Ja, zo voelt het ook, die huilbui. Een doorbraak.

'Dat verdriet was authentiek. Je bent er gekomen door je fantasie te gebruiken, tenslotte zat je gewoon hier op een keukenstoel en niet in een taxi. Je hebt dat, met wat hulp, zelf gedaan.'

'Ja.'

'Dat is wat Stanislavski bedoelt met *emotional memory*. Als jij vorige week op het toneel had gestaan en die emotie had ingezet in een monoloog van – noem maar wat, Romeo – die radeloos is van liefdesverdriet, en ik had in de zaal gezeten, had ik het geloofd. Zonder meer.'

In de buurt van Reubens middenrif wordt het warm. Hier zit een speldocent van de academie in Maastricht. En die vindt dat hij goed genoeg was om Shakespeare te spelen.

'Vraag is alleen, gaat het hier om een echte ontbranding? Je komt hier nu al een hele tijd, en ik heb eigenlijk te weinig lanceringen gezien. Veel vliegbewegingen, dat wel. Maar geen geslaagde vluchten.'

Reuben, daarnet nog genomineerd voor een hoofdrol, voelt een gure wind opsteken.

Elias slaat een bloot en behaard been over het andere. 'Wat we moeten voorkomen is dat jij mij elke week geld komt brengen voor een pilotenopleiding terwijl ik weet dat je ogen te slecht zijn om ooit een vliegenier te worden.'

'Zijn mijn ogen te slecht?'

'Het zou kunnen. Ik heb studenten gehad die beter konden kijken. *Metaphorically speaking*.'

Reuben is stil.

'Dit is niet leuk om horen, snap ik. We spreken wat af. De komende maand kijken we wat er gebeurt. Misschien heb ik ongelijk. Misschien zit er een astronaut in je verstopt. Vorige week heb ik de druk opgevoerd. We kwamen terecht in een persoonlijke arena waar ik niets van hoef te weten. Ik ben geen therapeut. Maar je had een openbaring. Je bent over een aantal obstakels gesprongen en hebt een bron aangeboord. Daar moet je op doorgaan. De zachte emoties. Afhankelijkheid, verwarring, verdriet, hulpeloosheid. Liefde. Laten we proberen een aantal deuren te openen, oké?'

Reuben knikt woordeloos.

'Goed. Ga liggen.'

~

Toen hij twaalf was, vloog hij in de zomervakantie als *unaccompanied minor* naar zijn ouders. Hij weet niet meer wat hij die twee weken heeft gedaan. In het grote appartement van zijn vader had hij een kamer met airco voor zichzelf met een groot tweepersoonsbed. Hij las *Asterix en de Britten* acht keer, staarde naar onbegrijpelijke televisieprogramma's. In een gekoelde auto maakten ze een uitstapje waar hij niets aan vond, want ze bleven in de stad en hij zag geen oases of bedoeïenen, zelfs geen kameel bij een tent. Hij zag alleen de doos van glanzend beton waar de oliemaatschappij zat en vroeg zich af waarom zijn vader niet gewoon thuis gebleven was. Het antwoord bleef uit. Net als in Den Haag zat papa de hele dag op kantoor, en ook 's avonds bleef de lange, zwijgzame man een vreemde voor hem. 'En, hoe gaat het op school?' vroeg hij hem bijvoorbeeld op de derde dag.

'Goed.'

'Kun je het een beetje vinden met oom Abe?'

'Niet echt.'

In plaats van te vragen wat Reuben daarmee bedoelde, knikte hij alsof hij niet anders had verwacht en liet de ongemakkelijke stilte die erop volgde eindeloos lang duren. Ten slotte gaf hij zijn zoon een aai over zijn hoofd, viste met zijn andere hand zijn colbertje van de stoel en ging naar zijn werk.

Af en toe speelde Reuben rummikub met zijn moeder of deed hij een goocheltruc met kaarten. Hij kende er zes en bedacht er in het Midden-Oosten nog vijf bij. Mama was elke keer vol bewondering voor zijn kunnen, maar misschien kwam dat ook wel doordat ze niet goed oplette. Ze glimlachte welwillend, maar haar prachtige blauwe ogen dwaalden te vaak weg. Zij was, vond hij, zonder twijfel de mooiste vrouw ter wereld. Met haar blanke huid en ragfijne, rossige krullen hoorde ze eerder thuis in een mistig toverbos dan in een landschap van zinderende zandvlaktes en oliebronnen, maar daar leek ze zelf geen last van te hebben.

'Het leven hier is zoveel… gemakkelijker dan in Europa,' spinde ze terwijl ze haar benen onder zich trok op de bank. De tientallen armbanden om haar pols rinkeltikten. 'Ik denk niet dat ik nog zou kunnen aarden in Nederland.'

Reuben had op dit soort momenten het gevoel zelf het onderwerp te zijn van een truc waarin iets definitief werd weggegoocheld, maar hij kon niet uitleggen wat dat dan was, dus hield hij zijn mond.

'De mensen hier, ze zijn, hoe zeg ik het, zo superrelaxed. We hebben bijvoorbeeld een duikschool gevonden met zulke aardige mensen, restaurantje erbij, we gaan er bijna elk weekend heen, zo heerlijk. Hoe is het op school?' De ijsblokjes in haar glas gintonic tinkelden mee met haar armversiering.

'Goed.'

'En tante Anna en oom Abe? Zijn ze een beetje lief voor je?'

'Nee.'

'Hm.' Ze leek te overwegen of hij het meende. Of misschien vond ze het ook niet erg, dat haar zusje en man een beetje streng waren na het gedoe met de keukenmixer.

Hij at die twee weken vijfentwintig hamburgers in steeds hetzelfde restaurant omdat hij niets anders lustte, terwijl buiten de Omaanse zon dag na dag de stad in een witte hellebrand zette.

Op de terugweg – weer als unaccompanied minor – bedacht hij hoe gek het was dat zijn ouders gelukkig leken in die schelle woestijnstad die pijn deed aan je ogen.

~

Ursul laat hem persoonlijk binnen. 'Iedereen is al weg, ben ik zelf even de portier,' lacht hij. 'Dus jij bent Reuben. Kom binnen, ga zitten, kopje koffie?'

In de voorkamer zit een meisje aan de telefoon. Marcel is er niet. De middagzon staat laag, de lege bureaus staan als bewegingsloze spinnen te wachten op de volgende dag. Reuben voelt zich vereerd dat Ursul Rhuggenaath, de Schrik van De Smoeshaan, de Almachtige Acteursmakelaar van Amsterdam, bereid is voor hem een kopje koffie te zetten.

'Graag, meneer Rhuggenaath, dank u.'

'Ursul, zeg Ursul.' Hij haalt – een beetje koket – een hand over zijn schedel, alsof hij op dit moment graag had beschikt over een haardos.

'Oké. Koffie. Lekker.' Hij realiseert zich dat het belangrijk is een ontspannen indruk te maken. Aan zenuwachtige acteurs heeft niemand iets. 'Thee is ook goed. Als u dat heeft. Je.' Dat klinkt een beetje idioot, dus hij herhaalt het, een kwint lager: 'Thee is ook goed. Ursul.'

'Ik heb het allebei.' Geamuseerd opgetrokken wenkbrauw. 'Ik heb ook iets sterkers, als je dat wilt? Bier, wijntje?' Hij knijpt zijn ogen dicht tegen het invallende zonlicht, loopt naar de ramen en draait de luxaflex dicht. 'Sorry. Kan mijn huid niet tegen. Uv maakt de cellen kapot. Ik heb eigenlijk wel zin in een wijntje.' Hij grijpt een fles witte wijn uit een klein koelkastje. 'Dus wat wordt het?'

'Wijn is goed. Dat is het makkelijkste.'

'Wijn *it is*. Kom, we gaan even naar mijn kantoor.' Hij neemt hem mee naar de achterkamer met een antiek bureau en een comfortabele bank van blauw fluweel. Op een laag tafeltje staat een grote televisie, kabels lopen naar een statief met een Panasonic-camera. 'Is het goed als we hier even praten? Ik vind de castingruimte zo onpersoonlijk, dat hoeft in dit geval helemaal niet.'

Reuben gaat op het puntje zitten van de L-vormige bank, Ursul pakt een dun mapje en trekt de bureaustoel naar zich toe. 'Goed. De film. Ik heb je al verteld, Paul is niet overtuigd. Die heeft allemaal grote namen in zijn hoofd voor Herman. Maar ik zei tegen hem, waar heb je mij dan voor nodig? Ik ben castingdirector. Het is mijn taak je de mensen te laten zien die niet zo een-twee-drie op je netvlies staan. De onbekende namen. De onontdekte talenten.'

Reuben knikt. Hij neemt een slokje van de mierzoete wijn. Daar houdt hij totaal niet van, maar dat durft hij niet te zeggen.

'Binnenkort is de tweede ronde. En er zijn dus een paar mensen die ik op de lijst wil hebben, maakt me niet uit wat Paul zegt. Of de producent. Maar ik weet ook niet alles. Soms zie ik een foto of een voorstelling en dan denk ik ja, dat zou een wb'tje kunnen zijn. Soms vergis ik me, kan gebeuren natuurlijk, maar dat moet niet te vaak gebeuren. Dan doet zo iemand een tweede of derde auditie, soms ook een echte screentest, geen video dus, maar film, met een echte cameraman, ontwikkelen en kleurcorrectie en de hele riedel, en dan zegt de regisseur in de projectieruimte: "Ursul, wat flik je me nou?" Dat wil ik dus niet.'

Nee, dat begrijpt Reuben. Hij weet echter niet wat een wb'tje is. Het maakt misschien een onprofessionele indruk als hij ernaar vraagt. Maar aan de andere kant wil hij eerlijk zijn. Elias en Konstantin hebben een punt als ze zeggen dat een acteur alleen met echte emoties moet werken. Dus hij vraagt het, terwijl hij nog een slokje van de vreselijke wijn neemt.

'Een wb'tje is een "wel bellen"'. We hebben hier ook een grote bak met namen van nb'tjes. Die bellen we nooit. In die bak wil je niet terechtkomen.'

Nee, dat wil hij niet. Een klop op de deur, het meisje steekt haar hoofd naar binnen. Ze gaat weg. Moet ze afsluiten?

'Ja, sluit maar af,' zegt Ursul zonder zich om te draaien. Met de hoek van het mapje tikt hij op Reubens knie. 'Kijk, Paul is nogal een *demanding* regisseur. Ik heb een love-story en een oorlogsfilm met hem gedaan en het is een man die precies weet wat-ie wil. Als ik daar van af ga wijken, moet ik weten waar ik het over heb. *My ass is on the line, so to speak.* Kan ik die voor jou uitsteken?'

'Wat?'

'Kan ik mijn nek voor je uitsteken?'

'Ik weet het niet.' Het lijkt Reuben nogal een verantwoordelijkheid.

Hij slaat het mapje open. 'Er wordt gedraaid tussen juni en september. Vooral in Zeeland. In die periode ben je *available*, toch?'

Ja, uiteraard is hij beschikbaar.

'Geen vakantieplannen? Je bent gezond? Geen verborgen ziekten zoals bij mij?'

'Sorry?'

'Ik zou niet geschikt zijn voor buitenopnamen. Een uurtje in de volle zon en je kunt de vellen er bij mij aftrekken.' Hij strijkt over de butsjes van zijn pokdalige gezicht. 'Je hebt het boek gelezen?'

Hij knikt. Hij zou het glas wel ergens willen neerzetten, maar weet niet goed waar. Het vloerkleed bij zijn voeten is te hoogpolig, de tafel met de televisie te ver weg.

'Reve is dus een homofiel. Heb je daar problemen mee?'

Nee, dat heeft hij niet.

'Sommige scènes zijn erg expliciet. Wat vond je daarvan?'

'Goed. Ik vond ze goed.' Wat moet hij anders zeggen? Dat het een kutboek was, maar dat hij toch heel graag meedoet aan de verfilming?

'De hoofdpersoon is ook homofiel. Op een nachtkastje ziet hij een foto van een jongen in een zwembroek en wordt op slag verliefd. Kan je je daar iets bij voorstellen?'

‘Tuurlijk.’ Hij is acteur. Natuurlijk kan hij zich dat voorstellen.

‘Ben je zelf homoseksueel?’

Reuben schudt nee.

Ursul wuift de gedachte de kamer uit. ‘Misschien biseksueel dan, we zien wel. Heb je problemen met naaktscènes?’

Dit gaat allemaal wel heel snel. Hij haalt zijn schouders op.

‘Ik vraag het omdat Paul zijn tijd niet gaat verspillen aan acteurs die daar moeilijk over doen. Heb je Rutger en Monique gezien in *Fruit*? Die liepen dus dagenlang poedelnaakt over de set, op een bepaald moment waren we er allemaal zo aan gewend dat het vreemd was om ze weer in de kleren te zien.’

Hij knikt. Hij wil vrij zijn. Geen remmingen. Hij wil zijn zoals Rutger.

‘Kijk. Gerard is momenteel bezig met het script. Ik mag daar niks over vertellen. Maar hij heeft vaak met Paul samengewerkt, ze gaan tot het uiterste, die twee. Er zit bijvoorbeeld een scène in, voorlopig dan, waarin Herman zichzelf bevredigt. Paul gaat dat heel verantwoord filmen, closed set, mooi licht, weet ik zeker, maar bottomline: Herman ligt te zonnen in een duinpan in Zeeland, we horen de golfjes op het strand, en hij begint te masturberen. Dat gebeurt. Het is zomer. Het is warm. Het is heel natuurlijk. Dat moet dus ook echt plaatsvinden, erectie en alles.’

Reuben slikt. Dit is het diepe. Zou hij dat kunnen? Echte acteurs kennen geen schaamte. Heeft Monique zich ook niet laten bevredigen voor de camera?

‘We hebben footage nodig. Hoe je eruitziet. Niet alleen je hoofd. Dat begrijp je toch?’ Ursul komt overeind, zet een schakelaartje om op de Panasonic. ‘Weet je wat? We doen het stap voor stap. Als je eerst nou eens dat hemd uitdoet.’ Met de ene hand pakt hij het glas uit Reubens hand, met de andere draait hij de televisie zo dat hij een goed beeld heeft.

Hij heeft geen keus. Reuben doet wat hem gevraagd wordt. Zijn overhemd. Het T-shirt. De bovenste knoop van zijn broek. Uitdagende poses, geheimzinnig kijken, dat had er bij de eerste test heel goed uitgezien. Voor hij het weet ligt hij in zijn onderbroek achterover op de bank in het kantoor van Ursul Rhuggenaath. Heel natuurlijk. Een acteur moet zich kunnen ontspannen.

'Fantastisch,' fluistert Ursul, 'jij zit in de wb-bak, *for sure*.' Hij heeft de camera van het statief gehaald, filmt uit de hand langs zijn gezicht, zijn borst, buik, billen, benen. Dan zegt hij: 'Die erectie. Lukt je dat?' Hij zoomt in op Reubens gezicht, wacht op de reactie. Door het zwarte apparaat tussen hen in lijkt het een normale vraag, klinisch bijna. De operazanger en de dirigent. De hoge c, zit dat erin? 'Straks staat er ook een camera. En een assistent en belichters en een *focus puller*, en een meisje van de make-up en weet ik wat niet meer, ook bij een gesloten set. Dus als het niet gaat, moet je het eerlijk zeggen. Dan weten we dat.' Ursuls gezicht is verborgen achter de Panasonic.

Reuben wil zich niet laten kennen. Zijn vingers glijden aarzelend langs de rand van zijn onderbroek. 'Het is allemaal een kwestie van ontspanning en concentratie. Misschien moet je je ogen even dichtdoen.'

Hij gehoorzaamt. Hij probeert aan Lotte te denken. In een bikini. En dan zonder bikini. Opeens voelt hij een hand op zijn geslacht. 'Ik help je een beetje,' klinkt het boven hem.

Hij had nog nooit sperma geproefd. De smaak van Ursul vergezelt hem op weg naar buiten, grondachtig en bitterzout. Reuben is in de war. Het begon met het beeld van Lotte in een badpak, het eindigde met een lul in zijn mond. Daar had hij niet echt rekening mee gehouden.

Op de tast stommelt hij door het donkere kantoor op zoek naar de deur, het verlichte schermpje van de videocamera op de grond werpt een blauw schijnsel op de volumineuze, halfnaakte gestalte van de castingdirector die op de bank in slaap is gevallen. Na de wijn kwam er een fles wodka tevoorschijn, en daarna dus nog een tweede zaadlozing. Reuben heeft er geen plezier aan beleefd, ondanks de zachte mond van de Schrik van De Smoeshaan. Maar hij heeft het bewezen: hij kan de regie uit handen geven, zijn schaamte overwinnen, zich uitleveren, hij had er niet eens alcohol voor nodig. Hij is niet meer onbetekenend, kan dingen in beweging brengen. Een castingdirector die in het hele land wordt gevreesd, heeft zich de complete avond met hem beziggehouden. Hij is erin geslaagd zich in de kijker te spelen. Er is een openstaande rekening. De verwachting dat hij nu inderdaad gecast zal worden voor *De Man op het Nachtkastje* is meer dan gerechtvaardigd.

Toch is hij niet tevreden. Terwijl hij door de stad naar de Admiralengracht fietst, draaien de lettergrepen rondjes in zijn hoofd: uitlevering, openstaand, rechtvaardig. Hij is zich vaag bewust dat er dingen gebeurd zijn die niet helemaal in orde zijn. Maar: koude lucht om je oren, doortrappen, het komt goed. Hij is *moving up*. Fantaseren over een filmcarrière is niet meer volstrekt belachelijk. Hij voelt de wind in zijn rug.

~

Hij heeft nog twee nachten mijnbouw voor de boeg, daarna mag hij naar het daglicht. Na het weekend begint hij op de administratieafdeling van de fabriek. Dit heeft hij te danken aan een oplettende personeelschef die hem in de pauze naast de snoepautomaat zag met *An Actor Prepares* op de knieën en 'Ken jij Engels, dan?' vroeg.

Ja, en Duits en Frans. Vwo-diploma, hoezo?

Het is ruim voldoende om de telefoon op te nemen als er buitenlandse klanten bellen, oordeelt de chef. Bijkomend voordeel is dat Reuben inmiddels alle onderdelen van het productieproces kent: de erwt, de spitskool, de bocht voor het zeefplateau, het bietenmes, de sorteerband, de kartonneermachine, de samenstelling van de verschillende conserveervloeistoffen, het ampèrage van de zekeringkast bij de destilleerketels, het maximaal toelaatbare gewicht van laadplatform C, de verwerkingstijd van appel tot moes.

De directeur van Muco, meneer Mulder, is het hem zelf komen vertellen. Hij gaat twintig procent meer verdienen en heeft straks een eigen bureautje met telefoon. 'Jij gaat het nog ver brengen, jongen,' mompelde meneer Mulder van onder zijn snor, en daar had-ie gelijk in, al is het waarschijnlijk niet in de conservenbranche, denkt Reuben. Als de rugwind doorzet, laat hij de groente voorgoed achter zich, buitenlandse clientèle of niet. Hij schiet zijn werkkleding aan, hij is klaar voor de strijd. Maar als hij de deur van de productiehal opent, is er deze keer geen muur van lawaai die hem verwelkomt. Het is doodstil.

Zijn promotie wordt uitgesteld. Alles wordt uitgesteld. Tijdens het onderzoek zwijgen de machines. Hij hoeft niet te werken, maar de salarissen worden gewoon betaald, heeft de directeur hen verzekerd. Hij vindt het allemaal prima.

Ursul belt. Hij heeft de tape teruggekeken, fantastisch materiaal. Nee, hij heeft nog geen nieuws over de film, hij heeft de telefoon gepakt omdat-ie graag wil weten hoe het gaat. Met hem. Het was een dolle avond, die wodka hadden ze niet moeten doen, sorry dat-ie in slaap is gevallen, vond hij het erg?

Nee, antwoordt Reuben. Ze laten allebei zorgvuldig in het midden of hij het in slaap vallen bedoelt of de seks. Ursul zegt dat-ie iets op moet biechten. Hij is een beetje verliefd geworden. In de pauze die hij daarna laat vallen, krijgt Reuben de kans om iets dergelijks te zeggen. Maar dat doet hij niet. Nee, verliefd is hij niet. Wat is hij wel? Betast? Aangerand? Opgewonden? Wat is zijn aandeel? Hij weet het antwoord niet. Voorlopig besluit hij dat er een transactie gaande is, dat lijkt hem het minst verontrustend. Hij heeft iets gegeven, de andere partij moet nu reageren. Zo bezien is het beter om af te wachten. Hij hangt op en laat de machtige makelaar nog even bungelen.

Het staat nergens. Niet in *An Actor Prepares,* of *Building a Character.* Ook niet in de biografieën van wereldberoemde acteurs als Laurence Olivier of Sarah Bernhardt. Veel woorden over wanhoop, torment, tot het uiterste, persoonlijke tragiek, maar niets over hoever je kunt gaan om een rol te bemachtigen. Ook niet in *Creating a Role* of *My Life As an Artist.*

Reuben probeert te begrijpen wat er nu precies gebeurd is. Paul zoekt acteurs die niet bang zijn voor seksscènes. Op zich niet heel gek: er zijn in Nederland al een paar softpornofilms gemaakt met Willeke en Sylvia. Met rijkssubsidie, zelfs. Die zullen toch tijdens een auditie ook wel uit de kleren zijn gegaan. Paste het bloot en de erectie op Ursuls bank daarbij?

Misschien.

Blijft over: de verhouding met de castingdirector. Als je hem beledigt of anderszins negatief benadert, is het duidelijk: dan krijg je geen rol. Maakt niet uit hoe goed je kunt acteren of hoe leuk je eruitziet. Als je aardig en beleefd bent, is het ook nog wel helder: in een klimaat van wederzijdse sympathie staan er meer seinen op groen. Maar goed, er zijn natuurlijk tientallen acteurs die geen last hebben van bloot en tegelijkertijd met twee woorden kunnen spreken. Dat heeft Ursul immers zelf gezegd: namen genoeg. Om je daarvan te onderscheiden moet je dus iets extra's doen. Een fles wijn meenemen, een bosje bloemen, een pik in je mond. Of ligt daar ergens een grens, tussen bloemen en een penis?

Logisch dat daar een grens ligt. Maar waar dan precies?

Hij belt Fiona – een vriendin van de middelbare school die rechten is gaan studeren en inmiddels een baantje heeft bij een gerenommeerd advocatenkantoor. Na twintig minuten koeien en kalveren stuurt hij het gesprek naar haar werkomgeving. Lijkt hem lastig, opklimmen binnen een cultuur waar de banen niet voor het oprapen liggen. Waar er veel competitie is. Hoe heeft ze dat gedaan?

'Gewoon, hard werken.'

'En een beetje geluk, misschien,' probeert Reuben.

'Soms wel.'

'Het moet je gegund worden.'

'Precies. Maar alleen als je het verdient, hoor.'

Hij legt haar de vergelijking voor. In een klimaat van wederzijdse sympathie iets extra's doen.

'Ja, zo zou je het kunnen zeggen.'

'Heb jij weleens een cadeautje meegenomen voor je leidinggevende?'

'Uiteraard. Ik ben erop leeggelopen. Hij had een dure smaak.'

'Iets verdergegaan?'

'Wat bedoel je?'

'Gunsten in natura?'

'Reuben, waar ben je op uit? Nee, natuurlijk niet. Ik mag toch hopen dat ik mijn huidige baan te danken heb aan mijn inzet en expertise en niet aan mijn bereidheid mijn bloesje uit te trekken.'

Reuben schrijft in zijn dagboek: is masturberen tijdens een screentest hetzelfde als een stagiaire die aan een partner van een grote advocatenfirma haar borsten laat zien? En zo ja, wat is dan normaal? Hoort pijpen daarbij?

Hij komt er niet uit en neemt zich voor er elke dag iets over te schrijven. *My life As an Artist*. Het is een voornemen dat hij vaker heeft gehad, maar dat meestal weer snel verdwijnt omdat hij geen gedachten heeft of omdat hij het dagboek zo snel niet kan vinden. Dan schrijft hij zijn overpeinzingen ergens anders op, met als gevolg dat er veel A4'tjes en aangebroken blocnotes in zijn appartementje zweven met zinnen als: 6 augustus, ik moet minder lezen en meer doen. 10 augustus: nieuwe vriendin zoeken! Of 21 oktober: stel dat ik was aangenomen op de Toneelschool, waren Lotte en ik dan een stel geworden? 23 oktober: idee voor een roman: onderhoudsmonteur bij waterleidingbedrijf neemt wraak op de stad. 2 januari: *De Oorveeg* van Willem Brakman bewerken tot filmscript.

Op de achterkant van een oude telefoonrekening vindt hij de cryptische aantekening: 6 juli: wat, verblind door het licht, gebeurt in het donker.

~

Een cystoscopie met woorden, zo voelt het zoveelste zenuwverhoor van de rechercheur met de grote boerenhanden. Het was pijnlijk, maar je kon beter stil blijven zitten.

'Door de codering aan de onderzijde van de verpakking is het inmiddels duidelijk in welk tijdvak het schoonmaakmiddel in de babyvoeding terecht moet zijn gekomen,' zeurt de man. 'Gecombineerd met de gegevens van de prikklok blijkt dat u in de betreffende week elke avond hebt gewerkt.'

Reuben geeft geen krimp. 'Dat zou goed kunnen. De vaste nachtploeg bestond uit zeven man.'

'Uit de verklaringen van meneer Mulder komt tevens naar voren dat het productietraject van elke groente min of meer hetzelfde is, maar dat bladgroente een andere aanpak behoeft dan knolgewassen of peulvruchten.'

'Dat zou goed kunnen. Het is voor mij alweer even geleden.'

'In dit geval gaat het over snijbonen, en die hebben de neiging aan elkaar te plakken op plekken waar de lopende band een te grote hoek maakt. Zoals in de bocht waar u die week dienst had.'

'Ik heb mijn leidinggevende daar meerdere malen op gewezen. Het was een ontwerpfout.'

'Daar hebben we helaas geen bevestiging van kunnen vinden.'

'Heel gek.'

'Meneer Bierkwiek, de aanwijzingen naar uw betrokkenheid stapelen zich op.'

Hij geeft geen antwoord.

'Het maakt voor de rechter straks een groot verschil of u hebt meegewerkt aan het onderzoek of dat we gedwongen waren u te arresteren.' De rechercheur ziet er uitgeput uit.

'Ik wil heel graag meewerken.'

'Mooi. Er is een protocol voor bladgroente dat op de grond valt.'

'Terugbrengen naar het punt voor de wasinstallatie.'

'Ik kan me voorstellen dat dit een keer is misgegaan. Dat is niet erg. Dat is menselijk. Het is niet bepaald heel uitdagend, met een hooivork staan wachten naast een transportband. Mogelijk hebt u het een keer gewoon teruggeschept, in plaats van helemaal terug te lopen naar de wasinrichting.'

'De regels zijn heel streng bij Muco, als je een vergissing maakte, kreeg je een boete.'

De rechercheur zwijgt even. Hij legt zijn grote handpalmen tegen elkaar en legt de neus op de vingertoppen, alsof hij een schietgebedje doet.

'Het zou fijn zijn als u meewerkte. Terugscheppen zou gezien worden als een menselijk fout. Een leermoment in de voedingsmiddelenindustrie. Als deze zaak wordt opgelost, kunnen we de voorschriften aanpassen en in de toekomst waarschijnlijk levens redden.'

'Dat zou prachtig zijn.' Reuben staat op. Hij is niet bang, kan de woorden vloeiend uitspreken. 'Als u verder geen concrete aanklacht heeft of ander bewijs kan aanvoeren dat ik iets met deze zaak van doen heb, wil ik nu graag naar huis.'

Ze moeten hem laten gaan. Uiteraard. Iemand had niet opgelet, een halfdozijn potjes met babytolueen was per ongeluk geseald en in een doos terechtgekomen, een nietsvermoedende chauffeur had het afgeleverd bij een dorpssupermarkt in Friesland. Zo was het leven. Een vlinder in Zuid-Amerika kon een half jaar later in Canada een storm veroorzaken. Het was onrechtvaardig, maar zelfs tienduizend politiemannen konden daar niets aan veranderen. Op de terugweg koopt hij een grote bos bloemen die hij anoniem in het ziekenhuis van Leeuwarden laat bezorgen. Hoewel aangetoond zou worden dat hij niets met de vergiftiging te maken had, leek het hem een hele opgaaf voor de ouders om elke dag naar je slapende kind te moeten kijken zonder te weten of het ooit nog wakker zou worden.

~

Nu de productie bij Muco Conserven tot nader order is stilgelegd, heeft Reuben voor het eerst in lange tijd gelegenheid om naar het theater te gaan. In alle handboeken staat dat je dit zo vaak mogelijk moet doen. Voorstellingen bezoeken, notities maken over de interpretatie van de regisseur, het decor, de aanpak bestuderen van collega's. Nu hij even niet meer van tien uur 's avonds tot zes uur 's ochtends in een blauw hygiënepakje bij een schudmachine hoeft te staan, gaat hij naar de Nes en de Leidsekade, ziet voorstellingen van Baal, Centrum, de Open Bak in Frascati, hij bezoekt de Kleine Komedie aan de Amstel, de Blauwe Maandag in de Brakke Grond. Alleen het Werktheater niet. Dat is steeds uitverkocht.

Hij had Lotte bij al deze voorstellingen tegen kunnen komen, maar hij loopt haar pas tegen het lijf in de foyer van de schouwburg bij *Kasimir en Karoline*. Het stuk is geschreven door een tijdgenoot van Brecht maar mist scherpte. Vindt Reuben. Het gaat over de onmogelijke liefde tussen een arbeiderszoon en een meisje dat hem inruilt voor een geslaagd zakentype. Hij heeft zich verveeld. Maar als hij tussen het geroezemoes en de drukte van naar huis kerende bezoekers Lottes stem hoort en bij de garderobe de geelbruine schitterflits ziet van haar paardenstaart, slaat zijn gemoedstemming om. Hij heeft zijn uiterste best gedaan om Goudlokje te ontlopen in haar kasteel aan de Da Costakade. Bijna drie groentecycli van asperges en winterpenen zijn verlopen, ze heeft waarschijnlijk in bed gelegen met de helft van haar mannelijke medestudenten, maar dat kan hem nu even niets schelen. Hij is blij. Het is alsof hij weer lucht krijgt na een lang zwemtraject onder water, met grote slagen werkt hij zich naar de rand tot hij voor haar staat.

3. *Space Invaders*

Ze herinnerde zich hoe licht en opgewonden ze zich had gevoeld.

Zo kan theater dus zijn, bedacht ze. Een tijdmachinereis. Een toneelstuk van een Duitssprekende Hongaar over hoe onmogelijk de liefde soms is, zeventig jaar geleden geschreven in de kraamkamer van het nationaalsocialisme. En het voelde alsof het over haar ging. Hoe misverstanden en miscommunicatie de meest simpele dingen ingewikkeld kunnen maken. Ze had haar jas al half aan toen hij in het gedrang plotseling opdook, haar linkerarm stak met een rare hoek in de mouw achter haar rug. Het duurde even voordat ze hem herkende. Wie is die donkere griezel, dacht ze een seconde toen hij pontificaal zijn armen spreidde en haar de weg naar de uitgang versperde.

'Lotte! Goudlokje!'

'Reuben!' Ze had hem al langer dan een jaar niet gezien. Hij leek kleiner geworden, steenmarterachtig, alsof hij in een tel weg kon schieten achter een plint. Het flitste door haar hoofd en verdween net zo snel, want hij omhelsde haar enthousiast. Haar arm kwam knel te zitten in zijn worstelaarsgreep. Hij liet haar los en bekeek haar geamuseerd. Ze blikte onwennig terug, zeilde handig rond een volgend pijnlijk moment door zich om te draaien naar haar vrienden die nog in de rij stonden bij de garderobe. 'Jongens, dit is Reuben. Hij zat bij ons in de selectie.' Jaap, Jane, Tom, Guusje en Babette gaven hem allemaal een snelle hand. In hun begroeting kon Lotte het lichte dedain zien dat altijd aanwezig was op het snijvlak van 'wij kunstenaars' en 'de rest van de wereld.' Reuben leek het niet te merken. Warm en hartelijk schudde hij de uitgestoken handen.

'Wat vonden jullie?' vroeg hij. 'Aparte enscenering, wel. Eigenlijk hoort zo'n stuk niet thuis bij een burgerlijk gezelschap. Vind ik, hoor. Ödön was eenendertig toen hij het schreef als protest tegen de manier waarop de *haves* in de Weimarrepubliek hun belangen beschermden ten koste van de *have-nots*. En kijk waar we nu staan.'

Lottes vrienden zeiden niets. Afwachtend hadden ze zich in een halve cirkel opgesteld, klaar voor een stevige discussie met iemand die niet eens de selectiecursus had mogen afmaken.

Reuben wees glimlachend om zich heen in de nu snel leger wordende foyer. 'De versierde plafonds, pluchen stoelen, gipsornamenten, kroonluchters, tapijt onder onze schoenen. Een Angelsaksisch reisgezelschap dat zijn stuk in een Amsterdamse bonbondoos komt spelen. Denk je dat Horváth het zo bedoeld heeft?'

Daar moest iedereen even over nadenken. Reuben gooide zijn regenjas als een cape over zijn schouders. 'Ik zeg niet dat we dit gebouw moeten afbreken. Het is prima dat het er is. Maar vijftien jaar geleden werden hier tomaten gegooid.' Hij lachte vrolijk en ging op weg naar de uitgang. 'Het toneel dat toen gespeeld werd spelde je met een paar e's extra, zo saai en ouderwets was het. En het waren twee Theaterschoolstudenten die daar een einde aan maakten. Ik bedoel maar, wat is er over van dat elan? Gaan we nog wat drinken?'

Als vanzelf sloegen ze rechtsaf, richting het kunstenaarscafé. Lotte was in verwarring. Dit was een andere Reuben dan de jongen die op haar kamer Hamlet had geprobeerd en in het cursuslokaal met stoelen had lopen gooien. Relaxed, laconiek, maar gefocust. Haar vrienden, anders niet zo snel onder de indruk, waren ook stil.

'Laten we,' concludeerde Reuben, 'die toneelvesting aan het Leidseplein gebruiken voor de oude meuk waar het voor gebouwd is: Vondel, opera, ballet, en misschien af en toe een koningsdrama van William. Maar laten we in godsnaam de stukken die ertoe doen spelen op andere plekken. In de straten, op de pleinen, in vlakkevloerzalen en lege fabriekshallen.' Hij stootte de deur open van het café. 'We gaan aan de zuip. Uit protest. Ik trakteer.'

Een tijdje stond Lotte te luisteren naar hoe Reuben aan de bar het theaterbestel fileerde. Ze had weinig aan te merken op zijn analyse. Ze had er zelf eigenlijk nog niet zo bij stilgestaan. Het was inderdaad merkwaardig dat er revolutionair repertoire werd gespeeld in zwaar gesubsidieerde cultuurpaleizen.

Reuben bestelde meer drank. 'Wat er volgens mij gebeurt, is dat de elite de creatieve erfenis van vernieuwers zoals Brecht, Grotowski, Brook en Artaud geïncorporeerd heeft en zo onschadelijk maakt. Mackie Messer in een lijsttoneel. Zo wordt de oorspronkelijke bedoeling van de maker als het ware getransmuteerd in een hapklaar en makkelijk te verteren maaltijd, waarna de burgerij tevreden een glaasje gaat drinken in het theatercafé. Zoals wij nu eigenlijk ook doen, haha.'

Later – Reuben zat met Guusje en Babette grappige anekdotes uit te wisselen over Ko van Dijk – trok ze hem mee naar een rustig tafeltje want ze wilde nu weleens weten hoe het ging. Niet met het theaterbestel, maar met hem. Had hij werk? Deed hij een studie?

Reuben streek met de rug van zijn hand over haar wang. Over hem hoefde ze zich echt geen zorgen te maken. Op het moment krijgt hij een salaris maar hoeft hij er niet voor te werken. Heerlijk toch? En studie? Ja, altijd. Dat houdt nooit op. Hij leert van de praktijk, audities, screentests, heeft al een hele tijd een goede privédocent, en dan is er natuurlijk de Universiteitsbibliotheek en het Theaterinstituut. Hij zit er hele middagen, het is gewoon te gek wat ze daar allemaal hebben. En hoe is het met haar? Derde jaar inmiddels? Bij nader inzien was het keurslijf van de Toneelschool waarschijnlijk voor hem totaal ongeschikt, dat had die cursusdocent wel goed gezien. Als hij nu op school had gezeten, bijvoorbeeld, had hij geen tijd gehad voor zijn projecten.

'Wat voor projecten, dan?'

'Deze hele zomer ben ik wel onder de pannen. Filmen. Zeeland. Juni tot september. Hoogstwaarschijnlijk. Met Jeroen. Onder andere.'

'Echt?' Lotte probeerde in te schatten of hij een grapje maakte.

'Ik kan er niet te veel over roepen. Gerard en Paul zijn nog bezig, financiering nog niet helemaal rond, maar ja, het ziet er goed uit.' Jaap en Babette kwamen erbij staan. 'Probleem met boekverfilmingen natuurlijk, is de sfeer,' stelde Reuben. 'Hoe pak je die? Die, hoe zeg ik dat, onzichtbare boventonen in een literair werk? In dit boek, kan even niet zeggen welk, snijdt de auteur bijvoorbeeld de eenzaamheid aan van een katholieke homofiele schrijver die verstrikt raakt in de netten van een nymfomane. Snap dan de casting van Renée overigens niet, die is daar veel te lief en te zacht voor. Maar hoe ga je dat te lijf, zo'n beladen onderwerp? Homoseksualiteit versus grenzeloze heterofiele lust? We verwachten veel maatschappelijk verzet, de roman werd bijvoorbeeld geweigerd door de CPNB.'

'Wat is dat?' wilde Babette weten.

'De boekwinkels. De organisatie achter de Boekenweek. Lees je geen kranten? Zij konden zich niet verenigen met de inhoud. Daarmee hebben ze zich wat mij betreft ook gediskwalificeerd als geloofwaardig instituut. Allemaal kleinburgers. Opvallend trouwens dat dezelfde club ook het Boekenbal organiseert. En waar vindt dat plaats? Precies. Hier vlakbij. In de schouwburg. Onder de gipsornamenten.'

Opnieuw was iedereen even stil.

Reuben dronk zijn glas leeg. 'Ja, wacht even. Nou lijkt het alsof ik het allemaal zo goed weet, maar ik ben ook maar een piepeltje in het raderwerk, hoor. Ik heb simpelweg dat boek goed gelezen. Voor de casting. Ik sta er gewoon heel erg achter, dat Paul het wil verfilmen.'

'Wat ga je dan spelen?' Lotte kon het niet helpen. Ze was toch een beetje jaloers.

'Ga ik niet zeggen. Weet zeker dat je dat niet voor je kunt houden.'

Nu wilde Lotte het helemaal graag weten. Jaap, Babette en de anderen ook.

Reuben lachte verontschuldigend. 'Titelrol. Maar. Ho. Weinig tekst, hè. Heel veel beeld, dat wel. Denk: *mystery man*. Het moet een hoop vragen oproepen. En, het belangrijkste: het is allemaal nog niet zeker. Het mooie is natuurlijk dat ik kan meeveren. Willen ze de draaiperiode uitstellen? Maakt me niet uit. Willen ze filmen in het buitenland? Kan allemaal. Dat is dan weer het voordeel van niet op een opleiding zitten.'

Lotte was het met hem eens. Ze heeft het onlangs meegemaakt, ze werd benaderd voor een kleine rol in een televisieserie, maar moest het aanbod afslaan omdat het van de studieleiding niet mocht. Ook niet als er in de vakantie werd gedraaid. Dan had Reub het toch beter voor elkaar. Ze keek hem na toen hij naar de bar liep voor een nieuwe bestelling. Hij bewoog anders dan hij praatte: zoekend, schuifelend, de schouders opgetrokken, alsof hij elk moment een klap kon verwachten.

'Ik vertrouw hem voor geen centimeter.' Jaap naast haar. 'Er is iets waardoor je de neiging krijgt de ongediertebestrijding te bellen als je hem ziet.'

'Ik weet het niet. Is niet leuk hoor, jij en ik mochten door op school, hij werd twee keer afgewezen.'

'Daar was dan vast een reden voor. Geloof jij al die bullshit?'

'Ah. Hoor ik hier een jaloerse collega?'

'Alleen kritisch. Hoezo titelrol?'

'Hm.' Het zou kunnen natuurlijk, dacht ze, dat hij een partijtje zat te bluffen. Ze herinnerde zich de gekwetste trots waarmee Reuben in haar kamer had gestaan, in de kantine tijdens de selectiecursus, voor de deur van een pizzeria in de Halvemaansteeg.

Reuben kwam terug met de drankjes. 'Jongens, ik besef opeens iets. Ik kom misschien een tikkeltje *cocky* over. Is niet de bedoeling. Ik sta tegenover een clubje studenten van een opleiding waar ik heel graag op had willen zitten. Zie het als onzekerheid, dat geschreeuw van mij.'

Lotte glimlachte. Ze vond hem wel lief en aandoenlijk, zoals hij daar een tikkeltje cocky met die glazen stond. Dit was gewoon een jongen die graag geaccepteerd wilde worden.

~

Twee dagen later liep ze hem weer tegen het lijf bij een theaterschoolvoorstelling en daarna opnieuw in De Smoeshaan, nu in het gezelschap van Babette. Het bleek dat ze telefoonnummers hadden uitgewisseld. Geërgerd luisterde ze naar het verslag over de dansvoorstelling die ze samen hadden gezien.

'Ik ben helemaal kapot.' Reuben steunde met zijn armen op de bar. 'Dat stuk. Die muziek, on-ge-lofe-lijk.'

'Hij heeft gehuild.' Babette vond het wel grappig.

'Ja, sorry. Ik kon het niet helpen.'

'Waarom dan?' wilde Lotte weten.

'Ik kan het niet uitleggen.' Met beide handen probeerde hij een onzichtbare globe te omvatten. 'Bach. De beelden. De uitputting van de dansers, het geluid van vlees op vlees. Het was, het had. Het ging over het leven. Over de onmogelijkheid ervan.'

'Interessant,' reageerde ze met een glimlachje. 'Bach en de metafysische paradox.'

Terwijl ze die nacht naast Ewout lag, dacht ze na over haar afgunst. Wat betekende dat? Misgunde ze Babette en Reuben een betekenisvolle ervaring? Vond ze dat ze meer recht had op hem dan haar klasgenootje? Nee, natuurlijk niet.

Maar de week daarna belde ze hem op. Had hij zin om mee te gaan naar *De Oresteia* op een botenwerf in Velzen?

Dat had hij. Vierenhalf uur keken ze hoe een groep jonge spelers elkaar te lijf ging tussen draadlieren en huizenhoge roestige scheepsrompen. Het was een enerverend en pulserend schouwspel over de thuiskomst van Agamemnon die door zijn vrouw wordt vermoord en die op haar beurt door haar zoon wordt gedood. Ouder-kindproblematiek in een notendop bij de oude Grieken.

Op de terugweg, met z'n tweeën in Ewouts auto, zeiden ze niet veel. Pas onder het Noordzeekanaal hoorde ze een soort piepzuchtje. Snel keek ze even opzij en minderde vaart. 'Wat is er?'

Reuben had zijn hoofd afgewend, staarde naar de ritmische opeenvolging van de tunnelverlichting. Zijn elleboog op de rechter armsteun, kin in de palm van zijn hand.

'Zo gaat het. Woord en doodslag. Toch?'

'Wat zeg je?'

Hij haalde zijn hand voor zijn mond weg en draaide naar haar toe. Ze zag tranen blinken. Aan en uit, aan en uit.

'Wat ouders en kinderen elkaar aandoen. Niet te bevatten.'

'Nee. Soms niet.' Ze dacht aan haar eigen vader en het dingetje dat tussen hen in stond. Niet zo groot als een tragedie, maar toch. 'Mijn vader en ik zijn zeg maar gebrouilleerd.'

'Ik heb daar niet zo'n last van,' zei hij. 'Die van mij zijn al vroeg overleden.' En voordat ze kon reageren: 'Ik ben opgevoed door een aangetrouwde oom en zijn vier dochters.'

Ze begreep het niet goed, maar durfde niets terug te zeggen, bang om zijn emotie te verstoren.

Over een lege snelweg reden ze de tunnel uit, de autoneus in de richting van de wijde avondlucht. Na vijf kilometer zei hij: 'Niet echt overleden, maar een soort van figuurlijk dood. Voor mij dan. Het is een lang verhaal. Beetje Bijbels, wel. Inclusief Rode Zee en de hele mikmak.'

Ze hield haar mond, wachtte op wat komen ging.

Maar er kwam niets.

Na weer vijf kilometer wendde hij zijn hoofd af. 'Ik heb geen zin om erover te praten, merk ik. Sorry.'

'Ik snap het. Ik vind het zelf ook moeilijk.'

'Ik dacht dat jij een gouden lepel in je mond had.'

Ze lachte. 'In mijn strot, bedoel je. Waarom laten ouders hun kinderen niet met rust?'

'Dat doen sommige echt wel, hoor. Geloof me.'

'Niet als kind. Maar als je volwassen bent, bedoel ik. Waarom kan ik niet gewoon doen wat ik wil?'

Hij trok met zijn schouders. 'Op nul beginnen?'

'Precies.'

'Ik hoef niet zo nodig op nul te beginnen. Geef mij maar een voorsprong en laat me starten op twee of drie. Waarom moet ik alles bevechten? Waarom heb ik geen grote achtertuin waar ik een theater mag bouwen en mijn eigen stukken kan opvoeren?'

'Reubje. Je bent in de verkeerde tijd geboren.' Ze kende het verhaal over Stanislavski ook.

'Mijn vader had een landgoed kunnen hebben. Als hij niet figuurlijk overleden was.'

Ze reden de stad in. 'Mijn vader *heeft* een landgoed.'

'Vanzelf heeft-ie dat. Zullen we nog wat gaan drinken?'

In De Smoeshaan troffen ze het bekende clubje: Jane, Tom, Jaap, Guusje, Babette. Ze waren in gesprek met Pierre, die zo jong als-ie was, al een aantal grote rollen bij het Publiekstheater had gespeeld.

'Wij komen net uit Velzen!' riep Lotte ter begroeting.

Omhelzingen, zoenen. 'Hoe was het?'

'Fantastisch.'

'Ja,' beaamde Reuben. 'Veel bloed en een catharsis tegen een wand van cortenstaal.'

'Heb je gehuild?' wilde Babette weten.

'Een beetje.' Reuben stak zijn armen in de lucht. 'Ik kan het niet helpen, mensen. Ik raak zelfs ontroerd bij een wasmiddelreclame. Dat het hele gezin gelukkig is omdat alles lekker fris ruikt.'

Er werd gelachen.

Reuben maakte een buiging. 'Ik heb problemen, ik weet het. Heeft allemaal te maken met een trauma dat ik heb opgelopen in mijn jeugd.'

'Hij praat er heel makkelijk over,' verklaarde Lotte.

Een luchtvlaag in haar nek. De deur was met kracht opengestoten.

Ursul Rhuggenaath in de deuropening, de mistige gracht op de achtergrond. Een moment werd zijn gestalte dramatisch belicht door de koplampen van een passerende auto. Met korte kordate pasjes kwam hij vervolgens binnen, in zijn kielzog een bekende toneelregisseur en de steractrice van het stadsgezelschap. 'Ik vond het niet leuk,' zei hij terwijl hij op weg ging naar de bar. 'Veel te lang.'

De hoofden van Lottes vrienden draaiden als zonnebloemen met hem mee.

Ursul stak drie vingers op naar de barman en legde een arm om de schouders van de regisseur. 'Je bent een schat, maar jong. En je had misschien ook niet het beste materiaal voorhanden. Met uitzondering van jou, Chris, uiteraard. Jij had de avond wellicht kunnen redden, maar dat was eigenlijk onmogelijk, met zo'n decor. Vreselijk. Ik heb het gevoel dat ik de hele avond naar een zwart gat heb gekeken. Ik ben gewoon duizelig.'

Hij deelde de glazen uit, nam een slurpje en keek het café rond met de wetenschap dat alle aanwezigen hem kenden en dat hij op zijn beurt iedereen kende die ertoe deed en dat het daarom geen zin had energie te stoppen in begroetingen. Af en toe kon er een minzaam hoofdknikje vanaf. Totdat zijn blik stopte bij het tafeltje van Lotte. Reuben zag het niet. Hij zat met zijn rug naar de bar en zei tegen Babette en Guusje: 'Acteren is voor mij in feite het accepteren van het niet-weten. Hoe meer ik speel, hoe meer ik me realiseer dat ik er niks van snap. Het is alsof je in het donker zonder zadel op een wilde mustang zit die er in stuikgalop met je vandoor gaat. Dat is misschien wat talent met je doet, het slaat op hol, en ik kan er alleen maar een beetje achteraan lopen in de hoop de schade een beetje te beperken. Behoorlijk vermoeiend.'

'Reuben?' Ursul stond achter hem.

Babette, Guusje, maar ook Jaap, Tom, Jane en Lotte hielden hun adem in. Een castingdirector die persoonlijk naar je toe kwam. Dat hadden ze nog niet eerder meegemaakt. Volkomen op zijn gemak draaide Reuben zich om in zijn stoel. 'Hé hallo. Ur. Alles goed?'

'Kan ik je even spreken? Onder vier ogen?'

'Tuurlijk. Ik kom zo.' Alsof er niets gebeurd was, wendde Reuben zich weer terug. 'Soms zou ik willen dat ik een gewone kantoorbaan had, snappen jullie? Inkoop, verkoop, ik noem maar iets, alles is beter dan zo'n hengst in je binnenste die maar één ding wil: rennen. Wie wil er nog wat drinken?'

Niemand reageerde. Lotte maakte een hoofdbeweging naar Ursul aan de bar. 'Eh, moet je niet?'

'Wat?' Reuben keek over zijn schouder. 'O, ja. Zal wel over de draaiperiode in Zeeland gaan.'

Hij stond op, met tegenzin, leek het wel.

Lotte snapte het niet. Was dit dezelfde jongen die zo boos was geweest toen hij uit de selectie werd gegooid?

~

Lotte heeft weleens toegegeven dat ze in die periode af en toe serieus had getwijfeld of ze haar opleiding moest afmaken. De gedenkwaardige avond op de scheepswerf en later aan de bar van Weber was de eerste van een hele reeks doorrookte en doordrenkte nachten met Jaap, Guusje, Babette en Reuben waarin ze de maat namen van voorstellingen die ze gezien hadden, docenten waar ze les van hadden, het cultuurbeleid waar ze straks, als jonge professionals, mee te maken zouden krijgen. Ze graasden het aanbod af, van Carré tot de tent van het Werktheater, maar niets was goed, alles was ouderwets en achterhaald. Zelfs Jaap was het daarover eens met Reuben.

Lotte liet zich op sleeptouw nemen. Ze had eigenlijk nooit goed nagedacht over wat er na de Toneelacademie zou komen. Ja, een steractrice worden zoals de diva die aan de arm van Ursul het café was binnengekomen. De grote rollen spelen, Antigone, Hedda Gabler, Elektra, en later Lady Macbeth, Hekabe, Arkadina, Martha. Verder was ze niet gekomen. Nu werd ze opeens gedwongen na te denken waarom ze dat altijd gewild had. Ja, spelen was leuk en het ging haar ook makkelijk af, maar wat betekende het toneel eigenlijk voor haar? De manier waarop Reuben sprak over de noodzaak tot herstructurering van het theaterbestel, bracht haar in verwarring. Wilde zij dat ook: alles omgooien? En welk gezelschap hoorde daar dan bij? Het maakte immers nogal een verschil of je Hedda speelde bij de Haagse Comedie of bij het Onafhankelijk Toneel. Als je überhaupt iets van de oude meuk wilde spelen dan, want misschien was het wel tijd voor een compleet nieuwe aanpak. Stukken die nog geschreven moesten worden. Theaterproducties die niet uitgingen van identificatie en catharsis, maar van totaal iets anders: bruggen naar andere disciplines, samensmeltingen met videokunst, *live* muziek, dans, mime of architectuur. Vaak zat ze tot diep in de nacht te praten met Reuben. Hij bleef haar verbazen. Hij kon nog steeds verontwaardigd fulmineren tegen iets wat in zijn ogen onrechtvaardig was, maar hij bleek ook goed te kunnen luisteren. En hij was geestig. Slim. Er was geen spoor van het knaagdier waar ze hem even, bij hun hernieuwde kennismaking, voor had aangezien. Hij had visie. En het waren niet de loze woorden van een stuurman zonder schip. Hij zat er middenin. Een boekverfilming. Bevriend met Ursul Rhuggenaath. Er waren tal van projecten waar hij audities voor had gedaan of zou doen. Hij had haar rechts ingehaald, op eigen kracht en op zijn eigen voorwaarden.

Ze had hem dus uitgenodigd. Het plan was oorspronkelijk geweest om met Jaap, Babette, Guusje en Ewout naar het Zwarte Woud te rijden, waar haar ouders een vakantiehuis hadden vlak bij de Zwitserse grens. Maar Ewouts auto was groot genoeg voor een zesde persoon – een oude Citroën CX Familiale, met twee achterbanken. Haar vrienden waren niet meteen enthousiast.

‘Is die gozer niet veel te sfeerbepalend?’ vroeg Jaap.

‘Welnee. In het begin, misschien. Maar je zult zien, het is een schatje,’ antwoordde ze.

Het plan moest wel geheim blijven. Althans: haar vader mocht er niets van weten. Ze had met hem gebroken. Al drie jaar waren er geen gezamenlijk gevierde verjaardagen, geen familiebezoekjes rond kerst, ze kon haar vuile was niet meer meenemen als ze een weekendje naar huis kwam, want ze kwam niet meer naar huis. Nooit meer. Fons had op het tuinpad namelijk een kruiwagen naar haar willen gooien en dat was de druppel geweest. Nu had haar vader helemaal het postuur niet om kruiwagens te werpen, maar hij had het geprobeerd. De grijpstang had de bumper en koplamp van Ewouts Citroën beschadigd, de buts was een blijvende herinnering aan de driftaanvallen van de man die naar Lottes idee een rustig, bedaard familiehoofd diende te zijn, eventueel met pijpetui en jagersjas, maar die zich drie jaar geleden had ontpopt als mens van vlees en bloed toen Lotte – haar kleren halverwege een veertig graden wasprogramma – aan hem had meegedeeld dat ze was gestopt met haar studie op Nijenrode en was begonnen aan de selectiecursus in Amsterdam.

Fons, een kleine, vriendelijke en hardwerkende middenstander die met ijzerenheinige volharding een bescheiden meubelwerkplaats in Weert had omgevormd tot een elektronicawinkelketen met meer dan vijftig vestigingen, stond niet te boek als een onverdraagzame dictator. Goed, hij had zijn driftbuien, ware watervallen van verbaal geweld, zijn familie en naaste medewerkers waren daar wel aan gewend. Maar het bericht dat zijn enige dochter het in haar hoofd gehaald had om actrice te worden, had eerst een stevige woordenwisseling veroorzaakt, toen een fikse ruzie en vervolgens in zevenmijlstappen verder naar een onbeheerste schreeuwpartij met slaande deuren waarbij Fons ten slotte stotterend van woede met dingen was gaan smijten. De kruiwagen met tuinafval stond toevallig het dichtstbij, hoewel er – strikt genomen – van gooien geen sprake was, want het ding was gewoon te zwaar. Het werd een onmachtige zwierduw die dus werd gestuit door de voorkant van de CX. De drift was onmiddellijk over, het volgende moment stond een ontnuchterde Fons al met zijn portemonnee op het tuinpad om alle schade te vergoeden, maar het was te laat. Lotte en Ewout waren met gierende motor en een kapotte koplamp weggereden uit Weert met het vaste voornemen er nooit meer terug te komen.

Lottes moeder belde dezelfde avond nog in een poging de breuk te lijmen. Papa heeft erg veel spijt, had ze gezegd. Ga nou met hem praten, want jullie waren altijd zo goed samen.

Lotte was het daar niet mee eens. Haar hele jeugd had in het teken gestaan van ultraburgerlijke opvattingen. Fons voldeed aan alle stereotiepe kenmerken van een kostwinner die door de week niet veel thuis was. 's Avonds en in het weekend zat hij vaak met zorglijnen om zijn mond onder de eetkamertafellamp vanwege tegenvallende kwartaalcijfers of omdat er problemen waren met een levering uit Japan of Amerika. Dag in dag uit de kleingeestige koorddans met crediteuren, betaalopdrachten en uitstaande facturen. Juist daarom moest ze weg uit Nijenrode. Ze zocht vrijheid en ongebondenheid, een plek waar het verdienmodel niet de norm was. Het had daarom geen zin om met haar vader te gaan praten, vond ze.

Toen Lotte begon op Nijenrode, was de opleiding al ruim acht jaar toegankelijk voor vrouwen, maar toch was ze nagenoeg het enige meisje in haar klas. Indien ze als kind mogelijk last had gehad van een tobbende man in de gele kegel van een hanglamp, dan was dat eerste jaar een kwadraatsvergelijking in ergernissen: ze ging naar bed en stond op met passiva, balansen en vlottende middelen. De bral- en brulapen om haar heen praatten zonder uitzondering met een knolgewas in hun keel en behandelden haar als de directiesecretaresse die in de toekomst hun agenda met lunchafspraken bij moest houden. Het enige lichtpuntje op de businessschool was haar ontmoeting met Ewout, een verlegen maar charmante tweedejaars met het lichaam van een wedstrijdzwemmer. De andere lichtpuntjes waren de repetities van de toneelclub. Ook Ewout – die enige ervaring had bij het studententoneel in Delft – vond dat ze aanleg had. Voor de gein meldde ze zich aan voor de selectiecursus in Amsterdam, in de verwachting dat ze meteen afgewezen zou worden. Want wat moest een professionele acteursopleiding met een middenstandsmeisje uit de provincie? Maar ze werd aangenomen.

En toen volgde dus die clash met haar vader.

Die had het kunnen begrijpen als Lotte Nijenrode had verlaten om aardwetenschappen of psychologie te gaan studeren, zei-ie. Of dierenartsassistente had willen worden, voor zijn part. Het waren de jaren tachtig, de tijd dat een ouder invloed kon uitoefenen op de beroepskeuze van zijn kinderen was al lang voorbij. Nee, hij was een liberale vader, hij zou elke studierichting hebben geaccepteerd, als Lotte daar gelukkig van werd. Behalve de Toneelacademie. De dingen die je daar leerde, meende hij, waren precies de dingen die hij zijn dochter niet had willen meegeven. Acteren. Mensen voor de gek houden. Doen alsof. Maniertjes. Onoprechtheid.

~

Het huis in het Zwarte Woud stond op een dichtbeboste helling van de Dinkelberg en was gebouwd in blokhutstijl: de muren bestonden uit boomstammen die in de lengte waren doorgezaagd. Het was ooit eigendom geweest van een *Standartenführer* van de *Waffen SS*, die zo'n optrekje vlak bij de grens wel handig vond. Aan de andere kant van de berg lag Zwitserland, vijftig kilometer verder begon Frankrijk. De SS-officier had het laten uitbreiden, er was een vleugel bij gekomen, een machinegebouw en er scheen zelfs een geheime gang te zijn die begon in de wijnkelder en vierhonderd meter verder uitkwam in het bos. Door deze gang schijnt de kolonel in '45 te zijn ontsnapt naar Basel met medeneming van vijfenzestig kilo in goudstaven. Het huis had het formaat van een klein wintersporthotel. Twee verdiepingen met balkons, negen kamers – waarvan vijf met aparte badkamer – en een living met een open haard waar je een auto in kon parkeren.

Maar Lotte was liever naar een bed and breakfast in de Ardennen gegaan. Ze vond het niet helemaal zuiver, het vakantiehuis van je ouders gebruiken na een brouilleerbreuk met je vader. Haar moeder had haar overgehaald. 'Lotteliefje,' had ze gezegd, 'we zijn de komende tijd toch op die culturele cruise, je weet wel, langs de steden van de Oude Wereld? Het staat de hele zomer léég. En als papa het wist zou-ie het prima vinden, alleen weet-ie het niet, en dat moeten we ook zo houden. Het belangrijkste is nu rust, daarom is het voor jou belangrijk dat je dat neemt, in Schopfheim, een beetje relaxen. Dat heb je verdiend, na die workshop beeldtheater en dat operaproject.'

'Beeldend theater.'

'Ja, zeg ik toch. En het is ook goed. Een huis waar niet wordt gewoond is geen huis. We hebben zes kubieke meter haardhout laten komen vorig jaar, het kan koud zijn in juni hoor, het ligt toch best hoog, vijfhonderd meter. Dus doe dat nou.'

'En je man?'

'Wat bedoel je "en je man"? Je bedoelt papa? Dat is je vader, Lottepop. Je bent toch niet van plan die "mijn man" te noemen, toch? Want dat hou ik niet vol, hoor.'

'Wat als hij erachter komt?'

'Uiteraard komt-ie erachter. Mathilde zal dat wel melden, denk ik, als we er in oktober heen gaan. Daarom wilde ik je vragen het wel een beetje netjes achter te laten, niet helemaal spic en span natuurlijk, want dat doet zij, maar wel een beetje netjes. Aanrecht leeg, bedden afhalen, dat soort dingen. En hout aanvullen in de woonkamer, want daar heeft ze een hekel aan. Ik vertel het papa wel als we op zee zitten, onderweg naar Egypte of zo, dan kan-ie hij toch niets doen.'

'Ik weet het niet. Het voelt niet goed.'

'Luister. Het huis is ook van mij. Voor vijftig procent. Vergeet dat niet, hè. Ik heb er ook wat over te zeggen. En ik wil dat je gaat. Als je je er zo ongemakkelijk bij voelt, gebruik dan gewoon de helft. Met hoeveel ga je? Dan laat je de andere kamers leegstaan.'

Lotte had bij de Hubo een meetlint en drie rollen schilderstape gekocht en het eerste wat ze deed toen ze aankwamen was inderdaad de woonkamer in tweeën delen. En de gang, de trap, de kapstok. Moeilijker werd het bij het toewijzen van de slaapkamers. Zij en Ewout namen samen één kamer, bleven er nog acht over, gedeeld door twee was vier, dus iedereen een kamer. Maar na enig rekenwerk bepaalde Lotte dat ze dan vijf kamers in totaal zouden gebruiken, en dat was dus meer dan de helft. Ze was onverbiddelijk. Er moest een kamer worden gedeeld, Jaap en Reuben werden aangewezen als roommates, en daarna bleef alleen de keuken over als lastig deelbare ruimte. Je kon niet alleen de helft van het fornuis of de koelkast gebruiken, toch? Ja, dat kon dus wel. Het scheidingsbeleid was gedurende de vakantie een bron van hilariteit, Babette wilde een omelet maken op de verkeerde pit en moest een gulden boete betalen, Reuben was stiekem naar een toilet in een van de ongebruikte kamers gegaan omdat Jaap niet wilde opschieten in hun eigen badkamer en kreeg een bekeuring van vijf gulden.

Waarom illegaal poepen zwaarder bestraft werd dan het bakken van een ei wist niemand, maar het vonnis van Lotte werd niet betwist. Natuurlijk zag ze zelf ook de humor in van de bizarre situatie die ze zelf had gecreëerd, maar ze hield de tweedeling vol tot het bittere einde en dwong daarmee stilzwijgend respect af voor de manier waarop ze stond voor haar principes. Zelf maakte ze ook een paar onbedoelde overtredingen, die extra zwaar werden beboet. Aan het einde van de vakantie zat er bijna honderd gulden in de pot. Daar zijn ze nog met z'n allen van uit eten gegaan.

Zonder Reuben dan, want die zat toen al in de cel.

~

Het was de natste zomer ooit gemeten. Dat hoorde Lotte pas achteraf, toen ze weer terug waren, want in Schopfheim leken ze van de wereld afgesneden. Er waren twee wazige en onverstoorbare Duitse zenders op de tv, het dichtstbijzijnde dorp was tien minuten met de auto, nog afgezien van de vraag of ze daar een buitenlandse krant zouden verkopen. Ze vond het niet erg. Het was wel knus, op hun heuveltje, met z'n zessen de hele dag op het leren bankstel voor de brandende open haard terwijl de regen om hen heen naar beneden gutste, in stroompjes liep het de hellingen af op weg naar zee, zoals dat hoort bij de grote waterkringloop. Ondanks hun geïsoleerde ligging had ze, simpel door die meteorologische wetmatigheden van neerslag en verdamping, het gevoel dat ze onderdeel was van een groter geheel. De rust, waar haar moeder het over had gehad, diende zich inderdaad soms aan, bijvoorbeeld als ze vroeg in de middag op bed lag en luisterde naar het onophoudelijke geruis van blaadjes en druppels. Ze wist ook wel dat ze zichzelf niet tegen een familietwist kon beschermen met plakband, ze was onderdeel van een gezin, vroeg of laat moest ze besluiten of en hoe ze met haar vader verder wilde.

Ze sprak er voorzichtig over met Reuben. Soms kwam die zomaar zwijgend naast haar liggen en dan keken ze samen naar de verticale riviertjes op de manshoge ruiten van de slaapkamer terwijl Ewout en Jaap voor de haard Pacman speelden op de Atari en Guusje en Babette een beetje chagrijnig in een stoel hingen in afwachting van het moment dat zij weer aan de beurt waren.

Lotte was blij dat de gevreesde assimilatieproblemen tussen Nijenrode (Ewout), Toneelschool (Guusje, Babette, Jaap) en de wereld van de autodidactici (Reuben) tot nu toe uitbleven, maar ze had zich de vakantie met haar vriendje anders voorgesteld.

'Moet dat ding echt mee?' had ze gevraagd toen Ewout de spelcomputer inpakte.

'Ja, die moet mee,' antwoordde Ewout. 'Je dacht toch niet dat ik de hele dag met jouw vrienden over toneel ga praten?'

De ironie was dat precies het omgekeerde gebeurde. Iedereen zat aan één stuk door te pacmannen, aan tafel ging het over wafels, spoken en monsters. Over theater werd niet gesproken.

'Dat computergedoe is een hype die volgend jaar voorbij is, weet ik zeker,' zei Reuben. Hij lag op zijn rug naast haar op het tweepersoonsbed. 'Stel je voor wat er gebeurt als die spelletjesmanie doorzet? Onze cultuur, het goede gesprek, de nuance, de verdieping, allemaal geofferd aan een happende pizza.'

'Volgens Ewout,' begon Lotte, maar stopte toen. Volgens haar vriendje zou alles in de nabije toekomst digitaal worden, maar dat had-ie nou al zo vaak gezegd, het irriteerde haar nogal. Flikker op met je computers. 'Kunnen we dat Atari-ding niet verstoppen?'

'Je bedoelt 's nachts?'

'Of de tv-kabel wegmaken?'

'Dat laat ik dan aan jou over. Als ik zoiets doe, maken ze gehakt van me.'

'Wat kan het jou schelen wat ze van je vinden?'

Hij ging overeind zitten. 'Soms denk ik dat ze me helemaal niet moeten.'

'Doe niet zo gek.'

'Ik meen het. Misschien ben ik op de verkeerde voet begonnen. Met al dat gelul over film en theatervernieuwing.' Hij lachte schaapachtig. 'Ik had niet zo hard moeten roepen.'

'Ik vind niet dat je zo hard geroepen hebt.'

'Zij voelen dat natuurlijk, iemand die zijn onzekerheid overschreeuwt. En het is waar, ik voel me vaak ook minderwaardig. Zij doen de opleiding die ik dolgraag had willen doen, ik heb het al een keer gezegd. Soms denk ik: waar ben ik mee bezig?' Hij sloeg zijn armen om zijn benen en zag er opeens uit als een nerveus schoolmeisje. 'Wat nou als die film straks niet doorgaat? Dan heb ik niks.'

Ze gaf een duwtje tegen zijn been. 'Dat is niet erg. Er is altijd weer een auditie, en daarna weer een. Zo gaat dat. Op school krijgen wij ook voortdurend op onze donder. Guusje en ik hebben net een hele slechte evaluatie gekregen.'

'Ah. Dus mogelijk ben je helemaal niet zo talentvol.'

'Nee.'

'Ik maakte een grapje. Wij denken allemaal van wel. Jij bent voorbestemd.'

'Voor wat?'

'Bijzondere dingen, weet ik veel. Iets supernova-achtigs. Zeg nou niet dat je je daar niet van bewust bent. Jij bent het middelpunt, wij draaien om je heen. Of nee, *zij* draaien om je heen, ik hoor er eigenlijk niet bij.'

'Hou op.'

'Zij zien me als een amateur die hier en daar wat privélesjes heeft gedaan. Ik ben de vreemde bijteend.'

'Dat is Ewout toch ook?'

'Ja, maar hij was zo gis om een computer mee te nemen.'

Ze zei even niets. Reuben had een punt.

'Hoe gaat het eigenlijk met jullie twee?' vroeg hij.

'Met ons twee?'

'Relatiewise.'

'Pff. Het is moeilijk, hoor. Soms.'

'Jullie komen uit verschillende werelden.'

'Absoluut absoluut. Kijk, ik denk wel dat-ie geniaal is. Op zijn manier. Ik zie dat ook, eerst in Delft en toen op Nijenrode, hij heeft een visie. Hij is bereid om tot het uiterste te gaan.'

'Dat computers de toekomst zijn.'

'Dat ze ons leven gaan bepalen. Ik vind het persoonlijk helemaal niks, het is nu al ingewikkeld genoeg.'

'Ik moet aan Orwell denken.'

'Ja, dat is het gekke. Omdat het dat dus net is geweest, vierentachtig.'

'En Ewout denkt dus dat er nu een nieuwe tijd gaat aanbreken.'

'Een revolutie. Hij denkt groot.'

'Lijkt me lastig. Voor jou.'

Ja, dacht ze, dat was het ook. Reuben legde zijn vinger op de juiste plek. Ze was op Ewout gevallen omdat hij lief was en afwezig en onhandig, kennelijk allemaal dingen die ze leuk vond en leuk bleef vinden. En dat hij wist wat hij wilde. Dat hij af en toe uit zijn nek lulde nam je dan op de koop toe. Het ging prima als ze met z'n tweeën waren, maar zodra er vrienden kwamen eten ging hij het hebben over enen en nullen en haakte ze af. 'Ik weet het soms echt niet.'

Reuben liet zich terugvallen in de kussens. 'Het begin is makkelijk. Maar dan. Hoe beter je elkaar kent, hoe moeilijker het soms wordt.'

Zo was het. Hij begreep precies wat ze bedoelde. Ze draaide zich op haar zij en keek van dichtbij naar zijn profiel. 'Jij hebt best wel een hoog IQ.'

'Honderdtweeënvijftig.'

'Dat is gek. Gezien dat lage voorhoofd. Een beetje holenmenserig.'

'Holenmens?'

'Maar wel lief, hoor.'

'Wel lief?'

'Ja. Lief.'

Een ondeelbaar moment hing er een vreemde spanning tussen hen. Lotte rolde terug. 'Als het stopt met regenen gaan we naar buiten. Met z'n allen. Verplicht.'

'Jij bent de baas.'

'Ik meen het. Vlaggenroof. Douanespel.'

'Een speurtocht.'

Ze kwam half overeind. 'Een dropping. Ja. 's Nachts. Met alleen een zaklamp.'

'Zodat ze eerst een beetje verdwalen.'

'Precies. Het echte buitenleven.'

'Geen elektronica.'

'Ze moeten geblinddoekt. En dan zetten we ze af in het bos. Met een plattegrond en een paar hints.'

'En een paar spookjes. Net als bij *Pacman*.'

~

Het moest natuurlijk in het geheim. Samen gingen ze met de CX naar het dorp om lampen, tasjes, viltstiften en andere onzin te kopen. Op de terugweg sloegen ze ergens halverwege een bospad in, parkeerden de auto en verkenden lopend het parcours. Reuben bediende de paraplu, Lotte maakte aantekeningen: vanaf hier vierhonderd meter rechtdoor. Bij de Twee Omgewaaide Bomen linksaf. Vijfennegentig stappen. Neem het zijpad. Loop door tot De Eenzame Berk. Ze werden steeds fanatieker, worstelden zich door houtwallen, klommen over stronken.

'Ik heb trouwens gisteren een overtreding geconstateerd,' hijgde Reuben.

'O? Van wie?'

'Van jou.'

'Onmogelijk.'

'In de keuken.'

'Kan niet.'

'Je was die knakworsten aan het opwarmen. Iedereen vond dat meuren.'

'Het meurde ook.'

'Ja, en toen heb je de afzuigkap aangezet.' Reuben trok zijn mouw los van een braamstruik. 'En de afzuigkap is voor de helft van je vader.'

Lotte stond stil. 'Verdomme.'

'Is toch niet erg.'

Maar ze vond het wel erg. Als je zo maf bent om het fornuis, de eettafel en de pannenset door midden te delen, uit principe, dan wil je dat graag tot het uiterste doorvoeren. Dat is het hele punt. Consequent blijven.

Reuben lachte. 'Alles heeft een grens.'

Lotte dacht daar even over na. Was dat zo? Was de breuk met haar vader voor altijd? Of zat er een termijn aan vast? Ze probeerde het aan Reuben uit te leggen. De zwiep met de kruiwagen. De kapotte koplamp. Het beschadigde vertrouwen. De deuk die nooit meer hersteld zou worden.

'Lottepop. Volgens mij maak je het veel te groot. Het is geen Euripides waar je in zit.'

'Nee, goed. Er is geen bloed gevloeid. Maar is niet voor niks hè, dat de Griekse tragedies nog zoveel gespeeld worden. Mensen herkennen zich erin. Ik herken me erin.'

Ze stonden voor een lage brede vleugelnootboom aan de rand van een kleine open plek.

'Het is niet leuk om jezelf te verstoten.' Ze hoorde ook wel dat dit geen goed Nederlands was maar zo voelde het wel. Die hele ruzie met Fons had voorkomen kunnen worden als ze niet zo koppig was. Aan de andere kant, koppig was ook goed. Karakter. Zelfvertrouwen. Trots.

Ze begroeven de laatste opdracht in een tupperwarebakje.

Toen ze na twee uur weer thuiskwamen, zat de modder tot hun knieën. In de woonkamer waren de rollen omgedraaid. Guusje en Babette zaten achter de computer, Ewout en Jaap keken kritisch over de schouders mee. 'Nee wacht even. Dat doe je helemaal verkeerd. Je moet–'

'Te laat. Ze is al opgevreten.'

'Ik ga even douchen,' zei Lotte.

'Ik ook.'

'Maar wel in je eigen kamer,' riep Ewout hem na zonder zijn ogen van het scherm te halen.

Na de regen diende zich een nieuw front aan. De ene na de andere bui trok over. Daarna: motregen. Natte windvlagen. Sproeiregen, pijpenstelen, stortbreuken, onweer. Om de andere dag reden ze naar het dorp om boodschappen in te slaan, af en toe moest er iemand naar huis bellen. Reuben hoorde dat de boekverfilming opnieuw was uitgesteld, de eerste draaidag stond nu gepland voor medio juli.

Met het haardhout ging het hard. Bij de open haard hadden de nerds van bierkratjes een spelconsole gebouwd, ter voorkoming van warme knieën. De AT2600 kon behoorlijk heet worden van onderen. Ze speelden inmiddels *Space Invaders*, in competitie.

'Zou Nederland nog bestaan?' vroeg Lotte zich hardop af. Reuben en zij lagen in de slaapkamer op hun buik naar buiten te kijken. 'Dat water moet ergens naartoe. Misschien is er een watersnood aan de gang en liggen wij hier nietsvermoedend te niksen.'

'Stel dat je gelijk hebt. Wie zou je dan redden?'

'God ja, geen idee. Mijn ouders niet, die zitten op een boot in de Adriatische Zee. Ewout is hier, mijn vrienden ook, dus dat worden dan alle baby's in Amsterdam, of nee, van heel Nederland. Hoeveel ruimte heb ik?'

'Laten we zeggen vijftig personen max. Een touringcar. En de baby's zijn al gered door de Verenigde Naties.'

Ze dacht na. 'Alle studenten van de Toneelschool. Dat zijn toch de mensen waar ik me op dit moment het meest mee verwant voel. Ja,' besloot ze, 'de academie moet blijven.'

'Dat zal je vader leuk vinden.'

'Jammer dan. Hij is toch al heel erg teleurgesteld in me.' Ze draaide op haar zij. 'Hoe zit het met die van jou?'

'Mijn ouders vinden niks. Ze wonen in Hilversum.'

Ze probeerde het verband te zien.

'Mijn vader zit op een klapstoel van hardhout in de achtertuin, mijn moeder gaat elke zaterdag naar het plantencentrum. Als ze al ooit enige relevantie hadden, is die verdwenen. Wat ik laatst in de auto zei. Ze zijn eigenlijk dood, maar ze weten het zelf niet.'

'Hoor ik een beschadigde kinderziel?'

'Een kind dat zich niet heeft laten beschadigen. Stel je voor dat ik ze de kans had gegeven me met hun narcistische giftandjes te laten bijten?'

'Je zou ze dus niet redden van de overstroming.'

'Voor mij werkt het beter als ze overleden zijn.'

'Als Ewout een computerspel in zijn tas had zitten dat *Kill Your Parents* heette, zou je het dan spelen?'

'Het zou niet bepaald leuk zijn. Ik zou de hele tijd winnen.'

'Ook van mij?'

'Wat jij met je vader hebt is klassieke opvolgingstragiek. Hij wil zijn levenswerk aan je nalaten, jij wilt je afkomst juist vergeten. *King Lear, Dynasty*. Ik zit meer in het exorcistgenre.'

'Het enige wat jij nodig hebt is liefde.'

'Dat denk ik ook.'

'En lol,' voegde ze er snel aan toe.

'Mee eens.'

'Het is jammer dat het niks is geworden met Babs.'

'Vind ik niet. Dan had ik nu ruzie met haar moeten maken over die stomme *Space Invaders.*'

'Ze weten niet wat hun nog te wachten staat.'

Ze hadden alles al klaar voor de dropping: routebeschrijvingen, plattegronden, extra batterijen, vier plastic kinderschepjes om de tupperware op te graven. Lotte was vastbesloten. Het was haar wraak op Atari. Het apparaat dat de vriendenclub in verschillende kampen had verdeeld. Ze vroeg zich af wat er gebeurd zou zijn als de hele dag de zon had geschenen.

'Wat als er nu een kernoorlog aan de gang is en wij het niet weten?'

'Als dat zo is, zitten we op de goede plek. Hier hebben we de beste kans om te overleven.' Reuben wees naar boven. 'We hebben genoeg water, we hebben een dak, we zitten hoog, er is brandstof, we kunnen paddenstoelen eten en wild vangen. We hebben dubbel glas van vloer tot plafond en kunnen de vijand dus van ver al zien aankomen.' Hij glimlachte. 'We zijn met z'n zessen, drie om drie. De perfecte uitgangspositie voor een succesvolle voortplanting. We zouden een nieuwe soort kunnen beginnen, *right here.*'

'Hm. Met wie zou jij je dan het liefste willen paren? Guusje of Babette?'

'Het zou wat mij betreft een maternalistische samenleving moeten zijn die we beginnen. Uiteraard ben jij de hogepriesteres. Je zou een moestuintje kunnen beginnen.'

'Guusje of Babette?'

'Allebei?'

'Dat kan niet. Het wordt allemaal strikt monogaam. Ik ben dus helaas niet beschikbaar.'

'Nee.'

'Dat vind je jammer?'

'Ik ben eraan gewend dat je niet beschikbaar bent. Al vanaf het allereerste begin speel jij in een andere league.'

'O?' Ze draaide zich op haar zij en keek hem recht aan. 'Wat vind je eigenlijk van mij?'

'Goudlokje, wat moet ik daar nou op zeggen?'

'Vind je me leuk?'

'Ik denk dat je intelligent bent en mooi en je hebt ook nog gevoel voor humor. Als de wereld niet vergaat kun je een heel goede actrice worden. Wat ik jou heb zien doen, op de cursus. Ongelofelijk.'

'Ik dacht dat je een oogje op me had, in die tijd.'

'O ja? Waarom dacht je dat?'

'Van alles. Je wilde naast me liggen.'

'Op de cursus.'

'Je vroeg me mee naar die pizzeria, deed ongelofelijk je best. Je had nauwelijks tijd om te eten. Heel opvallend onopvallend hoorde je me uit over mijn vriendje.'

'Gekkie. Ik was misschien wel een beetje onder de indruk van je. Jij deed alles goed op school, ik zat er voortdurend naast.'

'Neenee. Het was heel powerful, wat je deed. Ik was af en toe zelfs een beetje bang.'

'En nu? Ben je nu nog bang voor me?'

Lotte bekeek hem in stilte. 'Je bent veranderd. Je gaat je eigen weg. Dat bewonder ik. Nee, ik ben niet bang.'

'Maar mijn duistere kant dan?'

'Ik wist niet dat je die had.'

'Reken maar. Ik kan heel gevaarlijk zijn.'

Lotte zweeg. Dit gesprek kon inderdaad omslaan. Ze was zich bewust van een onderaards riviertje dat meekabbelde met alle onschuldige kwinkslagjes, maar het kon zomaar omhoogkolken, buiten zijn oevers treden, een bocht afsnijden, een kademuur meenemen. Reuben lag naast haar, zijn mond twintig centimeter verwijderd van de hare. Het was een afstand van niks, ze hoefde alleen maar haar hoofd op te tillen, en in een paar seconden zou alles anders zijn. Eén liefdeblijk, om in de geest van Ophelia te blijven, en alles zou gaan schuiven. Het samenzijn hier zou een slagveld worden: Reuben die het niet wilde laten bij die ene kus, Ewout die woedend zijn autosleutels zou pakken, een aftocht van haar vrienden – wie zou met hem meegaan? Jaap, Babette, in ieder geval. En dan? Blijft ze met Reuben en Guusje op deze berg achter, zonder auto, ruzie met haar klasgenoten? Ze overwoog het heel even, een ruk aan het stuur op een tweebaansweg, de glimlach twee decimeter verder trok aan haar. Wat vond ze leuk aan hem? Ze kon met hem lachen, goed. Zijn lichaam was misschien minder goed ontwikkeld dan dat van Ewout, maar hij leek haar vaak beter te begrijpen dan haar eigen vriendje. Hij had een hekel aan computers, dat was in dit geval een pre. Een relatie waar IT geen rol in speelde, dat leek haar wel fijn. En hij was niet lelijk. Maar viel ze op zwarte krulletjes? Zijn bleke huid?

Nee, ze vond het fijn dat ze met hem kon praten, dat was alles. Dat hij haar aandacht gaf omdat die eikel in de woonkamer dat niet deed. Ze rolde zich opzij, zette haar voeten op de tegels. 'Ik heb het koud.' Ze ging op zoek naar Ewouts trui, zelf had ze nauwelijks warme kleren meegenomen.

Reuben strekte een klauwende hand uit. 'Wat is het dat zo gruwelijk schokt? Dat onze geest, de speelbal der natuur, niet denken kan en dit niet meer kan bevatten?'

'Sorry?'

'Je bent het vergeten?' Hij knijpt zijn ogen samen, kantelt zijn hoofd en zoekt haar blik vanaf het bed. 'Jouw kamer? Eerste akte?'

Nee, ze was het niet vergeten. Hamlet had de hele tijd naar haar borsten gekeken.

Op zich was dat niet gek. *Iedereen* keek ernaar. De een uit afgunst, de ander uit verlangen. Alleen Ewout leek er niet meer naar om te kijken. Af en toe beroerde hij ze nog weleens, maar de opwinding was verdwenen. Lotte vroeg zich af of dat normaal was, bij een verhouding die al ruim drie jaar duurde. Hoorde dat wel bij de liefde, compromissen? Was dat niet iets dat je deed als je dertig was? Of zestig? Was ze niet te jong voor een duurzame relatie? Duurzaam betekende toch dat alles in het teken stond van de lange termijn?

Ze ging naar buiten met het lege haardkratje, rende de twintig meter door de wind en regen naar de houtopslag en zette het op de grond.

Ewout was een prima vriendje. Maar als ze met hem verder wilde moest ze kennelijk accepteren dat er soms maaltijden waren waarbij ze elkaar niets te zeggen hadden. Als je wilde dat iets lang duurde, moest je dus water bij de wijn doen, dacht ze. Maar wat nou als die verdunning je niet aanstond? Wat als je ging voor de honderd procent, en niet voor tachtig?

Ze gooide een paar haardblokken in het kratje. Ze was niet het type voor de lange termijn. Ze was van het moment, de nanoseconde, van elke millimeter. De liefde moest een reis zijn, een achtbaantrip desnoods, maar geen kopstation.

Een windvlaag, harder dan alle andere, donderde over, de regen joeg even horizontaal door de opslag. Ze zag iemand de heuvel op komen, of liever gezegd, ze zag eerst een gele capuchon beneden haar. Vanuit haar positie leek die als een bal op het gras te dansen. Ze wachtte af. Reuben en Ewout hadden allebei een regenpak in die kleur.

Boos tilde ze een nieuwe partij blokken van de stapel. Deze vakantie liep totaal anders dan ze dacht. Ze had zich lange wandelingen voorgesteld, eten op de veranda, praten over alle keuzes die ze na de vakantie moesten maken, houtkorfvuurtjes, badminton, *Truth or Dare*.

'Sorry,' zei een stem van opzij. Reuben stond in de stromende regen naast de houtopslag en knoopte zijn capuchon los.

'Waar kom jij vandaan?'

'Moest even naar buiten. Nadenken. Ik was niet lekker bezig.'

Ze mikte de blokken in het kratje.

'Ik wil geen misbruik maken van de situatie.' Hij trok zijn mondhoeken naar beneden, spreidde zijn armen. 'Jij hebt dit georganiseerd om te praten over volgend jaar, over de verzamelde Tsjechov die je hebt meegenomen, maar iedereen zit voor een beeldscherm en ik lig de hele tijd in je slaapkamer met je te kletsen. Dat moet niet leuk zijn voor–'

Hij mocht de zin niet afmaken, want ze trok hem onder het afdak en zoende hem op zijn mond. Het was een ingeving, haar gedachten buitelden erachteraan. Tot haar verrassing gingen zijn lippen direct van elkaar en voelde ze zijn spitse tong achter haar tanden. De spontane kus die ze hem had willen geven werd onverwacht een erotische orale tango, alsof er een wild beest in haar mond werd losgelaten. Hij drukte zich tegen haar aan, ze voelde zijn handen tegen haar rug, op haar billen, om haar borsten. Dit ging te snel. Hijgend maakte ze ruimte. 'Wacht even,' fluisterde ze. 'Wat zijn we aan het doen?'

'Wat we al veel eerder hadden moeten doen.' Met beide handen pakte hij haar hoofd en keek haar diep aan.

'We staan in een houthok.' Ze lachte zenuwachtig vanwege het fietsenstallingcliché. 'Ik heb een relatie.'

'Nou en?'

'Het is niet zuiver.'

'Het is liefde.'

'Het was maar een zoen.'

'Het zat in de lucht. Al sinds ik je de eerste keer zag. Ik heb geprobeerd afstand te houden, je ruimte te geven. Echt. Maar dit, we kunnen het niet ontkennen.'

Ze pakte zijn polsen en trok zijn handen langzaam weg. 'Ik moet erover nadenken. Met Ewout praten.'

Hij liet haar los, zijn armen vielen slap naar beneden. 'Ik begrijp het. Tuurlijk moeten jullie praten.'

Ze reikte naar zijn hand. 'Kom, gaan we naar binnen.'

Hij deed een stap naar achteren, de regen in. 'Straks. Ik blijf nog even hier.'

Toen ze even later door het keukenraam keek, stond hij er nog steeds, in zijn gele regenjas.

Het was vanzelf ontstaan tijdens het project waar ze het derde jaar mee afsloten. Dat was nou eens een keer geen Gorki of Lorca of Tenessee Williams, maar een lekker politiek incorrect blijspel. In het stuk probeerde een makelaar voor zijn echtgenote te verbergen dat hij al jaren een geheime relatie had met een ander. Veel scènes speelden zich af rond slaapkamers, bezemkasten en wc's. Het decor kende maar liefst elf deuren. Het vereiste haarscherp getimed acteerwerk, en Lotte, Guusje, Jaap en Babette hadden het in hun hoofd gezet dit tot in de perfectie uit te voeren. Bij wijze van experiment. Als tegengeluid van al die navelstaarachtige interpretaties van de zoveelste *Oedipus* of *Drie Zusters.*

Het was absoluut not done voor Toneelacademiestudenten om zulk repertoire als studiemateriaal te kiezen, maar ze hadden doorgezet, en de studieleiding moest uiteindelijk akkoord gaan, er waren geen reglementen die het verboden, de school moest zelfs haar theaterzaal ter beschikking stellen voor een drietal uitvoeringen van *Overspel.* De eerste avond zaten er dertig mensen, de tweede avond was het al uitverkocht, en bij de derde was de stad wakker geworden en stond de rij op de Da Costakade tot aan de Rozengracht. Het viertal kreeg zelfs een lovende recensie in de grootste krant van Nederland, een gebeurtenis die in het honderdtienjarig bestaan van de opleiding nog niet was voorgekomen. Eindelijk zag men weer eens een paar jonge mensen aan het werk die het ambacht serieus namen. Lotte, Guusje, Jaap en Babette kregen het verzoek de voorstelling te prolongeren, in één week verdienden ze meer dan twintigduizend gulden. Voor de schoolpot, dat wel. Wat begonnen was als halfgemeende grap om wat heilige huisjes omver te halen, groeide uit tot een Idee. Wat nou als zij afstand namen van de ratrace waar alle aankomende acteurs en actrices in terechtkwamen na hun vierde jaar? Wat nou als zij weigerden te solliciteren bij de gevestigde gezelschappen, en 'nee' riepen tegen toekomstige audities? Wat nou als ze zelf een gezelschap zouden oprichten? Een naam hadden ze al: Het Verboden Theater. Het moesten stukken zijn waar niemand zijn handen aan wilde branden. Die onbekende Marlowe die nooit gespeeld werd omdat het te melig voor woorden was. Dat Griekse epos dat niemand kende omdat het stuk acht uur duurde. Een voorstelling gebaseerd op de dodenrites van de Inca's. Een bewerking van de goorste roman van De Sade. Het levensverhaal van de profeet Mohammed. Een reeks improvisaties gebaseerd op de columns in de *Chick*.

Het was dus de bedoeling dat op de Dinkelberg de oprichtingsvergadering zou plaatsvinden, maar iedereen was met iets anders bezig. Ook Ewout hing de hele tijd voor de televisie, ze moest met hem praten, maar dat moest wel van twee kanten komen, vond ze. Als hij niet wilde, ging ze niet aan hem trekken. En nu was er ook nog die zoen in de houtopslag.

'Reuben, loop even mee.' Ze trok hem weg uit de keuken en duwde hem naar de gang.

'Wat zei Ewout?'

'Geen idee. We hebben het er nog niet over gehad. Maar stel dat het niet gebeurd was.'

'Je bedoelt wat je deed bij de houtstapel?'

'Stel dat ik dat niet had gedaan.'

'Oké, stel.'

'Stel dat het nooit een vervolg krijgt.'

'Bijvoorbeeld in het geval dat je besluit met hem oud te worden. Zoiets?'

'Het is mogelijk. Je weet waarom ik met de groep hiernaartoe wilde.'

'Zeker. Het Verboden Theater.'

'Jij vindt toch ook dat het theaterlandschap moet veranderen?'

'Natuurlijk moet alles anders!' riep Reuben. 'Weg met die ouwe meuk!' En of het hem opeens inviel: 'Kan ik niet meedoen?'

'Dan moet je het houthok dus vergeten. Ik kan dat er niet bij hebben.'

Hij leek daar even over na te denken en zei vervolgens zachtjes: 'Goed. Alles voor de kunst.'

Aan het einde van een mistroostige donderdagochtend stopte het met regenen. De computervrienden leken het niet te merken, ook niet toen boven het Zwarte Woud de lucht 's middags verder opklaarde. Antraciet werd lichtgrijs, af en toe zag je zelfs een zweempje blauw. Tijdens de thee kondigde Lotte het aan: straks gingen ze naar buiten. Dat viel niet bepaald in goede aarde, want vanavond stond een nieuwe krachtmeting op het programma.

Dat moest dan even wachten, want Reuben en zij hadden een verrassing voorbereid. In het bos.

Nou nee, echt niet, riepen ze in koor. Onmogelijk. Atari-championship

Lotte vroeg hoe ze dat dan gingen doen, zonder het coaxsnoertje voor de televisie. Want dat was weg. Spoorloos. Inky en Pinky hadden het meegenomen en verstopt in het woud.

Het was een fait accompli. Het computerviertal gingen morrend akkoord. Zonder kabeltje geen competitie. Het vertrek werd bepaald op 22.00 uur, want Jaap moest nog naar het dorp om naar huis te bellen. Iedereen werd aangeraden waterdichte schoenen en warme kleding mee te nemen. Om 22.10 uur zat iedereen geblinddoekt in de CX, Lotte en Reuben waren van plan eerst twintig kilometer om te rijden zodat de passagiers lekker gedesoriënteerd aan hun dropping konden beginnen. Onderweg zei Jaap: 'Ik had daarnet een van mijn huisgenoten aan de lijn. Ik schijn uitgenodigd te zijn voor een screentest. Voor die boekverfilming van Reve.'

'Gefeliciteerd!'

'Fantastisch!'

Reuben nam een scherpe bocht naar rechts. 'Echt? Ik dacht dat ze toch al rond waren.'

'Nee, ze zijn er nog niet uit. Dus.'

Op de voorstoel draaide Lotte zich om naar het geblinddoekte gezelschap achter haar. 'Voor welke rol dan?'

'De mystery man. *De Man op het Nachtkastje*.'

'Hè? Dat was toch jouw rol, Reub?'

Reuben gaf geen antwoord. Strak keek hij naar de donkere weg.

'Reub?'

Sparren zwiepten voorbij in het licht van de koplampen.

Ten slotte zei hij: 'Ik weet niet hoe het met de casting staat. Maar het maakt niet uit. Ik heb besloten met jullie mee te doen.'

Het was even stil. 'Kijk.' Reuben schakelde terug voor een helling. 'Ik kan wel alle opties openhouden met het oog op mogelijk filmwerk, maar jullie weten net zo goed als ik hoe tricky dat is. Bovendien dacht ik: wacht even, hier zijn een stel leuke creatieve mensen met een geweldig plan om iets wezenlijks te veranderen. Waarom moet ik mijn hele hebben en houden dan in handen leggen van een castingbureau? Dan is de keus niet zo moeilijk. Geweldige naam, ook, Het Verloren Theater.'

Niemand zei iets. Babette draaide haar geblinddoekte hoofd richting Lotte. 'Ik begrijp hieruit dat jij Reuben hebt gevraagd?'

'Gepolst. Jemigjezus, ik had vier dagen geleden al met jullie willen vergaderen, maar jullie hangen de godganse dag aan de elektronica.'

'Dus terwijl wij een paar dagen aan het ontspannen zijn na een best wel heel erg druk jaar, denk jij, weet je wat, ik doe net alsof ik de artistiek leider ben en vraag er nog wat mensen bij?'

'Natuurlijk niet. Dat moet in overleg.'

'Dat lijkt mij ook,' zei Jaap. 'Laten we dus even overleggen. Ik ben tegen. Ik vertrouw Reuben niet. Hij heeft ons de hele tijd laten geloven dat hij De Man op dat kastje is, en dan bel ik toevallig een keer naar huis, en dan opeens wil hij niet meer. Ik vind dat nogal raar.'

'Ik vind niet dat we dit hier nu moeten bespreken,' onderbrak Lotte.

'Sinds wanneer ben jij degene die bepaalt waar en wat we kunnen bespreken? Wat vind jij, Babs?'

'Het is niet oké, Lotte. Ik maak bezwaar tegen de manier waarop je zonder ons in te lichten mensen gaat zitten polsen. Ik weet nog helemaal niet wat ik van Reuben vind. Ik heb hem nog nooit zien spelen. Ik heb hem tot nu toe alleen monologen horen afsteken in het café.'

'Mee eens,' vulde Guusje aan. 'Het is niet persoonlijk bedoeld, maar ik vind dit ook allemaal nogal prematuur. Bovendien dacht ik dat het ging over Het *Verboden* Theater, of vergis ik me? Mag die blinddoek af?'

'We zijn er bijna.' Reuben sloeg het bospad in. 'Maar luister. Het is inderdaad prematuur. Jullie zijn er nog niet uit. Dat geeft niet. Jullie zijn een acteurscollectief, dan heb je dat. Ik heb alleen mijn enthousiasme willen uitspreken, meer niet. Ga lekker vergaderen, jullie hebben gelijk: iedereen moet betrokken worden in wat je gaat spelen. En met wie. Heel belangrijk. Ik denk dat jullie goud in handen hebben, en ik denk dat degene die het concept heeft bedacht een streepje voor heeft in de besluitvorming, maar goed, wie ben ik?' Ze gingen nu heuvelaf en passeerden de plek waar ze het viertal zouden afzetten. Reuben maakte niet de indruk te gaan stoppen.

Lotte wilde iets zeggen, maar hij legde een vinger op zijn lippen. 'Ik geloof niet dat theatermaken in essentie democratisch kan zijn,' zei hij, 'maar wel dat je sommige processen niet kunt versnellen. Het moet organisch zijn, iedereen moet zich er goed bij voelen. Is heel bepalend. Voor mij maakt het geen verschil. Ik zal morgen Ursul bellen en vragen hoe het zit. Geen probleem.' Het bospad werd smaller, regelmatig slipten de voorwielen van de CX in de modder. Voorzichtig reed hij om een konijn heen dat tot het laatste moment bleef zitten, knipperend in het felle koplamplicht. Na nog een paar bochten stopte hij op een klein kruispunt, eigenlijk een zessprong als je een klein geitenpaadje meetelde dat nauwelijks zichtbaar tussen de donkere, rechte stammen slingerde.

Hij draaide de auto, doofde de lichten. De blinddoeken mochten af. Iedereen stapte uit.

'Goed,' zei Reuben. 'Het is halvemaan, het is minder donker dan we dachten, dus we hebben het iets moeilijker gemaakt. Wat je moet weten is dat de maan twee uur geleden in het westen is opgekomen. Twintig minuten lopen in westelijke richting brengt je naar de top van de heuvel. Vlak voor de top open je de envelop. Hierin vind je de instructies hoe je het coaxkabeltje kunt vinden. Wij staan daar vlakbij met warme chocolademelk.'

Babette keek fronsend naar het nachtelijke bos. 'Ik weet niet of ik hier veel zin in heb.'

'Hoelang duurt deze onzin, alles bij elkaar?' vroeg Jaap.

Lotte lachte. 'Wij deden het in een kwartiertje. Dus met die extra twintig minuten: hooguit drie kwartier.'

'Ik heb het nu al koud,' klaagde Guusje.

Ewout controleerde zijn zaklantaren. 'Kom op. Lotte heeft ons straf gegeven omdat we te lang voor de televisie hebben gezeten. Dan gaan we nu niet kinderachtig doen. Als zij het in vijftien minuten konden, doen wij het in tien.'

Lotte gaf hem een zoen. 'Je kunt het, kanjer.' Ze stapte in de auto.

'Oké.' Reuben ging achter het stuur zitten. 'Dus twintig minuten voordat je de envelop openmaakt. Succes.' Met alleen parkeerlichten aan reed hij weg.

Door de achterruit keek Lotte bezorgd naar het groepje achterblijvers op het donkere pad. 'Gaat dit wel goed?'

Reuben knipte het grootlicht aan en gaf gas. 'Tuurlijk. Het is echt zo simpel als wat.'

'Hadden we daar niet omhoog gemoeten?'

'Ja, dan hoeven ze alleen maar achter ons aan te lopen. Ik neem even een andere weg.'

~

Lotte wist naderhand niet meer op welk moment ze zeker wist dat ze verdwaald waren. Aanvankelijk deed Reuben luchtig over de route.

Gewoon het eerste het beste bospad links, kijk daar staat de maan, dus we gaan de goede kant op.

'Ik dacht dat jij graag wilde dat ik meedeed,' begon hij na een korte stilte.

'Dat wilde ik ook. Maar ik ben niet de directrice of zo.'

'Jij bent met het idee van Het Verboden Theater gekomen.'

'Het is ontstaan. Door wat we deden.'

'Op de Toneelschool,' articuleerde hij overdreven.

'Ik hoopte dat ik hier wat bruggetjes kon slaan. Tussen jou en ons. Tussen Ewout en de anderen. Tussen jou en Ewout, wellicht.'

'Niet helemaal gelukt.'

'Het was misschien wat naïef.'

Hij kneep in het stuur. 'Ik blief geen brugverbinding met een informatietechnologiestudent die intellectuele stilstand propageert. Via hem krijgen we een huiveringwekkend kijkje in onze toekomst: jonge, talentvolle mensen die vierentwintig uur per dag verbonden zijn met mondiale stompzinnigheid. Niemand schrijft meer een toneelstuk. De theaters programmeren alleen nog cabaret en komedies. De reflectie, het zelfonderzoek, de verdieping – het zal allemaal verdwijnen.'

'Hadden we hier niet moeten afslaan?'

'Volgens mij niet. Eerlijk gezegd had ik gedacht dat je wat steviger in je schoenen zou staan.'

'Steviger?'

'Daarnet. Je had het voor me op kunnen nemen. Op zijn minst.'

'Het ging te snel. Maar Babette had wel een punt. De laatste keer dat ik jou zag spelen, liep je met stoelen te gooien op de selectiecursus.'

'Dat was wel een grappige periode, ja. Ik hoop dat ik sindsdien gegroeid ben.'

'We zijn allemaal gegroeid. Waar het om gaat is dat ik de mening van de anderen niet kan negeren.'

'Niet *wil* negeren. Je hebt niet gezegd: "Allemaal prima jongens, maar ik wil Reuben er gewoon bij hebben."'

‘Dat klopt. Dat wil ik ook niet.’

‘Ah. Nou, dat is dan duidelijk.’

Een tijdje keken ze allebei zwijgend naar buiten. Alle bomen zagen er hetzelfde uit. Langzaam reden ze achter de lichtkegel van de CX aan. De schade die Fons met zijn kruiwagen had veroorzaakt was nog steeds zichtbaar, de lamp scheen iets scheef. Op dit moment miste ze Ewout hevig. Er kwamen een paar bochten, een steile helling, en toen ze eindelijk linksaf konden, was ze elk oriëntatiegevoel kwijt.

Reuben dacht dat ze vanzelf weer op de provinciale weg terecht zouden komen als ze maar lang genoeg doorreden, maar na een half uur helling op helling af kreeg ze het idee dat hij ook de weg was kwijtgeraakt. Ze wilde niet verder. Het was volgens haar het beste om terug te gaan naar de zessprong en vandaar hoefden ze alleen maar die ene weg omhoog te nemen en te toeteren, de anderen moesten daar op gehoorsafstand zijn. Maar hij wilde door. Terwijl hij stapvoets tussen de kuilen en plassen door laveerde, knipte hij de binnenverlichting aan en vouwde driftig de autokaart open. ‘Hier,’ zei hij, ‘en daar. Zo loopt de 6339, zie je, in een lus, dus als wij zuidoost aanhouden, met de maan in de rug, dan komen we er vanzelf.’

Maar zij zag alleen een grote donkergroene vlek en, helemaal aan de andere kant van de kaart, het gele kronkellijntje van de weg die ze moesten hebben. Ze onderdrukte haar ongerustheid. Waarom hebben ze het zo ingewikkeld gemaakt? ‘Shit Reuben, waarom moest je nou zo nodig verder het bos in? We hadden toch afgesproken wat we zouden doen?’

‘Ik heb jou niet horen protesteren, Lotpopje. Ik ben erg op ze gesteld, maar ze hebben de vakantie toch een beetje verpest.’

‘Verpest?’

‘Met hun computercompetitietje. Hun wedstrijdje in geestverzuring. Ze hebben de sfeer verziekt, je merkte het daarnet in de auto. Er zijn spanningen. Niet allemaal uitgesproken, maar ze zijn er wel.’

Hij had een punt. En het was haar schuld.

'Ze hebben hun mond vol over dingen die ze allemaal anders willen doen. Ja, in de kroeg,' lachte hij schamper. 'Als ze de kans krijgen iets te veranderen in het theater, hangen ze liever voor de televisie.'

Ze had hem niet moeten uitnodigen, dacht ze.

Driftig ontweek hij een kuil. 'Ik kijk naar ze en zie een verloren generatie. Ze staan op de drempel van de beroepspraktijk en hebben geen visie.'

Ze keek op het dashboardklokje. Drie kwartier voorbij. Ze moesten nu ongeveer bij de vleugelnootboom zijn. Als alles goed was.

'Heb je nu al met Ewout gesproken?' Langzaam reed hij door een paar plassen.

'Nee.'

'Je kunt geen beslissing nemen, bedoel je.'

Ze reageerde niet.

'Je stelt het dus uit. Je vindt het niet belangrijk genoeg.'

'Reub, rustig. Ik ben al ruim drie jaar met hem samen.'

'Wij zijn ook drie jaar samen.'

'Wij zijn ook? Wat bedoel je?'

'De relaties die je aangaat. De beloftes die gedaan zijn, bewust of onbewust. Het vormt een fijnmazig net van verwachtingen.'

Ze reageerde niet en keek naar de vijandige, natte duisternis achter de boomstammen.

'Hoop vertegenwoordigt altijd een bepaalde spanning,' ging hij door. 'Het zorgt ervoor dat we blijven knokken. Voor de baan die we ambiëren, de studie die we willen afronden, die wereldreis waar we over dromen, het motiveert ons te blijven proberen. Maar soms moet je accepteren dat iets niet lukt. De hoop vervliegt, heet dat dan. Maar dat is niet zo. Het verdwijnt niet vanzelf. Het vliegt gewoon ergens anders naartoe.'

'Ja,' zei ze afwezig, terwijl ze ingespannen het licht van de koplampen volgde in de verwachting elk moment de hoofdweg te zien, een verkeersbord, een aanwijzing. In haar buik voelde ze een kleine, harde pit van opkomende paniek.

'De spanningsenergie ontlaadt zich ergens anders. Bij de woorden met de letters achter in het alfabet: teleurstelling, vernedering, woede, verdriet, verbittering, venijn.'

'Hadden we er nu al niet moeten zijn?'

'We gaan nog even rechtdoor, en dan is het geloof ik links, rechts met de bocht mee en dan aan het eind weer links bij de kruising.' Het klonk als een parkwandeling, alsof hij zich totaal geen zorgen maakte over dit bos en andere dingen veel belangrijker vond. 'Sommige verwachtingen zijn,' en hij draaide zijn hoofd om haar aan te kijken, 'gewekt met wederzijds goedvinden. En het vervelende is, die liggen te wachten op inlossing.'

Het drong opeens tot haar door wat hij bedoelde. 'Wacht. Ik heb nooit... Heb jij dan gedacht dat...? Maar Reub, ik heb alleen maar gezegd dat ik met hem zou *praten*.'

'Wat je dus niet gedaan hebt.'

'Nee.'

'Jij bent begonnen.'

'Ja. Sorry.'

'We hebben afgesproken dat ik dat zou vergeten. Geen relaties op de werkvloer. Kon ik inkomen. Maar net hebben we besloten dat ik niet meedoe met de groep. Ergo...'

'Ergo niks. Het had geen betekenis. Het was onbezonnen. Buiten zinnen.'

'Buiten zinnen klinkt niet slecht. Alle remmen los.'

'Het betekent dat ik er geen zin in heb. Het was een verkeerde impuls. Het spijt me als ik je in verwarring heb gebracht.'

'Dus. Je wijst me af.'

'Ik wijs je niet af.'

'Als vriend.'

'Als vriend met een hoofdletter wel, ja.'

'Want je hebt al een vriend met een hoofdletter.'

'Precies. En nu zou ik graag willen omkeren. Deze weg gaat nergens naartoe.'

Hij gaf geen antwoord en maakte ook geen aanstalten om te remmen.

'Reuben?'

'Ik ben niet echt gemotiveerd om dat hele stuk nu terug te gaan rijden,' zei hij. 'Ewoutje kan echt wel voor zichzelf zorgen. Hij heeft een zaklamp en een plattegrond. En drie mensen die hem kunnen helpen.'

Het was op dit moment dat ze bedacht dat de maan natuurlijk niet in het westen opkwam. Hij ging op in het oosten. Net zoals de zon.

'Het kan echt niet missen,' ging Reuben door. 'Het enige wat er kan gebeuren is dat wij er nog niet zijn als ze de laatste opdracht opgraven, maar dat is even niet anders.'

'Wacht even. Je hebt ze de verkeerde kant op gestuurd. Ze hadden de andere kant op gemoeten. De maan komt op in het oosten.'

'Heb ik toch gezegd? Oosten?'

'Nee, lul. Westen heb je gezegd.'

'Volgens mij niet. Bovendien, ze kunnen toch zelf ook nadenken? De aarde gaat 's nachts toch niet opeens *clockwise* draaien?'

'Je hebt westen gezegd. Onze aanwijzingen slaan nergens op. Wie weet waar ze nu zitten.'

'Ze redden zich wel. Geloof me. Als ze de maan in–'

'Hou je kop nou eens. In de oorlog heeft zich hier eens een complete Duitse pantserdivisie schuilgehouden na het Ardennenoffensief. De Amerikanen vonden ze pas twee maanden na de capitulatie. We moeten echt omkeren.'

'Sorry. Slecht idee.'

'Reuben, stop!'

Ze moest het schreeuwen, heel hard, voordat hij eindelijk stopte. Maar hij weigerde om te keren. Daarvoor was het te laat zei hij. Snel rekende Lotte het uit. Vijfenveertig minuten stapvoets rijden. Een uur lopen, misschien anderhalf, en dan was ze op het punt waar haar vrienden waren uitgestapt. Ze greep haar jas en een zaklamp, stapte uit en begon terug te lopen. Half en half verwachtte ze dat hij de auto zou keren en haar zou inhalen, maar er gebeurde niets. Misschien, dacht ze, had hij wat meer tijd nodig om zich over zijn trots heen te zetten. Geconcentreerd luisterde ze naar de brom van de automotor. Maar ze hoorde niets. Niet na vijf minuten, en ook niet na tien. Ze was alleen met het geluid van haar eigen voetstappen op de zompige grond en met het druppen en tikken van het water dat van de boomtakken droop en dat via talloze onzichtbare stroompjes en beekjes op weg was naar zee.

~

Fons wist niet dat zijn dochter 's nachts moederziel alleen door het Zwarte Woud zwierf. Hij wist niet eens dat ze op vakantie in Duitsland was. Hij hoorde het pas toen de boot onderweg naar Tunesië was. Samen met zijn vrouw zat hij aan tafel in een van de acht restaurants van de Ocean Star te knabbelen aan soepstengels, in afwachting van de vitello tonnato. Zijn echtgenote legde haar hand op de zijne en zei voorzichtig: 'Weet jij wie er deze weken in Schopfheim zit? Omdat het anders helemaal leegstaat, de hele zomer? Toch gewoon zonde, al die ongebruikte vierkante meters? Vond ik in ieder geval.' En zo kwamen er nog een paar ultrakorte zinnetjes die haar onzekerheid moesten verbergen. Achter haar rug zag Fons door het panoramaraam de Middellandse Zee blikkeren en deinen, en geduldig wachtte hij tot het staccato muziekstukje ten einde kwam met een slotakkoordje in de trant van een triomfantelijk: Miep. Of de Mulders. Of de familie Bakman. Het maakte hem op dit moment niet uit wie er op de Dinkelberg logeerde, de regie over het vakantiehuis liet hij tegenwoordig geheel aan haar over, hij had daar helemaal geen tijd voor – het waren turbulente tijden sinds hij van Sony de licentie van Betamax-recorders had verworven. De prognoses waren hooggespannen, televisiekijken waar en wanneer je maar wilde, met een simpele druk op de knop, het was ongelofelijk opwindend, iedereen zou zo'n apparaat willen hebben, hij wist het zeker. Er waren op dit moment duizend van die dingen onderweg op een Japans schip in een container met zijn naam op de zijkant. En toen lispelde ze, tussen twee hapjes van een deegstengel door, in een onverwacht laag timbre: 'Lotte.'

Het klonk defensief, alsof ze zich ingroef voor een komende storm.

Hij stopte met kauwen.

'Ze wilde in het begin niet. Je kent haar. Kont tegen de krib. Ik moest haar echt overhalen. Doe het nou, zei ik. Het staat leeg.'

Fons legde zijn vork neer.

'Ze had geen geld. Waar moet zo'n kind dat vandaan halen, voor een vakantie? Ze wilde met Ewout en een tent gaan trekken door Frankrijk. Maar ik zei: als je ouders een huis hebben op de Dinkelberg, hoef jij niet in een tent. Ja, als je per se wilt. Maar wij bieden het je aan.'

'Wij?'

'Papa is het er vast mee eens, zei ik. Die wil ook niet dat het ongebruikt blijft. Negen kamers. Ik vertel het hem op de boot.'

Met elke zin was haar stem iets omhooggegaan. Ze klonk een beetje radeloos.

'Dus,' begon hij, 'begrijp ik het goed? Lotte zit in Schopfheim? En dat vertel je me nu?'

'Ja.'

'Omdat ik toch nergens heen kan.'

'Nee, nou nee.' Ze lachte nerveus. 'Waar zou je heen willen?'

Hij zweeg. Ja, wat wilde hij? Naar het Zwarte Woud, zijn dochter de berg af schoppen? Want wat deed ze daar? Ze wilde toch niets meer met hem te maken hebben? Had ze niet de afgelopen drie jaar alle verjaardagen genegeerd? Dacht ze soms dat die lege stoel niet was opgevallen, zes kerstavonden op rij? En dan nu opeens wel resideren in zijn buitenverblijf?

Het kalfsvlees werd gebracht. Fons bleef onbeweeglijk zitten.

'Fons? Zeg eens wat?'

Of zou het een signaal zijn? Zou ze genoeg hebben van die toneelbevlieging? Door het raam zag hij een vage bruingrijze streep op de horizon. Dat moest Italië zijn. Waar dit kalf vandaan kwam. Hij nam een paar happen zonder iets te proeven. Het was mogelijk. Dat ze het roer een tweede keer had omgegooid. Het kan, je kunt een paar keer van koers veranderen in het leven. Het was denkbaar dat ze wakker was geworden en had ingezien dat het niks was, het kunstenaarsleven. Hij dacht opeens: misschien moet ik er wel naartoe. Misschien is ze naar de Dinkelberg gegaan om na te denken. Zit ze te twijfelen of ze terug zal keren naar Nijenrode. Of overweegt ze tandheelkunde, ook goed. Dan is het belangrijk dat er iemand is voor dat laatste duwtje. Als tandarts hoeft ze immers geen knipsels bij te houden, dan heeft ze straks een kast vol röntgenfoto's van lachende monden als bewijs dat ze een gelukkig leven heeft geleefd.

'Fons? Waarom zeg je niets? Vind je het erg dat ik Lotte heb overgehaald?'

'Nee.'

'Want het is mijn schuld, hoor. Ik heb gezegd dat papa er waarschijnlijk even aan zal moeten wennen, maar uiteindelijk vindt hij het goed.'

'Ja.' Als hij in Tunis het vliegtuig neemt, kan hij er morgen zijn.

'Ik ben zo blij dat je dat zegt, echt waar.'

'Zit ze daar met hoe heet-ie...?'

'Met Ewout. En met een stel klasgenoten waar ze een toneelgezelschap mee wil oprichten.'

Fons deed er drie dagen over om naar Schopfheim te komen. In Tunis moest hij een dag wachten voor hij een vliegtuig kon pakken naar Rome. Daar nog een overnachting, dan een vlucht naar Genève, toen met een huurauto nog tweeënhalf uur naar het Zwarte Woud.

Onderweg had hij nagedacht over wat hij ging doen. Ze zou hem aan zien komen rijden, halverwege de oprit zou hij stoppen en wachten tot ze naar hem toe kwam. Jij bent m'n dochter, zou hij zeggen. Ik hou van je en ik wil dat je gelukkig wordt. Maar ik denk dat je nu op het verkeerde pad zit. Er is geen geluk in het theater. Alleen teleurstelling. De arbeidsverhoudingen zijn grotesk, er is een reusachtig aanbod van personeel, maar nauwelijks vraag. Je krijgt te maken met competitie, gedrang, venijn, kinnesinne, jaloezie, achterklap, haat, vriendjespolitiek, ellebogenwerk, willekeur, verwarring, misbruik, vernedering. En het wordt allemaal ook nog eens slecht betaald.

Maar als dat is wat je wilt, het zij zo. Ik kan er nou eenmaal niet voor gaan liggen. Ik kan alleen maar zeggen wat ik denk. Dus, als je hier bent met vrienden om een nieuw gezelschap op te richten, zeg ik: doe het niet. Want ook dan zul je moeten dealen met competitie, venijn, enzovoort, maar dan onder vrienden. Dat is mogelijk nog erger. Nogmaals, ik kan je niet tegenhouden. Ik heb spijt van de kruiwagen. Dat was dom en onnadenkend van me, maar ik was op dat moment emotioneel en aangeslagen. Ik ben ook maar een mens, ik wilde mijn levenswerk graag overdragen aan jou. Maar ik zat fout en zal je voortaan geen strobreed meer in de weg leggen. Ook niet als je in mijn vakantiehuis je toekomst aan het vergallen bent.

En dan zou hij de bos bloemen van de stoel pakken en die haar plechtig aanbieden. En misschien, heel misschien, zou door zijn acceptatie haar motivatie verdampen. Er was een heel kleine kans dat ze op dat moment zou inzien dat het theater niet haar bestemming was.

De kans dat het zo niet zou gaan was natuurlijk groter. Hij wist het. Terwijl hij de Duitse grens overstak, begreep hij eigenlijk niet waarom hij zo nodig in Tunesië van zijn comfortabele cruisekasteel was gestapt. Wat hoopte hij te bereiken, anders dan een nieuwe complicatie in de familietwist?

Op het pad stond een politiebus. Fons trapte op de rem. Zijn gedachten en de huurauto kwamen tot stilstand. Je kunt met alles rekening houden, alle opties overwegen, een groot aantal zetten vooruitdenken, maar dan gebeurt er iets onverwachts: een natuurramp, een pion die je over het hoofd hebt gezien en dan blijkt niets bestand tegen de aardverschuiving die de helling af raast. Fons wist niet hoe hij de auto uit was gekomen, maar opeens stond hij tegenover een agent die hem probeerde te kalmeren.

Nee, er was geen ongeluk gebeurd. Voor zover ze wisten, dan. Er was een onderzoek gaande. Kon Fons zich legitimeren? Met het paspoort in de hand overlegde de agent via zijn mobilofoon: *jawohl, nein, alles klar*. De inspecteur zou *sofort* naar boven komen.

Terwijl ze wachtten mocht Fons even binnen kijken. Maar niet verder dan de drempel. Het huis zag eruit als een *crime scene*. Op de vloer van gang en trap, op het aanrecht en fornuis was tape geplakt, dwars door de woonkamer liep een streep. *Nein*, wist de agent niets van. Hij moest alleen de boel in de gaten houden.

De dienstdoende politieofficier was verrassend snel ter plaatse. *Der Herr aus Holland sollte sich beruhigen*. Ze moeten het hoofd nu koel houden. Zijn dochter is drie dagen geleden als vermist opgegeven. Samen met vier vrienden. Een vijfde persoon is in hechtenis.

De Talkshow

Reuben kijkt in de spiegel van het make-up meisje. Het is belangrijk om rustig te blijven. Aan zijn gezicht is niets te zien. Hij verschuift zijn bril een paar millimeter. Die heeft hij sinds kort, hij kon niet meer goed focussen, dichtbij. Het geeft hem een bedachtzame uitstraling, alsof hij niet over één nacht ijs gaat. Hij ziet eruit als iemand die goed over alles nadenkt.

De assistente komt hem halen. Achter haar ruisende panty loopt hij naar de gang. Niet denken dus aan wat eronder zit. Daar staan ook de andere gasten: iemand van het Europarlement en een roman-schrijfster. Alle drie zijn ze zenuwachtig maar laten dat niet zien. 'Ik ben een fan van uw boeken,' fluistert hij tegen haar, hoewel hij nog nooit iets gelezen heeft.

'Heel aardig, dank u wel. Ik geef u straks een gesigneerd exemplaar mee van mijn nieuwste baby.'

Hij knikt. Het lijkt hem heerlijk om schrijver te zijn, een computer en een bureaulamp, dat is alles dat je nodig hebt. Als je iets schrijft dat slecht valt, kan niemand je ter verantwoording roepen, want je kunt al-tijd beweren dat je alles uit je duim gezogen hebt. Die luxe heeft hij niet.

Matthias, de vuilblonde talkshowhost komt ze *offstage* een snel handje geven. Die van Reuben houdt hij wat langer vast. 'Lullig man, zoals het gegaan is. Hoe voel je je?'

'Strijdbaar.'

Matthias slaat hem zachtjes op de schouder. 'Strijdbaar is goed. Tot zo.'

Reuben steekt zijn duim op.

4. Abteilung B

Ze houden hem twee keer vierentwintig uur vast. In Freiburg, nota bene. In zo'n stad mag je toch een andere behandeling verwachten, maar nee. Als een crimineel stoppen ze hem in een betonhok met een bed en een plee.

Hij weet niet waar de anderen zijn. Vermoedelijk al in Nederland. Op de derde dag mag hij naar huis, maar hij moet zich wel beschikbaar houden voor verder onderzoek. Wat er dan precies nog moet worden onderzocht blijft onduidelijk. Vernederd neemt hij de eerste beste trein naar Amsterdam.

Zijn hospita heeft de post voor hem neergelegd. Geagiteerd waaiert hij aan de voet van de trap door de bankafschriften, reclamefolders en acceptgiro's tot hij de envelop ziet met de cirkel van vijfpuntsterren om de bloedrode R.

Beste Reuben, tot onze spijt, leest hij en stopt dan. In zijn hoofd gebeurt er even niets. Er is iets helemaal mis, denkt hij alleen, terwijl hij langzaam de drie trappen op loopt. De vijf woorden malen rond, en als hij de deur van zijn zolderkamer opent, denkt hij nog steeds: er is iets helemaal mis. Op de rand van zijn bed gaat hij verder: … *moeten we je meedelen dat in de definitieve rolverdeling van* De Man op het Nachtkastje *de keus helaas niet op jou gevallen is. We willen je nogmaals bedanken voor je tijd en hopen je bij een volgende casting weer te kunnen uitnodigen voor een test. Met vriendelijke groet.*

Het is een voorgedrukte brief, bij de aanhef en het project staan puntjes, zijn naam en de filmtitel zijn slordig met blauwe pen ingevuld. Hij wordt een beetje misselijk. Het gaat niet door. De filmrol gaat niet door. Geen filmset in zomers Zeeland, geen mogelijkheid om te laten zien wat hij kan. En de Ursulzak heeft niet eens de moeite genomen hem een persoonlijk briefje te sturen. Hij kijkt naar de datum. Een week geleden verzonden. Godverdomme. Het is elf uur 's avonds, het kantoor is dicht. Hij belt Marcel. Antwoordapparaat. Hij roept: 'Bel me terug, man!'

Hij fietst naar De Smoeshaan. Het café zit vol met schreeuwerige acteurs die klaar zijn met hun voorstellingen. Marcel ziet hij nergens. Ook in Weber geen spoor van de kleine castingassistent. Hij probeert nog de Brakke Grond en de Blincker, overal opgewonden en vrolijke mensen, maar er is niemand die hij kent. Hij vraagt het aan de barman van Oblomov: heeft hij Marcel misschien gezien? Helaas. Niet. Sorry. De drie woorden blijven hem de rest van de avond achtervolgen, ook als hij langsgaat in de Odeon en de Schakel, en ook als hij in de telefooncel op het Koningsplein nogmaals Marcels nummer draait. *Het spijt me zeer, helaas ben ik niet thuis. Na het signaal kunt u een boodschap inspreken.* Hij doet het opnieuw, tegen beter weten in. 'Ik ben terug in Nederland. Bel me over de Reve-film.' Hij bedenkt dat er misschien al een reactie op zijn eerste bericht op zijn eigen antwoordmachine staat en fietst snel naar huis. Niets. Geen meldingen.

Uiteraard kan hij niet slapen. Als een stok ligt hij naar het plafond te kijken dat zwak gloeit in het strooilicht van de straatlantarens buiten. De woede groeit in hem. Ursul heeft hem laten vallen. Na alles wat hij hem heeft laten doen. Terwijl hij in een Duitse cel zat heeft hij Reuben doorgestreept en iemand – waarschijnlijk dat telefoonmiepje dat vorige maand schielijk verdween rond sluitingstijd – heeft uit de la 'afwijzingen' een formuliertje gepakt, zijn naam ingevuld en meegegeven aan de post. Dossier gesloten. Een mond vol zaad en afgevoerd. Hij zou willen douchen, maar het is al ver na middernacht, de deur van zijn hospita is allang dicht. Hoe heeft hij zo stom kunnen zijn? Hij heeft het geld dat hij deze zomer zou verdienen eigenlijk al uitgegeven. 'Zes tot tien dagen,' had Ursul gezegd, 'drie-, vierduizend gulden. Het hotel in Middelburg, reizen en catering worden natuurlijk betaald.'

Wat een kutzooi, nu staat hij zwaar rood. In Schopfheim zijn vier eurocheques van driehonderd gulden geïncasseerd. Hij heeft Lotte en de vrienden twee keer getrakteerd op een etentje, drie keer de boodschappen betaald, benzine voor die stomme Citroën. Hij wilde aan die toneelschoolklantjes laten zien dat hij het zich kon permitteren. Stom. Morgen meteen naar RSC bellen. Misschien was alles toch een vergissing. 'Hé Reub, weer terug? Wat? Afwijzingsbrief? Nee, man, hoe kom je erbij. Dat moet een foutje zijn, sorry. Verkeerde naam op het formulier. Nee, Paul is juist hartstikke blij dat je het wilt doen. Ik zal meteen productie bellen dat je weer in het land bent, dan kunnen ze het contract opsturen.'

De kans dat het zo zal gaan is microscopisch klein, hij weet het. Maar hij moet zich ergens aan vasthouden.

Meteen om half tien belt hij naar kantoor. Nee, Marcel is nog niet binnen. Een kwartier later is hij helaas niet beschikbaar.

'Het gaat over een brief,' zegt hij.

'Sorry, daar kan ik helaas niets over zeggen,' zegt het sluitingstijdmeisje.

'Is Ursul aanwezig?'

'Meneer Rhuggenaath is helaas ook niet beschikbaar.'

'Wil je vragen of ze me zo snel mogelijk terugbellen?'

'Wat is uw naam?'

Reuben probeert zich te beheersen. Dit meisje kent hem toch? 'Ze weten allebei waar het over gaat.'

'Ik heb toch uw naam nodig.'

'Bierkwiek.' Hij zucht. Dit is beledigend. 'Reuben Bierkwiek.'

'U wordt straks teruggebeld,' bezweert ze.

Dat gebeurt natuurlijk niet. Voor de vorm wacht hij tot na de lunch, dan fietst hij naar de Singel. 'Ik heb de boodschap doorgegeven, hoor,' zegt het meisje, 'maar het loopt allemaal een beetje uit.' Ze wijst naar de gang. Aan het einde daarvan, weet Reuben, is het kantoor van Ursul met de bank en de camera. Achter die gesloten deur worden vandaag weer een aantal rollen verdeeld voor een of andere film of televisieserie. Hij zal daar niet bij zitten. Hij hoort gelach. En het is dit lachen, dit *uitlachen* dat hem ertoe aanzet iets te doen dat hij beter niet had kunnen doen. Niet als je een acteur wilt worden en wanhopig op zoek bent naar werk. Hij doet de deur een stukje open en steekt zijn hoofd naar binnen. Met z'n drieën staan ze gebogen over een tiental foto's op het bureau. Zo moet het er in Hitlers bunker uit hebben gezien toen Adolf en zijn generaals Europa verdeelden. Ursul en Marcel kijken verbaasd op, de derde man kent hij niet.

'Jongens,' zegt Reuben, 'sorry dat ik stoor, maar ik wil even zeggen dat ik weer in het land ben, hoor. Sturen jullie nog even de nieuwe planning van *De Man*? De productie kon mij natuurlijk niet bereiken in Duitsland.' Hij wacht even en is blij met de verwarring die hij zaait. 'Ik moet nu snel door, dus anders vanmiddag even bellen?' Hij steekt zijn hand op. 'Salut.' En tegen de onbekende man die waarschijnlijk Ate is of Dick of Orlow: 'Hoi. Ik ben Reuben.' Tevreden met zijn kleine overwinning trekt hij de deur dicht en boldert de trap af naar buiten.

~

Op zijn antwoordapparaat: 'Hi, Reuben. Hier is Fiona. Wat een wonderlijk telefoontje was dat, laatst, met je vraag of ik op mijn werk weleens mijn broekje heb uitgetrokken, sorry bloesje. Maar broekje, bloesje, maakt niet uit natuurlijk, het gaat om het idee.' Er klonk een bons, gerommel, hij hoorde 'shit' op de achtergrond, en toen kwam ze terug: 'Sorry, ik had me net ingesmeerd met lotusolie, de hoorn glipte uit mijn handen. Nou, in ieder geval, ik vond het leuk gek. Ben je nog steeds zo fanatiek? Grappig ook om je stem weer eens te horen. Misschien geinig om binnenkort iets te drinken?'

Dat 'fanatiek' sloeg op de schoolmusical van het Fransicus College in Sittard. Hij was zestien, nietsvermoedend had hij zich tijdens een muziekles zitten te vervelen, totdat bleek dat ze de rollen aan het verdelen waren voor *West Side Story*. Hij zat in 4 havo, kon totaal niet zingen, maar hij had met zijn Joodse, Zuid-Europese looks de juiste kaarten om de leider van een Puerto Ricaanse straatbende te spelen. Voor hij het wist stond hij in een leren jasje 'America' te playbacken. Hij begon de repetities zonder veel verwachtingen, maar al na de eerste woensdagmiddag was hij verkocht. Niet omdat hij geloofde in de muziek van Bernstein of in de kracht van rasoverschrijdende liefde, maar omdat de afspraken over communicatie in een toneelstuk zo lekker duidelijk bleken te zijn: terwijl ik aan het woord ben, houdt de rest zijn mond.

Voor een jongen wiens ouders vijfduizend kilometer verderop onder water in de Rode Zee zwommen, was het een openbaring te merken dat er af en toe naar hem *geluisterd* werd. Het repetitieproces, het eindeloze herhalen van wie wanneer wat zegt, het oefenen van steeds dezelfde loopjes en posities, kortom, de ordening van de theaterwetten beviel hem. En het moment dat de aula volstroomde met publiek, de tl's uitgingen en hij in de zachtgele kegel van licht en aandacht kon laten zien hoe goed hij geoefend had, blies hem van de sokken. Duizelig van opwinding had hij zich in het brandpunt van al die ogen laten verwarmen.

'Ja, ik weet nog dat jij bij de conrector gesmeekt hebt om een derde uitvoering.'

Ze zitten aan tafeltjes van gesoldeerd zink in de Blincker. Fiona lachte naar hem. '"Meneer," riep je, "het is een succes! We krijgen die zaal makkelijk vol."' Opnieuw die lach. Perfecte tanden in een scherp gesneden en strak gekapt advocatenstagiairegezichtje.

'Een vierde of vijfde avond was ook nog gelukt, denk ik.' Ondanks het feit dat hij niet de meest aantrekkelijke jongen van de school was geweest, bleek Reuben in de weken na de musical opeens redelijk populair. Fiona – onbereikbare fee in 6 vwo – kon daarvan getuigen. Na de slotavond hadden ze het met elkaar gedaan op een verlaten podium, onder de stellage met de brandtrap van 68th Street. Wat zij niet wist, en wat Reuben ook nooit heeft verteld, was dat hij op dat moment nog maagd was. De honderden luisterende oren eerder die avond, de gevels van New York en de verrassend zachte, warme binnenkant van zijn eerste meisje smolten samen tot een romantisch uitgelichte liefdesscène waarin hij ingewijd en ontwaakt was: vanaf nu wist hij wat hij wilde worden.

'Hoe is het op de Toneelschool?' vraagt ze met haar zachte g.

Hij tuurt naar het restje bier in zijn glas. 'Ik ben niet toegelaten.'

'Wat? Hoe kan dat nou?'

'Begreep het eerst zelf ook niet. "Weten jullie het zeker?" heb ik nog gevraagd, oetlul die ik ben. Maar ze wilden me niet.' Hij glimlacht scheef.

'Dan probeer je het toch nog eens?'

'Wie weet.'

'Of ga iets totaal anders doen.'

Reuben fronst in onbegrip. 'Ik wil niet iets anders.'

'Waarom dan die interesse voor bloesjes in de advocatuur?'

Even overweegt hij te vertellen over de fellatio's op Ursuls sofa. 'Ik was gewoon benieuwd. De moeite die ik moet doen om, ik weet soms niet, het steeds opnieuw proberen, ik vroeg me af of dat bij jullie ook zo is.'

'Het is overal moeilijk. Overal zitten mannen van middelbare leeftijd naast een toegangsluikje met een groot hangslot. Bij mij op kantoor zitten drie maatpakvuilpeuken, alle drie partner, die ervan overtuigd zijn dat ik ze mogelijk seksueel aantrekkelijk zou kunnen vinden. Het is gewoon pathetisch. Wanneer ze de kans krijgen zitten ze aan mijn kont.'

'Dat vind je goed?'

'Meestal wel. "Per ongeluk" zeggen ze dan. Ja, wat moet ik? De politie bellen om te bewijzen dat het expres was?'

'En je borsten? Mogen ze die aanraken?'

'Nee, ben je gek.'

'Dus billen wel, borsten niet. Maar als een van die partners je nou een vaste baan aan zou bieden na je stage. Mag hij er dan wel aanzitten?'

'Voor een vaste baan?' Ze knikt.

'Het klinkt niet alsof je heel zeker van je zaak bent.'

'Ben ik ook niet. Ik krijg liever een *job offer* op basis van mijn prestaties.'

'Uiteraard. Maar wat nou als een andere stagiaire precies hetzelfde presteert? Net zo knap, zelfde leeftijd, zelfde cupmaat.'

'Dan mag hij er wel even aanzitten. Het is niet goed voor mijn eigenwaarde, maar alla.'

'Zou je ook met hem naar bed gaan?'

Fiona verschuift haar glas een paar centimeter, trekt met een vingertop een streep door de vochtkring op tafel. 'Ja, denk het wel. Maar: marktconform salaris inclusief pensioenpremies, hè.' Ze glimlacht erbij.

Een beetje treurig, vindt Reuben.

~

Hij vertelt het Elias. Dat hij binnenkort alleen nog 's avonds les kan nemen.

'Waarom?'

'Omdat ik overdag moet werken.'

'Hoe heb je dat dan tot nu toe gedaan?'

'Nachtdienst in een conservenfabriek. Maar die is stilgelegd door de Voedselinspectie. Nu moet ik iets anders vinden. Ik heb het al gemeld bij het uitzendbureau.'

'Aha.' Elias bekijkt hem schattend, alsof hij dat niet achter hem had gezocht, 's nachts aan de lopende band en overdag aan de Hoge Kunsten. Hij draagt een zijden kimono met kersenbloesemmotief.

'Bent u nog ziek?' vraagt Reuben.

'Misschien een beetje. Heb jij het ook zo warm? Ik heb net een douche genomen en ben nu alweer helemaal plakkerig.' Hij maakt een gebaar naar het grote raam aan de straatkant, waar de zon vol op staat. 'Dubbelglas, je kunt niets openzetten, hoe ze daar een bouwvergunning voor hebben kunnen krijgen is me een raadsel. Stel je voor als er brand uitbreekt in het trappenhuis, hoe moet de brandweer dan naar binnen?'

'Ze hebben bijlen. Om het glas mee stuk te slaan.'

'Dus dan zit je bijvoorbeeld onder de tweedegraads brandwonden en sleuren ze je ook nog even langs de scherven in de sponning? Hoort dat allemaal bij een sociale huurwoning?'

Reuben kijkt naar buiten. Wat moet hij hiermee? Het appartement is inderdaad zo heet als een oven. De kleuren van de meubels zijn uitgebleekt, het chroom van de bijzettafeltjes blikkert hem tegemoet.

'Ontsnapt aan de vlammen, maar zo rauw als een broodje tartaar. Misschien wil jij ook wel even douchen?'

'Nee, hoor.'

'O. Nou, misschien na de warming-up, dan.' Elias laat hem op zijn rug liggen, en komt vlak bij hem staan, de neuzen van zijn sloffen bij Reubens billen. Hij moet zijn benen gestrekt in de lucht steken en zijn toneelleraar gooit ze dan, onverwacht, naar links of rechts. Hij moet alle spieren aanspannen, zijn voeten mogen de grond niet raken. De bedoeling is dat hij ze terugzwiept naar Elias, die dan zijn enkels grijpt voor de volgende ronde. Dertig keer. Doorademen. Daarna push-ups, ook dertig. Zonnegroet, vijf keer. Op handen en knieën je rug afwisselend bol en hol trekken. Dat heet paardje-in-de-wei en moet vijfentwintig keer. 'Je onderrug is een van de belangrijkste plekken voor een acteur. Alles komt er samen, het is de basis van alles. Gevoelscentrum, ademsteun. Hinnik eens?'

'Wat?'

'Als een paard.'

Hij doet het.

'Dat lijkt nergens op. Harder.'

Hij probeert het, nog steeds op handen en knieën.

'Reuben, je hebt toch weleens een paard gezien? Stel het je voor, vijfhonderd kilo spieren en gewrichten, trappelend achter het hek, wachtend tot het wordt losgelaten.' Elias komt over hem heen staan en legt zijn handen vlak boven zijn billen. 'Dieren kunnen niet praten, ze kunnen alleen maar schreeuwen, loeien, brullen. Ze laten het oergevoel horen dat wij zijn kwijtgeraakt. Opwinding, angst, blijdschap.'

'Oké,' steunt hij.

'Paringsdrang, pijn, lust. Denk aan wat een paard doet als het hinnikt. Het verzamelt lucht. Onder in zijn buik loopt de druk op. En dan opent het zijn strot en gooit het er in één keer uit.'

Hij ademt diep in en stoot de ie-klank staccato naar buiten.

'Beter. En nu alles nog een keer.'

'Wat nog een keer?'

'Alles. Dertig keer buikspieren, dertig keer push-ups, zonnegroet, paard-in-de wei. Kom op.'

Hij gehoorzaamt. Als hij, hijgend, voor de tweede maal op handen en knieën terechtkomt, zegt Elias: 'Nu een koe. Loei als een koe.'

'Oeeeeeeeeeee.'

'De koe is bang. De vrachtwagen van de slachterij rijdt het erf op.'

'Oeeeeeeaaaiiii.'

'Ze weet dat ze aan het einde van de dag dood zal zijn.'

'Oeeeaaaaiiiiaa.'

'Ze zal sterven door een staaf die in haar kop geschoten wordt.'

'Aaaauuuuuuw.'

'Goed. Wat voel je?'

'Ik wil niet dood.'

'Jij bent Reuben, er wordt geen staaf door jouw hoofd geschoten. Je bent opgelucht.'

'Opgeluuuucht.'

'Wat voel je?'

'Ik ben moe.'

'Waarom?'

'Door al die kutoefeningen.'

'Je bent boos.'

'Jaaaaaaaaaah.'

'Je wilt brullen als een beer.'

'Jaaaaaaaaaah.'

'Dat kan je goed, dat hoef ik niet te horen. Ik wil dat je piept als het hertje dat door de beer wordt gevangen.'

'Piep.'

'Ik hoor niet dat je bang bent. Ben je bang om opgegeten te worden?'

'Ja.'

'Laat horen, dan.'

Reuben roept.

'Dat klinkt niet als angst.'

Reuben gilt opnieuw

'Dat is gewoon geluid. Er is geen bron. Waar komt angst vandaan?'

'Buik.'

'Verzamel je angst.'

Reuben doet het.

'Denk aan het paard.'

Hij denkt aan het paard.

'En gooi het eruit.'

Reuben krijst. De frustratie spettert naar buiten, de ongenaakbaarheid van Lotte, de vernedering door Het Verboden Theater In Oprichting, de paniek in het nachtelijke bos, het Huis van Bewaring in Freiburg, de lul van Ursul, de afwijzingsbrief van Rhuggenaath. Met zijn billen in de lucht schreeuwt hij zijn machteloosheid en onzekerheid naar het tapijt. En als hij geen adem meer heeft, begint hij te huilen.

'Oké,' hoort hij boven zich. 'Tot hier. Ontspan.' Hij wordt tegen de grond geduwd, Reuben laat het gebeuren, rolt op zijn zij, Elias laat hem zijn benen optrekken. Als een sidderend croissantje ligt hij in de hete oven van de middagzon. Ergens ver weg kraakt een stoel als Elias gaat zitten.

Langzaam komt Reuben tot bedaren.

'Ik vond,' zegt Elias terwijl hij een sigaret opsteekt, 'dat op het laatst een behoorlijk overtuigend hertje in nood.'

Dankbaarheid golft door hem heen. Hij heeft iets goed gedaan. Hij heeft – door uitputting of wanhoop of beide – een echte, verborgen emotie bij zichzelf aangeboord. Als het moet, kan hij het.

'Je hebt overduidelijk een paar onverwerkte issuetjes, maar dat gaat me verder niet aan. De vraag is natuurlijk, of je het nog een keer kunt doen.'

'Wat bedoel je?' vraagt Reuben. Hij voelt zich uitgewrongen.

'Stel dat we repeteren voor *Jungle Book*. Jij bent het hertje, ik de regisseur. In scène zes word je opgevreten. Je angst moet geloofwaardig zijn, tachtig voorstellingen op rij.'

Hij heeft het over Bambi, denkt hij slaperig. Zijn overhemd plakt aan zijn oksels. Hij wil douchen en in bed kruipen.

'Je weet nu waar die emoties zitten. Je moet trainen, net als een voetballer of een goochelaar. Straks doen we het opnieuw.'

Hij moet er niet aan denken. Hij is op. 'Laat mij hier de rest van de dag maar liggen,' mompelt hij.

'Niet in slaap vallen.' Met zijn voet tikt Elias hem aan. 'Er bestaan een aantal hardnekkige misverstanden over acteurs. De meeste mensen denken: exhibitionisten, spotlights, aandachtsgeil, aanstellers. Die hebben het niet begrepen, hoewel ik helaas veel collega's ken die aan deze definities zullen voldoen. Een aantal van hen werkt voor vrije producenten. Blijspelacteurs, zeg maar. In dat soort stukken is het zelden nodig om de hond in jezelf te zoeken. Of het hertje. Het publiek wil een leuk avondje uit, geen moeilijk gedoe. Dus je leert je tekst, je moet een beetje aanleg hebben voor timing, en dat is het wel zo'n beetje.' Hij neemt een diepe haal. Reuben hoort het sigarettenpapier knisperen. 'Entertainment is een tamelijk recent Europees cultuurverschijnsel. Kijken we bijvoorbeeld naar Japan, naar sommige indianenstammen, of naar onze eigen oude Grieken, zien we iets heel anders. Daar is een acteur veel meer een vertolker, vertaler. Een interpretator van een collectief bewustzijn.'

Reuben vindt het allemaal prima. Hij ligt hier lekker. Hij is een embryo.

'Persoonlijk denk ik,' gaat zijn leraar door, 'dat een acteur in eerste instantie een priester is. Hij is de schakel tussen het leven van alledag en de dingen die we niet begrijpen. Misschien moet je nu maar eens je ogen opendoen, want anders denk ik dat je in slaap bent gevallen.'

Hij doet het. Twaalf vijftig per uur om hier alleen een beetje te liggen is een beetje duur. Elias strekt zijn benen. 'Wij hebben religie uitgevonden om allerlei onbegrijpelijke verschijnselen te kunnen duiden. De loop van de maan, de opeenvolging van seizoenen, een onweersbui. We gaven ze een naam en bedachten er een verhaal achter.'

'Wodan enzo.'

'Ja. Maar ook: wat is onze bestemming? Waarom zijn we hier? Daar hadden Thor of Zeus geen antwoord op, en ook God of Allah of Boeddha laten veel vragen open. Een goede acteur kan een schakel zijn tussen ons en de metafysica. De eeuwige levensvragen over liefde, wraak, leven, dood.'

'Aischylos.'

'Hamlet.'

'Wat is het dat zo gruwelijk schokt – dat onze geest, de speelbal der natuur, niet denken kan en dit niet meer kan bevatten?'

'Precies. We kunnen een acteur dus beschouwen als een duider, een wegwijzer, een ziener. In die zin is hij lid van een orde. Onderdeel van een religie.' Elias staat op. 'We gaan even twintigduizend jaar terug in de tijd. We zitten in een grot, ergens in Marokko. Of Afghanistan, maakt niet uit. Waar het warm is. Het heeft al weken niet geregend. Het is bloedheet. Elke dag opnieuw laait 's ochtends vroeg het vuur in de hemel op, en dooft pas weer in de avond. De nachten brengen geen verkoeling, het laatste groen is allang verdwenen, op de plek van de bergbeek is alleen nog een lege bedding. In de wijde omtrek is geen water meer te vinden, de mensen in de grot gaan langzaam dood van de dorst.'

Elias draait naar het raam. 'Ze hopen op een verandering. Dat de zon een keer niet op zal gaan. En dat die grijze dingen dan komen waar regen uit valt. Elke nacht hopen ze op een wonder, elke ochtend zien ze een strakblauwe lucht met een hete gele schijf die niet van ophouden weet. Ze verliezen alle hoop. De zon blijft maar schijnen, iedere dag opnieuw. De grotbewoners liggen apatisch op de grond, wachtend op de dood. Totdat iemand er genoeg van heeft. Met zijn laatste krachten staat hij op, wankelt naar de opening, stapt in het helle licht, steekt zijn vuisten in de lucht en begint te schreeuwen.' Met een ruk opent Elias de gordijnen. 'Ik pik het niet meer!' roept hij.

Geschrokken schiet Reuben overeind.

De kimono is opengevallen. 'Ophouden met schijnen, krijg de pleuris, vieze vuile kutzon!' gilt zijn leraar door de ruit, zijn harige scrotum zwaait mee.

Reuben vraagt zich af hoe dat eruit moet zien, vanaf de straat, door het isolatieglas. Maar Elias lijkt er niet mee te zitten. Energiek draait hij zich om. 'Snap je? De mensen in de grot komen overeind. Ja, knikken ze. Laat dat verdomde hemelvuur eens ophouden. Ze gaan om de man heen staan, ballen ook hun knuisten naar de lucht, applaudisseren. "Doof het vuur!" roept de man die zonder het te weten de rol van priester op zich heeft genomen. De omstanders juichen en voor even hebben ze weer hoop. Hier is iemand die niet werkeloos toekijkt hoe de natuur zijn gang gaat. Hier is iemand die in opstand komt, die begrijpt wat ze doormaken. Hier is een man die hun woede vertolkt.'

Reuben knikt, maar denkt: doe die kamerjas dicht, man.

'Het maakt niet uit of ze nog een week of een maand moeten wachten op de regen. De bewoners van de grot hebben hun machteloosheid en hoop gedeeld. Uit hun midden is iemand opgestaan die hun gevoelens onder woorden heeft gebracht. Dat maakt het wachten iets dragelijker. En als de volgende ochtend weer begint met een onbewolkte zonsopgang, maken ze hem wakker om het nog een keer te doen. In de herhaling van het ritueel vinden ze verzachting en acceptatie. Het gebed is geboren. Ze geven hun vertolker het laatste water en het beste stukje vlees, want hij kan iets wat zij niet kunnen. Hij durft in actie te komen. Dit is de letterlijke betekenis van acteren.'

Elias sjort zijn kimono weer dicht. 'En daarom moet jij nu nog een keer het hertje en de beer doen.'

~

De mevrouw van het uitzendbureau belt. Kan hij volgende week beginnen als invalkracht bij de Bijenkorf?

Ja, dat kan. Sinds conservenfabriek Muco op last van de autoriteiten is gesloten vanwege sporen van schoonmaakmiddelen in een partij babyvoeding met groentemix, ontvangt hij deze maand nog een uitkering, maar daarna is hij werkeloos.

Hij krijgt ook twee nieuwe brieven met de bloedrode R, die hij niet opent. Zolang hij officieel niet weet wat erin staat, is er niets aan de hand. Hij spreekt zes berichten in bij Marcel, rechtstreeks bellen naar het kantoor van RSC durft hij niet meer. Zijn nieuwe baantje is eenvoudig, hij vervangt een zwangere medewerkster op de bontafdeling. Op de vierde etage van het Bijenkorfblok op de Dam zit hij in een kleine, door neonbuizen verlichte ruimte met drie oudere collega's. Hij moet de voorraad bijhouden, inkooplijsten bijwerken, verkooporders noteren. Het is hoogzomer, hij vraagt zich af waar al dat bont naartoe moet. Maar zo gaat het hier altijd, vertelt Remco, een uitgebluste dertiger met coltrui en vlasbaardje die hem wegwijs maakt in de wereld van de dierenhuiden. In de zomer wordt de wintercollectie gemaakt, de naaiateliers draaien overuren, modellen staan met nertsmantels in gekoelde studio's voor een landschap van spuitsneeuw.

Op Reubens bureau liggen elke dag nieuwe stapels A4'tjes met cijfers die handmatig moeten worden overgenomen in een grootboek, daarna door de perforator moeten en dan in dossiermappen verdwijnen. Hij ontdekt dat de winstmarge op een bontjas vaak meer dan vierhonderd procent is, ze hoeven twee verdiepingen lager maar drie jasjes in de maand te verkopen om de hele afdeling te laten draaien. Op het kantoor heerst de gezapige rust van een gemeentehuis: niemand wordt afgerekend op behaalde targets, de salarissen worden keurig op tijd betaald, het eten uit de kantine is gratis. In de lunchpauzes vouwt hij servetjes om de sandwiches – voor thuis. Als hij tijd overheeft gaat hij naar de bontkluis in de kelder. Daar hangt een telefoon aan de muur waarmee je naar buiten kunt bellen. Dat zal wel niet gratis zijn, maar wie komt dat te weten?

~

Vanaf Hilversum Mediapark is het tweehonderdvierendertig passen. Achter hem liggen de omroepgebouwen tegen de heuvel als een bastion van slechte smaak. Om de hoek, op de Naarderweg, wacht het huis met de teakhouten stoelen in de achtertuin.

Zijn moeder doet open. 'Ik ben blij dat je er bent, na de vorige keer dacht ik, nou ja, maakt niet uit wat ik dacht, maar er zijn veel dingen gezegd waarvan ik, enfin kom binnen, kom dan toch binnen.' Hij loopt achter haar aan de gang in. Binnen ruikt het vaag naar afval. Ze draagt een gaasachtig lijkwit huisgewaad. 'De verpleging is net geweest, er is nog koffie. Wil je een kopje of een mok?'

Hij schudt zijn hoofd, verpleegkoffie kan hem niet bekoren. Met een glaasje water gaan ze in de achterkamer zitten. Zijn moeder knikt naar de gestalte in de tuin.

'Hij heeft niet zo'n goede dag, vandaag. Eergisteren hadden de buren een barbecue, heel veel lawaai en housemuzak en verbrand vlees, we hebben zelfs de politie gebeld toen ze om elf uur het volume verder omhoogdraaiden omdat papa de tuinslang door de schutting had gestoken en de kraan openzette. Ik had het niet gezien, blijft een raadsel hoe hij dat voor elkaar heeft gekregen met zijn wagentje over het gras, enfin, politie niet gekomen natuurlijk, maar gisteren de hele dag bezig geweest met verzekeringen en weet ik niet wat nog meer, want de geluidsapparatuur was nat geworden en wij weigeren natuurlijk dat te betalen. Je vader is nog steeds woedend.'

Reuben staart naar de man die – met zijn rug naar het tuinraam – in zijn stoel midden op het gazon zit, als een auto die is achtergelaten na een misdrijf. Aan de ene kant zijn de poten een stukje weggezakt, waardoor de stoel scheef staat. Hij lijkt het niet erg te vinden.

'We worden gesteund door de hele buurt hoor, in elk geval tot aan de kruising, waar die Braziliaanse familie woont – daarna wordt het toch allemaal een beetje diffuus. De huisarts is ook nog even geweest, voor de zekerheid, en heeft hem boven op de gewone bloedverdunners nog iets extra's gegeven, geen idee wat, maar er zit denk ik ook iets kalmerends in, want hij staat al sinds vanochtend daar op het gras en heeft eigenlijk niet bewogen. Soms ga ik even kijken of hij nog ademt. Wil je een bokkenpoot?' Ze schuift een verpakking van hard cellofaan naar hem toe met langwerpige amandelkoekjes.

Nee, daar heeft hij niet zo'n trek in.

'Enfin, dat ben ik wel van hem gewend, het komt weleens voor dat ik 's avonds in bed lig en denk, hemel er klopt iets niet, en dan zit hij doodgemoedereerd nog in de kamer naar de herhalingen van het journaal te kijken. Hij doet dan of-ie het helemaal niet erg vindt dat ik hem vergeten ben. Ga lekker je eigen gang, zegt-ie. Dat hebben we toch altijd gedaan?'

Ja, denkt Reuben, dat hebben jullie altijd gedaan. Maar hij wil de ruzie van de vorige keer niet herhalen, daarom zegt hij: 'Het gaat dus beter met hem? Met articuleren?'

'Niet echt. Maar ik kan hem prima verstaan, hoor.'

Twee jaar geleden is zijn vader met vervroegd pensioen gegaan. Koud een week nadat ze terugkwamen uit Nigeria – of was het Liberia? – wilde pa, geïnspireerd door het mistige Nederlandse najaarsweer, met alle geweld in z'n eentje een vistochtje maken op de Ankeveense Plassen. Werphengel, schepnet, emmer, lunchpakket, regenpak, pot met regenwormen, viskit met loodjes, kunstvliegen, reservemolen, klapstoeltje. Door alle troep kon hij zich in het bootje nauwelijks roeren, bij het vastpinnen van het aas was hij uitgegleden, hoofd bezeerd, hartstilstand, zuurstofgebrek. Of misschien was het hartstilstand, uitgegleden, hoofd bezeerd, want dat kon ook, zeiden de artsen. Oorzaak en gevolg konden in dit geval van plaats wisselen. In ieder geval had hij daar te lang op de bodem van het sloepje gelegen, tussen de wormen. Onmachtig om zich te bewegen, als een vooruitblik van hoe het straks zou zijn, als-ie echt dood was.

Op een gegeven moment werd hij ontdekt door iemand van Natuurbeheer, het AMC was gelukkig vlakbij, en sindsdien zat hij dus in zijn tuinstoel, samen met zijn halfzijdige verlamming. Het is triest om te zien, maar Reuben heeft niet alleen medelijden. Door het zuurstoftekort is zijn vader ook onbereikbaar geworden voor de zoon die vol vragen en verwijten zit. Soms, in een opwelling, neemt hij de trein naar Hilversum. In het begin heeft hij wel geprobeerd om te communiceren met zijn licht kwijlende verwekker, maar tegenwoordig laat hij het maar zo. Waarschijnlijk weet Henk het niet eens dat zijn zoon nu naar hem zit te kijken. Het geeft niet. Reuben is hier voornamelijk voor zijn moeder, zodat er af en toe iemand is waar ze tegenaan kan praten.

'Ik zeg dus tegen hem, Henk, hoe heb jij die tuinslang bij de schutting gekregen? En weet je wat-ie zei? Lag er al. Niet waar natuurlijk. Hij heeft gisteren ook geen avondeten gehad, ben ik heel consequent in. En nu zit-ie dus boos in de tuin.'

'Mag hij ook geen kopje koffie?'

'Ben je mal. Heeft hij helemaal geen zin in. Nee hoor, straks gaan we samen wat eten. De witlof met ham en kaas staat al in de oven.'

Zijn moeder was de enige die de klankcombinaties van haar man kon duiden. Het gaf haar tegelijkertijd een vrijbrief om haar bedilzucht naar hartenlust te exploreren: hij wil geen koekje, of wel Henk? Nee, zie je? Wil-ie niet. Liever een rauwkostsalade, hè?'

Henk gromde dan 'Hmwah', of 'Hmwagh' en dat kon van alles betekenen, maar meestal besteedde niemand daar veel aandacht aan en kreeg hij wat zijn vrouw het beste voor hem vond: een bordje rauwkost.

Het zou kunnen, bedacht Reuben, terwijl hij naar zijn moeder luisterde, dat Henk het wel best vond, in zijn eentje op het gazon of voor de nachtelijke herhaaluitzendingen. En de ongekookte groente accepteerde als een gegeven. Al was het alleen maar om even af te zijn van haar gekwek.

Het huwelijk dat zijn moeder destijds zo graag had willen redden, was dat van een onbezorgd expatkoppel dat de handen vrij wilde hebben voor alle leuke dingen die het Midden-Oosten te bieden had. En als hun zoontje op bezoek kwam, gingen ze expres *niet* duiken in de Rode Zee, hoewel ze hadden kunnen weten hoe leuk hij dat gevonden zou hebben. Reuben zag in dat hij niet het product van hun huwelijk was, maar de oorzaak, en dat ze hem dat, onbewust, altijd hadden kwalijk genomen. Een scheiding tussen deze twee mensen was honderdduizend keer beter geweest dan de tot niets verplichtende relatie die ze met hun kind in stand hadden proberen te houden. In plaats van eerlijk waren ze fatsoenlijk gebleven, met niet-gemeende afscheidskussen op hete, internationale vliegvelden en soms een huichelstomp van zijn vader. Het was niet meer dan logisch dat zijn moeder nu wraak op Henk nam omdat het hartfalen tijdens dat vermaledijde vistochtje alle andere uitjes voorgoed onmogelijk had gemaakt.

Na een uur is hij op de hoogte van alle stommiteiten die zijn vader de afgelopen week heeft begaan en weet hij ook hoe vaak de Braziliaanse familie verderop hun afval op de stoep zet en hoe dat ruikt. Hij laat zijn ouders achter in de tuin, terwijl zijn moeder Henk kleine hapjes witlof voert. De ham en kaas, vermoedt hij, houdt ze voor zichzelf.

~

Vanuit de bontkluis spreekt hij voor de zoveelste keer in bij Marcel: 'Gozer, ik begrijp er dus de ballen van, dat ik niets van jullie hoor. Heb ook geen nummer van de productie, niks. Misschien hebben ze het draaischema van de film wel gestuurd, ik heb geen idee, mijn hospita weet ook van niets, ik bedoel, er raakt weleens wat post weg, en ja, ik ben natuurlijk op vakantie geweest maar meestal legt ze wel een stapeltje neer. Tenzij het is meegenomen door dat rare wijf van tweehoog, kan natuurlijk, maar aan de andere kant: wat moet ze ermee? Luister, het is niet mijn gewoonte om iemand op z'n privénummer te bellen, maar die meid bij jullie op kantoor kan mij niet luchten of zien, ze doet elke keer net of ze me niet kent, en ik heb ook m'n trots. Ik dacht: je gaat me wel bellen toen ik laatst m'n kop naar binnen stak, maar nee hoor. Dan denk ik, wat gaat er dan helemaal door je hoofd, klojo. Snap je dan niet in wat voor situatie ik zit? Ik heb de hele maand vrijgehouden voor *De Man*, volgens afspraak. Dan laat je toch even wat van je horen, als het schema opschuift? Ik weet eerlijk gezegd niet of ik hier nog langer zin in heb. Augustus en september zitten voor mij al zo goed als vol, ik heb een paar doorbraken gehad, en mijn privéleraar wil eigenlijk dat ik me nu voor honderd procent op mijn ontwikkeling focus. Dus sorry makker, moet ergens een lijn trekken. Ik stap er dus uit. Er zijn vast een dozijn leuke gozers die mijn rol kunnen spelen, ik denk niet dat Paul er lang wakker van zal liggen, maar van jou valt het me wel een beetje tegen. Als je me nog wil bellen, weet je me te vinden.'

Als hij later de inkooporders bijwerkt, bedenkt hij dat hij Marcel eigenlijk geen vriend kan noemen. Wat hebben ze feitelijk uitgewisseld behalve wat grappen over het acteervak? Hij weet niet eens waar de castingassistent woont. Dat enthousiaste vastgrijpen waardoor je het gevoel krijgt dat je heel speciaal bent, doet hij weliswaar bij iedereen, maar toch had Reuben altijd de indruk dat hij dat bij hem echt meende. Kan hij zich zo vergissen? Wat nou als Marcel hem echt bijzonder vindt? Verbreekt hij dan nu misschien het laatste dunne draadje waarmee hij kans maakt op een rol? Wat nou als Marcel de hele tijd zijn best voor hem heeft gedaan maar gewoon overruled werd door de regie? Zouden zijn berichten wel aankomen? Stel dat zijn antwoordmachine stuk is? In de theepauze neemt hij snel de lift naar kelder, belt in de kluis naar het kantoor van RSC en vraagt naar Marcel.

'Die werkt hier niet meer,' zegt het sluitingstijdmeisje.

'Hè? Sinds wanneer?'

'Sinds gisteren. Met wie spreek ik?'

'Met Reuben.'

'Reuben wie?'

'Bierkwiek. Maar ik begrijp het niet. Waarom is hij weg?'

'Daar kan ik helaas niets over zeggen.'

'Is Ursul aanwezig?'

'Meneer Rhuggenaath is momenteel niet beschikbaar.'

'Wil je vragen of hij me terugbelt?'

'Wat is uw nummer?'

Hij geeft het, gedwee. Hoewel hij weet dat het in de kaartenbak komt met 'niet bellen'.

~

Het lukt hem niet om het Bambi-moment te herhalen, ook niet wanneer hij alle oefeningen twee keer doet. Hij probeert de ontlading op te roepen die hem de vorige keer overspoelde, maar het gaat niet. Op handen en knieën roept hij naar Elias' tapijtje, maar het klinkt hol en vals. Hij trekt zijn ruggengraat afwisselend hol en bol, paard-in-de-wei. Maar er komt niets. Rhuggengraath, rhuggenzaath, denkt hij, ritmisch en dwangmatig.

Hij schaamt zich voor zijn onoprechtheid en kan het Elias eigenlijk niet kwalijk nemen als hij de les eerder dan gewoonlijk beëindigt. De volgende keer, neemt hij zich voor, zal hij zich beter voorbereiden. Maar in de gang, op weg naar de deur, zegt zijn leraar: 'Reuben, je hebt inmiddels een klein fortuin uitgegeven aan privélessen. Ik heb enige bewondering voor je doorzettingsvermogen, maar ik denk niet dat we veel verder komen.'

Reubens hand, al op weg naar de kapstok, blijft in de lucht zweven.

'Het spijt me. Maar je zit helemaal op slot.'

'Ik was vandaag–'

'Niet alleen vandaag. Altijd. Er zijn wel een paar momenten geweest dat ik iets van een kern zag, maar dat waren incidenten. Niets van wat we ontdekten bleek herhaalbaar.'

Hier is hij bang voor geweest, al sinds Elias aankondigde 'het nog even aan te zien'. Hij slikt, kijkt naar het affiche van de marmeren voeten zonder benen. Nederigheid. Overgave. Toewijding. Hij heeft dit allemaal zo goed mogelijk in praktijk gebracht. Wat is er verkeerd gegaan? 'Op slot?' stamelt hij.

'Eigenlijk is dit niet juist. Een slot impliceert dat er misschien een sleutel gevonden kan worden. Ik zal het anders zeggen: voor zover ik het kan beoordelen, is er geen sprake van een slot. Ik denk dat er bij jou helemaal geen deur is.'

'Geen deur?'

'Op zich is dat niet zo erg. Het ontbreekt bij meer mensen.'

'Ik heb problemen,' fluistert Reuben.

'Dat klopt, en ook dat deel je met veel anderen, hoewel ik vermoed dat jouw issues wat gecompliceerder zijn dan doorsnee. Kijk, als je geoloog had willen worden, of chefkok, maakt het niet veel uit hoe je persoonlijke hang-en-sluitwerk is. Je kunt vanbinnen zo ingewikkeld zijn als een neutronenversneller, maar dat zegt niets over het onderzoekswerk dat je verricht of de kwaliteit van je boeuf bourguignon. Je kunt als een atoomschuilkelder door het leven gaan zonder dat het iemand opvalt. Maar jij wilt acteur worden. Dat betekent niet alleen dat je deuren op de goede plek moeten zitten, maar ze moeten ook makkelijk open kunnen, je hele inboedel moet erdoor passen, snap je? Het is belangrijk dat de wind vrij spel heeft. Impulsen, emoties, ingevingen, alles moet kunnen doorwaaien. En dat kan bij jou niet. Je verzet je ertegen. Terwijl je het juist leuk zou moeten vinden:

tocht, ramen tegen elkaar open. Je zou je hele hebben en houden op straat moeten willen gooien, al je zielenroerselen, je meest intieme geheimen. In die zin lijkt acteren op prostitutie. Als de regisseur wil dat je je broek uittrekt, doe je dat met plezier. Zonder na te denken. En dat is bij jou de moeilijkheid. Je zit veel te veel in je hoofd. Er staat een muur om je gevoel.'

'Ja, natuurlijk. Ik begrijp het.'

'Eerlijk gezegd denk ik niet dat je het begrijpt. Niet werkelijk.'

'Jawel, ik denk te veel. Ik ben dat aan het verbeteren.' Reuben staart naar de grond. Elias ziet er geen gat meer in. 'Misschien moet ik twee keer per week komen.'

'Sorry, dat zal geen verschil maken.'

Het klinkt allemaal verschrikkelijk definitief. Hij legt een hand op zijn leraars arm. Volg je impulsen. 'Misschien is het een kwestie van perspectief,' zegt hij. 'Misschien, met een andere blik, zie je dat de muur die om me heen staat, niet echt is.' Hij beweegt zijn vingers. 'Dat het meer een knuffelmuur is, zeg maar.'

Elias trekt een voorhoofd vol rimpels.

'Wat ik zeggen wil, is dat de dingen soms anders zijn dan ze lijken. Dingen die hard schijnen, blijken zacht. En omgekeerd.' Hij kijkt zijn privédocent nu recht aan. Hij is bang. Maar angst is er om overwonnen te worden. Spring in het diepe.

'Dat is een interessante beeldspraak, maar even voor de zekerheid: wat bedoel je daar precies mee?'

'Ik denk dat je dat wel weet. Wie liep er onlangs in een kimono rond terwijl die iemand helemaal niet ziek was?'

'Hè?'

'Een hele monoloog over de ontstaansgeschiedenis van het theater, heiligdom zus, priesterschap zo, maar ondertussen wel je gewaad toevallig laten openvallen.' Hij verplaatst zijn hand.

Elias houdt hem tegen. 'Wacht even. Vind jij me aantrekkelijk?'

'Heel erg.'

'Sorry. Daar geloof ik niets van.'

‘Dat komt doordat ik nog niet goed kan acteren. Dat moet jij me leren. Desnoods kom ik iedere dag.’

‘Ik wist niet dat jij op mannen viel.’

‘Soms wel.’

‘Reuben, je bent nog jong, en ik zal je daarom dit onhandige gedoe vergeven. Mijn opmerking over prostitutie dien je niet letterlijk op te vatten. Ik bedoelde daar alleen mee dat een acteur bereid moet zijn om zich te geven. En dat hij daarvoor betaald wordt. Dat zijn de enige twee overeenkomsten met het neuken-voor-geld-beroep. Seks speelt hier geen rol in. Het betekent dus niet dat hij zich als een hoer moet gaan gedragen. Overigens past dit wel bij een kant van je die ik langzamerhand beter ben gaan begrijpen. Je hebt soms iets van een berekenende robot, deze hand op mijn mouw is daar een voorbeeld van. Dit zou dus wat jou betreft het begin moeten zijn van een soort ruilhandel, maar datgene waar jij naar zoekt, is bij mij helaas niet te koop. Verder is je beoordeling van mijn slaapkamergarderobe onjuist. Ik heb me vrij en ongedwongen opgesteld, dat wel. Ik heb je de oorsprong van het acteren proberen uit te leggen en als je daarbij meer oog hebt gehad voor het daglicht op mijn voortplantingsorgaan, dan heb je op de verkeerde dingen gelet. Dat jij iets zou zien in een kale oude nicht zoals ik, is volstrekt ongeloofwaardig en ik vind het een belediging voor mijn intelligentie en van onze leraar-leerlingrelatie dat je überhaupt overweegt dat ik op zo’n manier misbruik van je zou maken. Zelfs als ik me tot je aangetrokken had gevoeld, zou het een bedenkelijke en ongelijkwaardige bedoeling worden, maar dat terzijde. Bottomline: vandaag heb jij je laatste les van mij gekregen, maar je hoeft deze niet te betalen.’ Hij deed de voordeur open om hem uit te laten. ‘Het ga je goed.’

‘Godverdomme, Elias. Dit was niet de afspraak.’

‘Sorry?’

‘Je hebt zelf een advertentie gezet. Voor acteerlessen. Als je het me niet kunt leren, ben je een slechte leraar. Misschien moet ik mijn geld wel terugvragen.’

'Misschien moeten we deze kant niet op. Laten we in goede verstandhouding afscheid nemen.'

'We hebben helemaal geen goede verstandhouding. Jij hebt een mooi appartement in het centrum van de stad met posters aan de muur van de voorstellingen waar je in gespeeld hebt. Je bént iemand. Als jij in De Kring komt, weten de mensen hoe je heet. En straks doe je deze deur achter me dicht en denk je waarschijnlijk: hoofdstuk Reuben Bierkwiek gesloten. Maar het is nog lang niet uit, dat hoofdstuk. Ik ben nog maar net begonnen. Jij kunt je strakgelakte appartementsdeur dichtdoen, maar voor mij gaat het door. Ik kan dit niet accepteren.'

'Ik vrees dat je geen keus hebt. Je kunt me moeilijk dwingen je les te blijven geven.'

'Wie heeft het over dwingen? Ik wil dat jij in me gelooft.'

Elias is even stil. 'Lieve jongen, ik kan je dat niet geven, zelfvertrouwen. Ik ben geen therapeut, dat heb ik al gezegd. Je hebt me ingehuurd om je iets te leren. Ik heb dat geprobeerd, langer dan ik feitelijk van plan was, maar ik zie geen aanknopingspunten. Je bent ongeschikt voor het vak. Het spijt me echt heel erg.'

Later wordt het hem dus talloze keren gevraagd: hoe dat ging, zijn start als castingdirector. Zijn antwoord heeft een paar keer als kop boven een artikel gestaan: ik had geen talent voor acteren. Het is een goede zin. Snedig, met de juiste dosis understatement. Er klinkt een laconieke bescheidenheid door over het castingberoep. Hij zal dit zo vaak zeggen en er zo hard bij grijnzen, dat hij na verloop van tijd de wanhoop en paniek zal vergeten die bezit van hem namen toen Elias inderdaad de deur van acaciafineer achter hem sloot. Een tijdje staarde hij besluiteloos naar de groeiringen. Zijn ex-leraar had ongelijk, hij voelde wel degelijk iets. Schaamte, woede, schaamte, woede. De vernedering had niet groter kunnen zijn. Hij is dubbel afgewezen.

Maar het is niet het einde. Het is het begin. Hij gaat niet opgeven. In hem gist de lava. Hij zou hier in het trappenhuis tegen alle deuren willen trappen om het aan de wereld te laten weten. Hij laat zich niet afschrijven. De tweederangs theaterpaljas die hier woont heeft geen benul van talent. Het mag bij hem misschien verborgen zitten in ondergrondse aardlagen, maar dit betekent niet dat het er niet is. Hij trapt tegen de deur van de slechtste toneelleraar van Nederland. 'Ik heb het wél!' schreeuwt hij. Zijn stem galmt door het portaal. Het maakt hem niet uit. Wie zou hem beletten als hij zijn gal hier tegen de hoogglanslak spuwt? 'Wél! Ik heb het wel!' brult hij tegen de muren. Als hij een verdieping lager een deur hoort opengaan, stormt hij de trap af. 'Hij denkt dat ik het niet heb!' roept hij naar een verschrikt muisgrijs vrouwtje. 'Boven je woont een oplichter! Hij heeft me maandenlang zogenaamd lesgegeven. Maar niets geleerd!'

'Ik bel de politie.'

'Ja, doen! Ze moeten 'm oppakken, die charlatan. Berechten voor misleiding. Afvoeren naar een Huis van Bewaring. En dan dagelijks penetreren in de douches.'

Het mensje kijkt hem verwilderd aan. 'Er wonen hier mensen,' fluistert ze perplex.

'Ja, dat is het juist. Jullie moeten hier weg. Jullie buurman is een misdadiger.'

Achter hem klikt een slot. Boven zich hoort hij stemmen. 'Iedereen evacueren!' schreeuwt hij wanneer hij de resterende twee trappen afrent. 'Kut, kut, kut!' Dan staat hij op de Weteringschans. Het verkeer raast voorbij. Hij springt opzij voor een passerende fietser. Alle remmen los, maar hij realiseert zich dat er elk moment een politieauto voorbij kan rijden en – belangrijker – dat Elias waarschijnlijk voor het raam staat te kijken. Op de vluchtheuvel bij de tramhalte maakt hij zijn riem los, trekt zijn broek en slip naar beneden, bukt naar het stoep en toont het gebouw met haar verdoemde bewoners zijn blote billen.

Strijdbaar en opgewonden fietst hij naar huis. Maar in de Van Woustraat zakt langzaam de adrenaline en als hij zijn zolderkamertje binnenkomt staat hij een tijdje apathisch voor het kleine aanrecht. Zou het kunnen? Zou er een minuscule kans zijn dat Elias een heel klein beetje gelijk heeft? Het is de eerste stap op het hellende vlak van de twijfel, in de verte gaapt het ravijn van de talentlozen, het armageddon der amateurs. Om toch vaste grond onder zijn voeten te houden drinkt hij eerst de resterende biertjes op uit het kratje in de dakgoot, dan de wodka, en als alles leeg is ook het flesje kirsch dat hij ooit heeft gekocht voor een kaasfondueplan dat nooit is uitgevoerd. Hij vindt vijf interessante advertenties. Drie in *Het Parool*, één in *Toneel Theatraal*, en één op het prikbord van de avondwinkel waar hij een nieuwe fles wijn koopt. De volgende ochtend verschijnt hij verdoofd en een uur te laat op zijn werk. Na drie kwartier stompzinnige verkoopstaatjes invullen, wappert hij met een bestellijst naar Remco. Er zijn een paar dingen die hij hoognodig moet controleren in de voorraad. Zijn leidinggevende die over een eindeloze variatie coltruien lijkt te beschikken, vindt het goed. Beneden in de bontkluis belt hij de nummers uit de krant. De eerste is een antwoordapparaat dat hem meedeelt dat de inschrijving voor een driemaandscursus op de Acteursschool achthonderd gulden kost. Bij het tweede nummer krijgt hij een man aan de lijn met een vriendelijke stem die hem vertelt dat er inderdaad nog een plekje vrij is in zijn lespraktijk. Vanwege zijn baan moet het in de avonduren, zegt Reuben. 'Dat is geen enkel probleem, iedereen is welkom.'

'Misschien wil ik meerdere avonden per week, zou dat kunnen?'

'Dat hangt van je uithoudingsvermogen af. Kan zwaar zijn, hoor.'

'Ik heb al vrij lang les gehad. Met een paar doorbraken.'

'Dat is mooi. Bespeelt u een instrument?'

'Nee, hoezo?'

'In verband met de soepelheid. Hoe is uw hoofd-handcorrelatie?'

Hij keek naar de bontmantels die op kleur en soort in de rekken hingen. 'Daar is niets mis mee, geloof ik.'

'Kunt u links en rechts onafhankelijk van elkaar bewegen?'

'Waarom is dat belangrijk?'

‘Ik moet toch weten of u gevorderd of een beginner bent?’

‘Gevorderd. Ik weet echt al het een en ander van het acteervak.’

‘Juist. Hebt u de pinda-oefening gedaan?’

‘Ik weet niet wat dat is.’

‘Kunt u met links pinda’s in een vierkant leggen terwijl u met rechts een hexagram tekent?’

‘Nooit geprobeerd.’

‘Van wie hebt u les gehad?’

‘Elias Zand.’

‘Aha. Heeft die niet vroeger bij dat gezelschap uit Den Haag gespeeld? *De Perzen*?’

‘Inderdaad.’

‘Ik wist niet dat hij ook poppenspeler was. Leuk om te horen. De meeste mensen denken er zo simpel over: bijvoorbeeld dat de pop een archetype is aan een touwtje. Dat is een groot misverstand. Het is een karakter. Dat tot leven komt middels een draad. Die verbindingen moet u zien als energiebanen: via uw hand brengt u leven en magie over. Omdat we slechts twee handen hebben, kent die overdracht ook meteen een maximum. Het is daarom heel belangrijk dat ze onafhankelijk van elkaar kunnen bewegen. Maar goed, dat zal Elias u allemaal al wel uitgelegd hebben. Als u de pinda-oefening echter niet beheerst, zullen we ons eerst concentreren op monotransfer.’

Monotransfer in je hol, denkt Reuben en hij verbreekt de verbinding.

Nummer drie was ook een misser: een gesjeesde student kunstgeschiedenis, niet veel ouder dan hijzelf, die een voorstelling in het Universiteitstheater had geregisseerd.

‘Maar één voorstelling?’ vroeg Reuben.

‘Ja. Ik had er maar één nodig. Heb je ’m gezien?’

‘Ik ben nog nooit in het Universiteitstheater geweest.’

‘*Tout* Amsterdam stond er anders voor in de rij.’

‘Ik heb een tijdje in het buitenland gezeten.’

'Aha. Nou, kijk. Acteren is helemaal niet moeilijk. Iedereen doet er altijd vreselijk gewichtig over, maar ik heb een shortcut ontdekt. Het is echt heel simpel.'

'Hoezo dan?'

'Dat ga ik je natuurlijk niet over de telefoon vertellen. Het is een mindset. Ik kan het je in een week leren.'

'Eén week waar de Toneelacademie vier jaar over doet?'

'Daar weten ze ook dat je het in een paar dagen kan leren. Alleen dat vertellen ze je niet, want dan kunnen ze de opleiding sluiten. Ze doen dus ingewikkeld en houden je ondertussen bezig met dictie en theatergeschiedenis en schermen. Doe je aan yoga?'

'Nee, sorry.'

'Het maakt het wel makkelijker. Tai chi, misschien?'

'Ook niet.'

'Begin dan daarmee. Je moet wel een beetje ervaring hebben met uittredingen.'

Reuben gaf geen antwoord. De klimaatregeling zoemde. 'Met wat?'

'Met transcendentie, helikopterview, dat soort dingen.'

'Goed, duidelijk. Ga ik over nadenken.'

De kamfer in de kluis begint op zijn keel te slaan. Het volgende telefoonnummer hoort bij een zware stem met een noordelijk accent. Een trainer op de politieschool. 'We leiden mensen op voor verschillende vormen van rollenspel. Dader-slachtofferconfrontaties, problemen bij demonstraties, verzet tijdens arrestatie, optreden bij brand, *crowd control*, omgaan met beledigingen en vernederingen. Niet makkelijk.'

Reuben legt uit dat het niet echt is wat hij zoekt.

'Ik snap het. Het is ook niet voor iedereen. Je hebt improvisatietalent nodig, flexibiliteit, incasseringsvermogen.'

'Dat lijkt me allemaal geen probleem.'

'Wat is het dan? Het is acteren op z'n rauwst. De situaties zijn waarheidsgetrouw. Geen geneuzel. Echte mensen.'

Wat is dan inderdaad de moeilijkheid? denkt Reuben. Waarom wil hij geen les van deze trainer? Hij weet het niet. 'Dank u wel', zegt hij, 'ik bel u misschien nog later terug.' Hij hangt op en probeert het vijfde nummer. Hij heeft dit voor het laatst bewaard, omdat hij hier het meest van verwacht. Iemand die een oproep zet in het vakblad van theatermakers moet volgens hem wel iets te melden hebben. Maar de adverteerder uit *Toneel Theatraal* neemt niet op. Met elke wegstervende toon verdwijnt er meer houvast. Als de ingesprekstoon ten slotte klinkt, lijkt het alsof er een alarmbel in zijn oor afgaat: als hij niet snel een leraar vindt, is hij verdoemd.

Boven ontwijkt hij de kritische blik van Remcoltrui: hij is al met al bijna een uur weg geweest. Om uit de buurt van de naderende depressie te blijven, stort hij zich op de kwartaalcijfers. Hij telt alle vossen, chinchilla's, wasberen en geschoren nertsen bij elkaar op en trekt ze af van de voorraad, zet de uitstaande orders voor persianer en eekhoorn netjes in de weekstaat en berekent voor alle artikelen apart de btw. Als het afdelingshoofd zich later die middag over zijn schouder buigt, krimpt hij onwillekeurig in elkaar in afwachting van de schandklap. In plaats daarvan krijgt hij een nieuwe stapel doorslagen. Hij protesteert niet, vindt het zelfs jammer als het half zes is en hij geacht wordt naar huis te gaan. In het nu lege kantoor belt hij nogmaals vergeefs het nummer uit *Toneel Theatraal*, en stapt dan met tegenzin op de fiets. Hij heeft helemaal geen behoefte om naar de Tolstraat te gaan. Op het Leidseplein aarzelt hij even en slaat dan rechtsaf naar De Smoeshaan. Daar doet hij wat hij gewoonlijk doet: hij drinkt te veel, lult overmatig over dingen waar hij geen verstand van heeft, en geeft geld uit dat hij eigenlijk niet bezit.

~

Soms logeert hij bij Fiona. Ze woont bij een meisjesdispuut in de Pijp. In de douche staan zes verschillende flessen shampoo. Er is geen sprake van seks – dat ligt achter hen, op het Fransicus College. Haar gezicht is in de afgelopen twee jaar harder geworden, alsof ze zich al aan het voorbereiden is op de rechtbank. Hij voelt zich niet meer tot haar aangetrokken. Het is wederzijds. Als een seniorenechtpaar slapen ze af en toe zij aan zij in haar twijfelaar. Meestal doet hij geen oog dicht, maar dat vindt hij niet erg. De nabijheid van een warm lichaam verzoent hem voor even met de wereld.

'Stel,' vraagt hij op een ochtend, 'ik laat mijn auto repareren in een garage. Maar de volgende dag trap ik finaal door mijn remmen en klap frontaal op een brugpijler. Is de garagehouder dan aansprakelijk?'

'Als bewezen kan worden dat hij een defect over het hoofd heeft gezien, wel.' Fiona is altijd in voor een pittige juridische casus, ook al is ze net wakker.

'En als ik een jaar Franse les heb gehad van een leraar die helemaal de taal niet blijkt te spreken? Kan ik hem dan voor de rechter slepen?'

'Wat heb je in dat jaar dan gedaan? Bulgaars geleerd?'

Hij ging op weg naar de douche. 'Geen idee. In ieder geval geen Frans.'

'Je zou hem wanprestatie kunnen verwijten.'

'Echt waar?'

'Waarom niet? Je hebt er toch voor betaald?'

Ja, hij had er duizenden kilo's groente voor ingeblikt en geconserveerd. Hij trok zijn onderbroek uit. Naakt stond hij bij de deur.

'Je bent magerder geworden,' merkte Fiona op.

'Het is moeilijk.' Besluiteloos friemelt hij aan zijn handdoek. 'Het zou kunnen dat ik geen aanleg voor Romaanse talen heb.'

'Dan kies je toch Zweeds? Of Swahili?'

'Ik wil Frans leren. Dat is mijn goed recht.' Hij wiebelt zijn tenen. 'Maar wat nou als ik niet verder kom dan *je suis, tu est* en *au revoir?*'

'Is dat erg? Dan ga je toch in een ander land op vakantie?'

'Zo simpel is dat niet. Dan zal ik nooit Sartre kunnen lezen.'

'Dan lees je die ouwe lul in vertaling. Kom op, Reub, er zijn belangrijkere dingen. Ga douchen.'

'Je hebt gelijk.'

'Je kunt zo niet de gang op. Doe wat om.'

Hij gebruikt ze alle zes. Rain Forest, Dark Spirit, Iceblue, Deep Sauna Herbal en twee waarvan de etiketten zijn afgeweekt. Hij kijkt naar het schuim dat tussen zijn voeten naar de afvoer gorgelt.

Zit hij op een dood spoor? Moet hij stoppen met zoeken?

Geurend als een bloemenstal komt hij terug. 'Wat dacht jij toen je me zag in de *West Side Story?*'

Fiona ligt nog in bed. 'Je bewoog heel natuurlijk.'

'Vond je me *goed?*'

'Ik geloof het niet. Maar ik heb er geen verstand van hè.'

'Geloofde je dat ik Bernardo *was*?'

'Ik weet niet wie dat is. Ik zag gewoon een eikeltje uit de vierde die zich in de schoolmusical had ontpopt tot een Panamese straatvechter.'

'Puerto Rico. Hoe vond je m'n accent?'

'Niet op gelet. Luister, ik wist niet dat je bestond. Ik zat in 6 vwo. Ik was niet geïnteresseerd in lagere klassen. Toch viel je me op.'

'Door mijn spel.'

'Iedereen speelde erbarmelijk slecht. Jij ook, volgens mij. Maar je had die energie. Je was net zo'n onderaardse bron met heet water en stoom. Een geiser. Met een mes.'

~

Geehrte Herr Bierkwiek,
Die Vorbereitung ihres Gerichtsverhandlungs i.z. dossier 568/P1985046 wird stattfinden am 30 november von 10.00-11.30 Uhr. Sie werden versucht sich zum Bundesgericht Freiburg zu verfügen, bitte melden Sie sich nach Ihrer Ankunft am Empfang des Abteilungs B.

Hij leest de tekst zonder eerst te beseffen waar het over gaat. Freiburg? Daar heeft hij op het politiebureau gezeten. Hij is niet goed in Duits. Is dit iets nieuws? Of gewoon een formaliteit die te maken heeft met de afronding van het onderzoek? De rode sticker met SOFORT ÖFFNEN! en de adelaar op de poststempel verontrusten hem. Hij dacht dat die allemaal door de geallieerden een kopje kleiner waren gemaakt.

Zodra hij de kans krijgt, glipt hij naar de bontkelder en belt het nummer dat onderaan de brief staat. Hij wordt een paar keer doorverbonden, krijgt ten slotte iemand aan de lijn van wie hij aanneemt dat ze voor het Duitse Openbaar Ministerie werkt, maar hij snapt maar half waar het over gaat. Het enige wat hij begrijpt is dat het erg belangrijk is om op 30 november naar Freiburg te komen. Maar wat heeft dat voor zin als hij de taal niet machtig is? Hij probeert het uit te leggen, dat hij *kein Deutsch sprecht*.

'*Benutze Sie bitte einen Dolmetscher.*'

Ze bedoelt waarschijnlijk een tolk. Maar hoe moet hij daar in godsnaam aan komen? Om de paar seconden hoort hij de zoemtik van de kostenteller waarmee de Bijenkorf weer zestien cent armer is.

'*Ich habe kein Geld für das.*'

De mevrouw in Freiburg is niet onder de indruk. '*Fragen Sie Ihre Anwalt.*'

'*Ich weiss nicht was das ist, ein Anwalt.*'

'*Dann kann ich Sie leider nicht weiter helfen. Ich möchte Sie Unterstützing eines Versicherung empfehlen. Darf ich betonen das es sehr wichtig ist selbst anwesend zu sein am 30 november?*'

Mens, denkt hij, snap dan dat ik onmogelijk om tien uur in Freiburg kan zijn. Waar moet ik de poen vandaan halen voor een hotel? Maar ze heeft al opgehangen voor hij kan protesteren. De belangrijkste vraag ligt nog open: wat gebeurt er als hij deze oproep negeert?

Hij legt het voor bij een rechtswinkel in de buurt van het Hugo de Grootplein. Een zuinig kijkend meisje haalt haar even zuinig kijkende chef erbij. 'Hm, ja. Dit is een officiële dagvaarding.'

'Oké, maar wat moet ik ermee? Het is helemaal in Duitsland.'

'Als u niet verschijnt, wordt er op den duur een internationaal opsporingsbericht geplaatst.'

Hier schrikt Reuben wel een beetje van.

'Het is niet zo dat uw foto meteen bij de benzinestations hangt, maar uw gegevens komen wel in de bestanden bij de politie, grenzen en vliegvelden. U kunt dan worden aangehouden op Schiphol. Of wanneer u een boete krijgt bij fietsen zonder licht.'

'Dus ik moet ernaartoe?'

'Dat lijkt me wel verstandig.'

'Maar ik weet niet waar het over gaat. Of tenminste, het betreft een uit de hand gelopen vakantiegrap.'

'Is daar iets strafrechtelijks voorgevallen?'

'Nee nee, dat niet. Mijn vrienden zijn een paar dagen opgegeven als vermist. Na een dropping waarbij ze verdwaald zijn.'

'Zijn daar gewonden bij gevallen?'

'Ik was me daar niet van bewust. Maar later bleek dat er het een en ander is misgegaan. Ik weet alleen niet precies wat.'

'Iemand aansprakelijk gesteld?'

'Ze wilden mij de schuld geven, maar ik heb al gezegd tegen de Duitse politie dat ik daar echt helemaal niets mee te maken had.'

'Kennelijk denkt de wederpartij daar anders over. Zo te zien is er een juridische procedure aangespannen en dient u zich te verantwoorden.'

De Talkshow

Ze hebben hem laten wachten, in de gang naar de kleine studio.

'De regie heeft een paar dingen veranderd,' kwam het meisje met de ruisnylons hem vlak voor aanvang vertellen. 'U bent nu de afsluiting.'

Reuben is geagiteerd maar glimlacht vriendelijk terug. Zouden ze dat expres doen, dat wachten? Om zijn zenuwen te testen? Was er een ontwikkeling waar hij niets van wist? Waren er kopieën opgedoken?

Ruim een half uur staat hij hier al. Hij heeft de Europarlementariër horen uitleggen dat de EU niet zal toegeven aan de eisen van Groot-Brittannië en luistert nu naar de schrijfster die vertelt waar haar nieuwe roman over gaat: 'In deze wereld vol communicatie kunnen mensen elkaar vaak niet goed verstaan.'

'Je bedoelt?' vraagt Matthias.

'Onze taal is vervuild met overbodige signalen. Te hard, te veel, we moeten terug naar een omgang die eerlijker en puurder is.'

'Jouw hoofdpersoon vindt een nieuwe taal uit.'

'Klopt. Een idioom van cijfers. Hij is er door geobsedeerd, ziet oneindig veel getalsmatige mogelijkheden. Een taalwetenschapper die de taal afwijst, dat vond ik mooi.'

'Omdat hij eigenlijk contactgestoord is.'

En zo ging de flauwekul nog een tijdje door, het leek Reuben een kutboek, hij hoefde straks echt geen exemplaar met een handtekening. Hij moest aan die rare nerd denken, dat vriendje van Lotte, hoe heette hij ook weer? Edward? Wouter? En aan dat snoertje dat al dertig jaar in een broodtrommeltje onder die vleugelnootboom lag, toekomstige archeologen zouden nog een hele kluif hebben om dat te verklaren.

'... ierkwiek.'

Iemand trekt aan zijn mouw. Verderop staat de floormanager druk te gebaren.

'Meneer Bierkwiek, ze wachten op u,' fluisterde de knisperpanty paniekerig.

Automatisch en onvoorbereid doet hij een paar stappen.

De spots zijn fel, alsof hij op een hete julidag een Romeinse arena betreedt. De floormanager wijst waar hij moet gaan zitten. Het is warm in de studio, al snel voelt hij het zweet over zijn rug lopen. De vier rijen publiek rond de ovale tafel kijken hem verwachtingsvol aan, hij is de laatste gast, de uitsmijter, het klapstuk, de dreun op de vuurpijl. Is dit zijn Waterloo? Hij knippert tegen het harde licht.

'Reuben,' begint Matthias zodra hij zit. 'Ik hoor net dat onze taal volstrekt ontoereikend is, maar ik vraag het je toch maar. Ben jij 's Nederlands grootste castingdirector?'

'Ze zeggen het.'

'Hoe is dat zo gekomen?'

~

Vanuit de bontkluis belt hij opnieuw het nummer van het parket in Freiburg. '*Ich kan nicht kommen*,' zegt hij tegen een andere mevrouw dan de vorige keer. '*Zehn Uhr ist viel zu früh*.' Hij is misselijk van de spanning.

Het tijdstip van de zitting kan niet worden verzet, begrijpt hij na veel *nichts* en *unmöglichs* en *keinen falls*. 'Ja maar,' protesteert hij, '*dann muss ich ein Tag früher nach Deutschland kommen, wie bezahlt dann mein Hotel*?' Voor zover hij haar kan volgen, gaat de vrouw daar niet op in, wel heeft ze het voortdurend over *Stücke* en *Akten*. '*Ich habe nichts davon gesehen!*' roept hij, en op dat moment komt Remcoltrui binnen. '*Ich komme so schnell wie möglich nach die Cremationierung*,' besluit Reuben en hij hangt vlug op. 'Mijn oma is onverwacht overleden op wintersportvakantie in Innsbruck' zegt hij. 'Ik moest even ergens privé bellen.'

Remco geeft geen antwoord. Langzaam vouwt hij een A4'tje open. 'Uitgaande telefoontjes Horloges en Sieraden in de afgelopen maand: zes gulden vijftig,' leest hij voor. 'Herenmode: vier gulden vijfenzeventig. Keukenapparatuur: drie gulden veertig. Kampeer en Sport: vijf gulden negentig. Wintermode en Bont: honderddertig gulden en vijfenzestig cent.'

'Ik kan het uitleggen.'

'Dat hoeft niet. Je bent ontslagen.' Hij kijkt als een teleurgestelde vader. 'We hebben het uitzendbureau al gebeld. Daar hoef je ook niet meer te komen. De belkosten en de uren die je hier beneden hebt gezeten, zullen we met je salaris verrekenen.'

Door twee beveiligers wordt hij het pand uit geëscorteerd, als een betrapte winkeldief. Traag daalt de roltrap, klanten bekijken hem met misprijzen. De cosmeticameisjes op de begane grond blikken hem meewarig na. Buiten, op de stoep, voelt hij op zijn rug hun blikken prikken, dwars door het glas van de voorgevel. Hij is ziek van vernedering. Slingerend fietst hij het Rokin af, langs de Munt, Vijzelgracht. Op de Weteringschans neemt hij moeizaam en wankelend de twee trappen, houdt zich met zijn handen in evenwicht op de beide deurposten en kotst dan zijn ziel uit tegen het gelakte acaciahout.

Dit vertelt hij nooit tijdens een vraaggesprek. Naderhand vond hij het zelf ook wel merkwaardig, dat hij dat hele stuk vanaf de Dam het kokhalzen had weten te onderdrukken om ten slotte op de drempel van Elias' huis zijn braaksel achter te laten. Maar later begreep hij dat het een bepaalde logica had: die geelbruine straal en de halfverteerde etensresten – ei, bacon, brood, cornflakes, koffie, cake, zoute drop – tegen de deur in dat keurige woonportaal was gewoon een metaforische apotheose.

DEEL II – PERIPETEIA

5. *Just Another Mission*

Lotte gooide de thermische lans op de grond en keek naar de zware TX 490, een paar meter verder. Het wapen was eigenlijk te groot voor haar, maar ze had geen keus. Als ze nu niet handelde, was alles voorbij. Ze rende door de controleruimte, de camera zwenkte met haar mee en reed in tot een close-up toen ze het lasergeweer optilde.

Ze zag dat er nog maar één implosiegranaat in het magazijn zat. Wie van haar collega's moest ze redden? De navigator lag machteloos naast de besturingsconsole, twee inktvisachtige armen om zijn keel en middel. Het toestel was in een ongecontroleerde daling terechtgekomen. Haar commandant stond met zijn rug tegen de wand van de romp, het vlijmscherpe tentakel van de indringer een centimeter verwijderd van zijn borst. Lottes ogen schoten van links naar rechts. Navigator of captain? Ze wist het niet. Haar vinger verkrampte op de afvuurknop. Captain of navigator?

'Stop,' zei de regisseur. '*Very nice, thank you.*'

Lotte ontspande. Straks zou een stand-in anderhalve meter naar achteren geworpen worden door de terugslag van de TX 490. In het script stond dat er dan een gat in de romp werd geblazen, en iedereen zou naar buiten worden gezogen: het buitenaardse monster, de navigator, de commandant en zijzelf.

Cliffhanger voor de volgende aflevering.

In haar kleedkamer wrong Lotte zich uit haar lycrapakje. Ze sloeg een 'zullen we straks iets gaan drinken-uitnodiging' af. De invitatie kwam van een aardige, donkerogige cameraman, maar ze was te moe. Ze nam de 210 Highway naar huis, langs het strand. Na een hele dag opgesloten te zitten in een studio had ze behoefte aan ruimte. Het scenario van de volgende aflevering had ze tijdens de lunch gelezen, er zat weer een flirtscène in met William, haar *commanding officer* en hoofdpersonage van de serie. Maar daarna?

Ze wist dat er in de *writers room* van alles kon gebeuren, het leek net het echte leven. De schrijvers konden besluiten tot een zich verdiepende liefdesrelatie tussen haar en de captain: het eerste aardse echtpaar in de Melkweg, met een baby op komst en alle verwikkelingen die daarbij hoorden, van een zwangerschapsbuik in een ruimtepak tot een gewichtsloze geboorte. Maar ze wist ook dat er maar één executiveproducer hoefde te zijn die haar te oud of te dik of te mager vond en zij zou worden opgeofferd aan de entree van een nieuw vrouwelijk crewlid; waarschijnlijk een veelbelovende kadet van de ruimtevaartacademie met grotere borsten dan Lotte. Of een introverte wetenschapschick met een bril die dan in twaalf afleveringen onder Williams warme blik kon ontdooien, een beetje zoals het met haar personage was gegaan. Die belofte zou binnenkort dus worden ingelost. Het was allemaal afhankelijk van de doelgroeponderzoeken. Was de serie populair geworden bij dertigplussers? Echtpaar en baby. Namen de kijkcijfers onder een jonger publiek toe? Nieuw crewlid in een spannend pakje.

Na een bocht voegde ze in en de horizon opende zich tot een adembenemend panorama van warme, trillende lucht boven witgekapte golfjes, helemaal tot Japan. Ze parkeerde bij het uitkijkpunt, tussen de huurauto's van de toeristen. De eerste keer dat ze hier gestopt was voor een hotdog, was na haar eerste castingafspraak geweest. Ze was naar Los Angeles gevlogen in de verwachting dat het net zo zou gaan als in Amsterdam, Berlijn of Londen. *Veni, vidi, vici.* Maar Hollywood gaf zichzelf niet zo snel gewonnen. Het eerste jaar: niks. Het tweede jaar: weer niks, afgezien van een gastrolletje in een B-film en een commercial voor draadloze garage-openers.

Ze wist nog hoe opgetogen ze was geweest toen ze werd gecast voor een aflevering van *Just Another Mission*, het betekende bijna acht maanden werk en Marlene was van mening dat 'er toch niks aankwam waar ze zich voor vrij moest houden'. Haar agent was een van de beste bij United Artists en had zich over haar ontfermd na de verhuizing uit Londen. Goed, het was iets anders gelopen dan ze had gezegd, Lotte was geen co-star geworden in de nieuwe film met Tom en ook niet in die met John, maar dat was volgens Marlene gewoon een kwestie van tijd. *Meanwhile* was het belangrijk dat ze zichtbaar bleef, je moest te allen tijde voorkomen dat je kopje-onder ging in de oceaan van de Amerikaanse actrices die wanhopig werk zochten. Verschijnen op screentests was belangrijk, ook als je wist dat je geen enkele kans maakte. Van het een kwam vaak het ander, je gezicht kwam voorbij, producenten en regisseurs wisten dat je *alive and kicking and available* was, er hoefde maar één castingassistentje te zijn die zich je herinnerde en hup, de uitnodiging voor de volgende auditie was binnen. '*If people don't know you still excist, they will forget all about you in a week.*' Met deze zin pept Marlene haar clientèle vaak op voor een nieuwe testronde.

Het afgelopen jaar is Lotte zeven, acht keer komen opdraven, met nul resultaat. Soms, zoals nu op deze parkeerplaats vol fastfood-verslindende vakantiegangers, heeft ze spijt dat ze de regisseur van Clints film heeft afgewezen. Ja, hij was twintig jaar ouder, en nee, ze vond hem niet bepaald aantrekkelijk, maar hij haar wel. 'Sorry, sorry,' had hij gezegd toen ze zich, precies op tijd, bij de receptioniste had gemeld van het gebouw waar het filmproductiekantoor was gevestigd. Hij stond in de hal, golftas over de schouder. 'Lotte, ik weet dat je hier bent voor een reading, maar ik moet helaas weg. Mijn fout. De secretaresse was vergeten dat ik nu een meeting heb met wat financiers.'

'Helemaal niet erg. Maken we toch een nieuwe afspraak?'

'Dat lijkt me het beste. Alleen: dat lukt deze week niet meer, vrees ik. Daarna zit ik een tijdje in Singapore voor de distributie, dus dat wordt dan eind volgende maand, oké?'

Lotte wist dat dit totaal geen zin had. Volgende maand was *Dirty Harry's Requiem* allang gecast.

De regisseur liep naar de uitgang. 'Of je moet zin hebben om onderweg even te kletsen?' Buiten stond een auto te wachten.

'De chauffeur kan je daarna naar huis brengen.'

Uiteraard was ze in die auto gestapt. Op de achterbank kreeg ze een heel verhaal over de problemen van de preproductie, over het moeilijke verloop van de casting, de zoektocht naar het juiste talent anno 1998, het gebrek aan visie bij de producenten, de absurde wensen van Clint, die vaak een bullebak bleek te zijn voor zijn medespelers en ook met alle geweld een stoomdouche en een Italiaanse espressomachine in zijn camper wilde. Het interesseerde Lotte allemaal maar matig. Ze was gekomen om te praten over haar rol van *rookie* naast de ijzervretende inspecteur, die – vrij klassiek – in het begin niets van haar wilde weten, maar gedurende de film langzamerhand een zwak voor haar zou krijgen. In het script was ze een gewone, ambitieuze politievrouw die verder niet nadacht over de orders die ze van de commissaris kreeg, maar het leek Lotte interessant om het karakter een beetje uit te breiden met dingen die Harry/Clint waarschijnlijk vreselijk zouden irriteren: vegetarisch eten, een hondje waar ze voor moest zorgen, een licht pacifistische inslag waarmee ze direct in conflict kon komen met Harry's *trigger happiness* en zijn beroemde .44 Magnum.

Toen ze de oprijlaan van het hotel bij het golfresort opreden, hadden ze nog geen woord gewisseld over het personage dat ze zou moeten spelen. Dat was niet zo erg, vond de regisseur, hij had hier namelijk een suite gereserveerd, dan ging ze toch gewoon even mee naar boven om verder te praten? Lotte was zo overdonderd dat ze 'ja' zei en voordat ze het wist was hij zich aan het omkleden in het verplichte clubtenue en pakte hij haar – halfnaakt – bij de heupen. 'Wat ben je toch mooi,' zei hij. En: 'Je bent zo gespannen, voor Eastwood hoef je echt niet bang te zijn, want ik ben er ook nog en voor mij is-ie als de dood.' Handig draaide ze weg voordat zijn handen haar op het bed konden duwen. Ze wist ondanks haar trillende vingers de deur open te krijgen en vluchtte de gang op. De taxirit terug naar de stad kostte haar nog een vermogen, want die fucking auto van de filmmaatschappij was natuurlijk in geen velden of wegen te bekennen. Nog afgezien van het feit dat ze er toch niet in was gaan zitten.

Sindsdien was haar vertrouwen in producenten en regisseurs verdwenen. Ze besprak het met Marlene, die altijd een heel slagvaardige indruk maakte, maar niet van plan leek om met een klacht naar het productiekantoor of de vakbond te bellen. Laat staan dat ze samen met Lotte naar de politie zou stappen. 'Wat is er dan precies gebeurd, liefie?' vroeg ze. 'Je bent met hem mee gegaan naar een hotel en hij heeft even je heupen aangeraakt. Nou en? *No harm done.*' Lotte begreep hierna dat *agents* dus ook niet helemaal koosjer zijn omdat hun verdienmodel afhankelijk was van de noodzaak een goede relatie te hebben met de filmbobo's. Daar kon je af en toe best een actrice aan offeren, want die waren er *plenty*, en goedgezinde studiobazen waren schaars.

Morgen zou ze met Marlene gaan lunchen, Lotte wist van zichzelf dat ze opnieuw niet de moed zou hebben om de fundamentele scheefgroei in Hollyweird op een oprechte manier te bespreken. Het zou blijven bij wat wederzijds geklaag: kutauditie hier, kloteproducent daar, waardeloze zeikscripts zonder vrouwenrollen tussen dertig en veertig. Maar – en hierbij zou Marlene haar perfect gevijlde en beschilderde nagel opsteken – heel misschien, was er volgende maand een opportunity in de nieuwe film van Howard, Soderbergh of een naam die ze niet kende, maar waarover Lotte dan heel enthousiast zou doen. En zo zou ze dan weer een tijdje zoet zijn met hopen op een rol in een mainstreamfilm en intussen braaf twintig cent aan Marlene blijven afdragen van elke dollar die ze verdiende.

~

Ze was destijds met andere verwachtingen de oceaan overgestoken.

LOTTE FEUERSTADT DEFINITIEF DOORGEBROKEN stond er boven een groot artikel in de zaterdagbijlage van *de Volkskrant* in 1989, ruim tien jaar geleden. Het waren achthonderd woorden die geschreven waren door een reporter in vaste dienst, die met zijn pensioen in het zicht na dertig jaar nuffigheid toch nog iets positiefs wilde doen. Het ging over haar zegetocht door de afgelopen twee theaterseizoenen, over een Nina met een magistrale ondergrondse twijfel, en een Ismene die imponeerde door haar kwetsbaarheid, over verbluffend, ontdekking, en zinderend talent, want als je eenmaal begonnen bent met superlatieven, kun je er niet zomaar mee stoppen.

Lotte had de bijlage in een hoek gegooid. Ze herkende zich niet in het verhaal. De werkelijkheid was heel anders geweest. In de maanden na het onderzoek op de Dinkelberg lag ze voornamelijk in bed. Ze kwam er alleen uit voor haar wekelijkse groepstherapiesessie en om haar herhaalrecept Xanax op te halen. Ewout en zij probeerden de draad weer op te pakken, maar er was in Duitsland iets onherroepelijk in de knoop geraakt. Hij was lief en zorgzaam, maar daaronder zaten onuitgesproken vragen over de middagen die ze met Reuben had doorgebracht, de lange gesprekken die ze met hem had gevoerd terwijl de regen langs de ruiten stroomde. Soms probeerde ze Ewout uit te leggen hoe het gegaan was: de vanzelfsprekendheid van het moment, de aandacht die Reuben voor haar had gehad in een periode waarin haar vriendje *Pacman* speelde.

In een machteloze poging het tij te keren, stelde Ewout een paar keer voor met een hockeystick naar de Tolstraat te gaan en Reubens meubilair aan stukken te slaan, maar ze wisten beiden dat ze hiermee de klok niet konden terugdraaien.

Guusje was vertrokken naar Parijs, waar een beroemde oogarts haar zou gaan opereren. Jaap ging naar Milaan voor een uitwisselingsprogramma en Babette had zich ingeschreven voor een workshop Kabuki-theater en overwoog op het platteland te gaan wonen. De ambitie een nieuwe groep te vormen leek verdwenen.

Vlak voor Kerstmis werd ze gebeld door de regisseur van een groot stadsgezelschap die in het nieuwe decennium het werk van de grote Russische schrijvers op de planken wilde zetten, samen met een paar Griekse tragedies. Om te laten zien hoe de verbindingen tussen de antieke – en moderne theatercultuur tot stand waren gekomen. 'Russen & Grieken' heette het meerjarenplan.

Lotte zei 'ja' tegen een tweetal kleine rollen. Wat moest ze anders?

Het was haar eerste ervaring met de beroepspraktijk en al snel merkte ze dat de sfeer van een groot toneelgezelschap anders was dan op de academie. Haar collega's waren voortdurend bezig zichzelf te bewijzen met het oog op toekomstige rolverdelingen. Er werd veel gekletst, tijdens de koffiepauzes, in de bus op weg naar een provinciale schouwburg, op de stoel van de kapster. De hiërarchie in het ensemble was complex en werd bepaald door het aantal dienstjaren vermenigvuldigd met de grootte van je rol en wat je hierna ging spelen, plus of minus het aantal goede of slechte recensies die je had gekregen. Voor nieuwkomers als Lotte was er een simpeler formule: er werd gefluisterd dat haar arbeidscontract horizontaal was geconcipieerd bij de artistiek leider thuis.

Dat was niet zo, maar niemand was bereid naar haar te luisteren. De enige die dat wel deed was Pierre, die ze nog kende uit het cafe. 'Het is,' zei hij, 'voor mijn collega's gewoon moeilijk om te erkennen dat jij je aanstelling te danken hebt aan je talent.'

Lotte wist niet of ze getalenteerd was. Ze probeerde de vrolijke ernst terug te vinden waarmee ze zich voorheen op een toneeltekst had gestort, maar net als de vervlogen plannen voor een eigen theatergroep was er in Schopfheim iets definitiefs het raam uit gewiekt. De twijfel en hulpeloosheid van de karakters die ze uitbeeldde, waren onderdeel van dat gevoel, wat haar betrof had dat niet zoveel te maken met acteren.

'Jawel, dat heeft er alles mee te maken! Laat je inspireren door je emoties, kan niet rotten waar ze vandaan komen!' riep de regisseur waar ze niet mee had geslapen.

'Man, lul niet,' antwoordde ze. 'Ik zit in een depressie.'

'De manier waarop je uit je ogen kijkt. Adembenemend,' fluisterde hij en hij vroeg haar prompt voor de titelrol van een nieuw stuk. Rond dezelfde tijd werd ze benaderd voor een televisieserie die in de zomer zou worden opgenomen. De jubelende kritieken, de titelrol en de serie bevestigden wat eigenlijk iedereen al wist: met Lotte was iets bijzonders aan de hand. Zelf vond ze het allemaal nogal overdreven, ze moest er een beetje om lachen.

Tot het moment dat ze het terugbelverzoek van Rhuggenaath op haar trap vond.

'Gefeliciteerd,' zei het telefoonmeisje bij RSC.

'Waarmee?'

'Met je rol in de serie, natuurlijk.'

'O. Is het allemaal al rond dan?'

'Dat dacht ik. Ik belde namelijk om te vragen of je beschikbaar bent voor tegenspel. We gaan volgende week een paar andere rollen casten. We willen graag kijken naar de chemie.'

'Volgende week. Nee, dan moet ik geloof ik repeteren.'

'Weet je wat? Ik verbind je door. Is dat goed?'

Voordat ze iets terug kon zeggen werd Lotte in de wacht gezet, even hing ze in het vacuüm van de Koninklijke PTT en na een klein klikje hoorde ze zijn stem.

'Goudlokje. Hoe gaat het met je?'

Langzaam zweefde ze door het luchtledige.

'Hallo?' klonk Reuben op de achtergrond.

Haar vinger bewoog traag naar de verbrekingstoets.

'Lotte, kun je me horen? Om te beginnen wil ik zeggen hoe blij–'

Ze keek naar het toestel in haar hand en luisterde naar de lage zoem van de verbroken verbinding.

Nu wist ze het zeker.

Ze kon niet meer in Nederland blijven.

~

Fons sprak met zijn dochter af op neutraal terrein: in een grand-café met een terras aan de Van Baerlestraat. Het was ver weg van haar huis aan de Zwanenburgwal en er was voldoende ruimte om zijn buitenmaatse Mercedes te parkeren. De gebeurtenissen in het Zwarte Woud hadden veel veranderd, hun relatie paste niet meer binnen de lijnen van wat schilderstape. Fons had in Schopfheim alles geregeld met de politie, het ziekenhuis en de verzekering. Hij was de drijvende kracht geweest achter de hele juridische nasleep. Zijn vrouw – onbereikbaar op de Middellandse Zee – had het grootste deel van de culturele reis onwetend afgemaakt, en was in Freiburg niet verder gekomen dan: ach meisje toch, ach meisje toch. Ze had daarna ook Xanax gekregen.

Nu zat Fons tegenover haar. Hij vond dat Lotte er slecht uitzag. Hij deed zijn best om opgewekt en positief te zijn, terwijl ze beiden wisten dat dit geen vrolijk gesprek zou worden. Misschien zelfs een moeilijk gesprek, een ruzie was niet uitgesloten. Ze had Ewout ook uitgenodigd, waarschijnlijk als bliksemafleider. Haar vriendje kwam vijf minuten te laat.

'Sorry,' hijgde hij. 'Ik moet nog wennen aan de afstand, vanuit Oost.'

'Oost?' informeerde hij.

'Ik ben verhuisd.'

'We wonen niet meer samen,' deed Lotte luchtigjes. 'Al een tijdje niet meer.'

'Zijn jullie uit elkaar?'

'Soort van.'

'Ach, wat jammer.'

'Papa. Ik heb een besluit genomen. Ik ga naar Londen.'

Fons had zijn arm omhooggestoken om iets te drinken te bestellen, maar liet 'm nu weer zakken. 'En Ewout dan?'

'Die maakt kans op een geweldige baan bij de Rabobank, hij kan niet weg.'

Fons was in verwarring. 'Maar je hebt toch net een contract getekend? Bij, hoe heet–'

'Ik zou Antigone gaan doen komend seizoen, ja. Maar die rol heb ik teruggegeven.'

Fons wist niet precies wie Antigone was, maar wel dat het om een toneelfiguur ging. Dat vond hij niet per se slecht, je terugtrekken uit een voorstelling. Zijn aversie tegen de Toneelschool was door de gebeurtenissen alleen maar gegroeid, hij had nu met eigen ogen gezien waar die artiesten toe in staat waren.

Lotte, had hij willen zeggen, dat Het Verboden Theater niet is opgericht is voor mij een grote opluchting. Die woorden waren, in samenhang met jou, een combinatie uit de hel. Hij had willen zeggen: ik ben slechts een gewone importeur, maar ik heb altijd het beste voor gehad met de mensen. De Betamax-recorder bijvoorbeeld, is een superieur videosysteem, voor een lagere prijs dan die vermadeldijde VHS-troep. Ik heb altijd op een eerlijke manier zaken willen doen, van het allereerste spreekmeubel dat ik verkocht tot de modernste hifi-installatie. Ik heb nooit iemand iets op de mouw willen spelden, zoals jullie dat in het theater elke avond doen, maar ik ben nu ten einde raad. Ik heb iets gedaan wat niet helemaal eerlijk was, of misschien moet ik zeggen helemaal niet eerlijk, maar het is met de beste bedoelingen gebeurd. Ik heb je hulp nodig, en mogelijk ook die van Ewout, omdat hij met zijn IT-achtergrond als geen ander kan begrijpen dat we op de valreep staan van een nieuwe revolutie. Die heet personal computer, en als ik mijn geld niet al in de vorige omwenteling had gestopt, zou ik daar nu zwaar op inzetten. Daarom denk ik erover om het bedrijf te verkopen en opnieuw te beginnen. Over een paar jaar heeft de pc een centrale plek in elk kantoor of huishouden, en ik weet zeker dat Feuerstadt daar een rol in zou kunnen spelen. Maar ik trek het niet meer in m'n eentje. Ik ben versleten en er zit iets in mijn buik dat er volgens mij niet hoort te zitten.

Maar dat zei hij dus allemaal niet.

Ongeduldig roerde Lotte in haar mixdrankje. 'Ik zou deze zomer een televisieserie gaan doen, met Pia en Loes Luca. Wanneer krijg je nou zo'n kans? Maar dat heb ik ook afgezegd.'

Fons zweeg. Afzeggen vond hij niet erg. Dat betekende dat zijn dochter misschien bij zinnen was gekomen en een ander beroep zou kiezen. Op een rare, morbide manier zou hij dan zelfs dankbaar zijn voor het gedrag van Reuben – die haar daarmee de achterkant van het theater had laten zien.

'Ik heb,' zei Lotte, 'een beurs gekregen voor The Central School of Speech and Drama.'

De glimlach die op Fons' gezicht aan het doorbreken was, bleef steken in een grimas.

'Pap, dit is echt een grote kans. Ze nemen daar niet zomaar iemand aan, laat staan een buitenlander. Ik mag beginnen in de derde, moet alleen nog een examen doen in English Literature.'

'Je hebt dus geld nodig.' Het drong tot hem door dat ze had ingestemd met een ontmoeting omdat ze hulp nodig had. Fons deed zijn best zich te verzetten tegen de deceptie. Hij had gehoopt dat zijn dochter uit de as van de Dinkelberg had kunnen verrijzen, hernieuwd, autonoom, verlost van de misstappen uit het verleden. Nu bleek dat ze gewoon door wilde gaan met die flauwekul, alleen in een ander land. En ze rekende op zijn steun. Hij schudde zijn hoofd. 'Ik weet het niet, Lotje.'

Ze stond op. 'Ik weet het wel. Dit is wat ik ga doen. Met of zonder jouw hulp.' Ze griste haar sleutelbos van tafel en ging op weg naar haar fiets.

Ewout en Fons bleven zitten in een pijnlijke stilte. Er reed een tram voorbij.

Lotte maakte een U-bocht en liep terug. 'Ik vind het jammer en treurig dat je me niet wilt begrijpen,' zei ze tegen Fons. 'Ik heb gekozen voor acteren omdat het me *gelukkig* maakt. Het is het enige wat ik kan. En het is het leukste beroep op de wereld. Ik mag me verdiepen in mensen, geschiedenis, literatuur, kunst, en ze betalen me er ook nog voor. Ik mag spelen als een kind, huilen als een wolf, me aanstellen als een clown, liefhebben als een meisje, ik kom op plaatsen waar jij nog nooit van gehoord hebt; Grootkerken, Opende, Swifterbant, maar ook als ik naar Trondheim of Marrakesh ga, kan ik aan het werk en zal iedereen begrijpen wat ik doe. Ik kan spiegel zijn, paradox, klankbord, priesteres, antagonist, diva, novice, medium, offer. De mensen in de zaal zijn bereid zich door mij te laten meevoeren naar plekken die in het dagelijks leven onbereikbaar zijn. Het verdriet van een wereld, het contact met de metafysica, de duiding van onbegrepen raadsels, het gebeurt allemaal in het theater of de bioscoop. Zelfs de meest platte actiefilm heeft de bedoeling ons te verzoenen met het leven. Waar denk je dat die behoefte vandaan komt? Waarom laat jij containers uit Japan komen met platenspelers, muziekdragers, VCR's en camera's? Waarom zijn die apparaten uitgevonden? Denk jij echt dat die winkelketen van jou enige relevantie heeft vergeleken bij de opera's van Verdi, het toneelwerk van Euripides, de muziek van The Beatles, de films van Bunuel of Visconti, of voor mijn part George Lucas? Jij zit onder je lamp in je directiekamer met grafiekjes en verkoopstaatjes en gelooft dat dat heel belangrijk is, maar dat is het niet. De composities van Bach, de rollen van Meryl Streep, de stukken van Rainald Goetz, de *mind candy* van James Cameron, dát is wat ertoe doet. Zonder dat is er geen Feuerstadt Hivifo. En daarom ga ik naar Londen. Met of zonder toelage, liever zonder eigenlijk. Want ik laat me niet tegenhouden. Niet door jou, niet door Ewout. Door niemand.'

Ze pakte haar fiets en reed woest weg, richting het Concertgebouw. En dat was de een-na-laatste keer dat hij haar sprak.

~

Ewout bracht haar naar Hoek van Holland. Ze wisten allebei dat het vertrek van de ferry een einde markeerde. 'Ik heb nergens spijt van,' zei hij tussen het glas en staal van de terminal. 'Behalve van de Atari.'

Ze omarmde hem stevig. Ze moest een beetje huilen, want een

ticket kopen voor een overtocht is toch wat anders dan de werkelijke afvaart. Ze zag beelden voor zich van kunstenaars aan de reling van vertrekkende oceaanstomers in de jaren dertig en liefdeskoppels die door de opkomst van een duivels regime uit elkaar werden gedreven, maar later, toen Nederland al een kartelrand op de horizon was geworden, schaamde ze zich voor deze gedachte. Ze hield van Ewout, daarover bestond geen twijfel, maar ze waren te lang bij elkaar gebleven.

~

De Central School of Speech and Drama was gevestigd in een saaie baksteenkolos aan de Prince of Wales Road, het leerprogramma was steil, de eisen streng, maar Lotte bloeide op. Ze vond de structuur en de onderkoelde aanpak prettig. Wat ze voorheen op intuïtie en gevoel had gedaan, kreeg in Londen betekenis. Er werd weinig geïmproviseerd. Alles was techniek. En, net als in Amsterdam, was ze overal goed in. Haar medestudenten bekeken haar aanvankelijk met enig wantrouwen, maar concludeerden al snel dat ze ongevaarlijk was: Lottes uitspraak van het Engels was dermate slecht dat ze voorlopig geen bedreiging vormde. *The Dutchy Duchess* werd ze genoemd, want dat ze hier met royalty te maken hadden, zagen haar klasgenoten wel. Het duurde niet lang voordat ze haar eerste vrienden maakte.

De school had voor haar de huisvesting geregeld, en Lotte had geluk met de keuze van haar *roommate*: een klein Aziatisch meisje met een bachelor taalwetenschap op zak dat net op tijd had ingezien dat haar toekomst niet in de letteren lag maar op het podium. Mia was een grappig, feestbeesterig, ondernemend meisje en nergens bang voor. Ze had de energie van een kernraket en sleepte Lotte mee naar alle denkbare buitenschoolse activiteiten, van historische bibliotheeklezingen over Britse poolreizigers tot bierdrinkwedstrijden bij studentendisputen uit Cambridge. Algauw stonden ze bekend als de *Duchess* and the *Demon*, minstens drie vechtpartijen werden dat jaar op hun gang gerapporteerd tussen verschillende heren die met een smoesje toegang probeerden te krijgen tot het meisjesappartement.

Dankzij Mia lukte het Lotte om het dagelijkse foerageprobleem op te lossen – haar ouders bezaten een wokrestaurant bij King's Cross – en toen ze ook een kassièrebaantje wist te bemachtigen in een kleine bioscoop, kon ze met opgeheven hoofd het geld terugstorten dat Fons haar toch was gaan sturen.

Het Projector Theater programmeerde vooral Spaanse en Franse arthousefilms, en als er op een doordeweekse dag twintig mensen kwamen kijken hadden ze een goede avond. Achter de kassaruit van de filmkelder had Lotte dus alle tijd om haar uitspraak te verbeteren.

Met Mia, altijd in voor een geintje – schreef ze zich in bij een agency en schuimde premièrefeestjes af, want zo ging dat in het buitenland volgens haar roommate: op school moet je al beginnen met netwerken.

En zo kon het gebeuren dat Lotte door haar kersverse agent werd voorgesteld aan de castingdirector van Barbara Brocolli. Deze tweeendertigjarige nazaat van het 007-imperium stond op het punt om het stokje van haar vader over te nemen en haar eerste James Bondfilm te gaan produceren. Ze had zich met de ijver van een neofiet op het project gestort, de voorbereidingen duurden al bijna drie jaar. Er was eindelijk een nieuwe, acceptabele hoofdrolspeler gevonden en nu zochten ze nog een overtuigende, mooie en gevaarlijke actrice die een Georgische spion kon spelen. Opeens was Lottes accent een voordeel. De ontmoeting met Barbara verliep rimpelloos, Lotte zag veel overeenkomsten in hun gezamenlijke achtergrond, per slot van rekening verschilde een filmproducentenvader niet heel veel van een vader die hifi- video- en fotoapparatuur importeerde. Alle seinen stonden op groen, de twee wisselden privénummers uit en alles leek op rolletjes te lopen totdat de regisseur besloot dat de geheim agente uit Georgië zwartharig moest zijn. Goed-kwaad, dag-nacht, hij kon het allemaal uitleggen. Er moest een pruik komen, maar die werd meteen afgekeurd, en een andere was ook niet goed en toen kwam er een hele discussie op gang, of je dat wel moest willen, gedoe met haarstukjes en lijm op de set van een actiefilm, en uiteindelijk werd er gekozen voor een actrice die van zichzelf donker haar had.

Barbara belde haar persoonlijk op. 'Sorry, lieveling. Ze hebben het me uit het hoofd gepraat. Er zijn te veel dingen die mis kunnen gaan. Niemand heeft zin om te wachten op een *hairdresser* die mee moet in de helikopter om te kijken of alles wel vast blijft zitten.'

'Maar ik kan mijn haar toch verven?'

'Ook daar is uitgebreid over gesproken. Continuïteitsproblemen, uitgroei, het is gewoon een aandachtspunt te veel.' Uit schuldgevoel bezorgde ze Lotte een kleine rol in een biopic over Virginia Woolf.

Lotte was niet rancuneus, speelde de sterren van de hemel en de camera vrat haar zowat op. De film werd ingezonden voor Berlijn, maar viel helaas buiten de prijzen. In de jury zat echter een Franse distributeur, die Lottes naam liet vallen tijdens een financieringsronde van *The Mad Empress*. En toen ging het snel.

Het bemachtigen van de rol was een drie weken durende uitputtingsslag geweest en uiteindelijk bleek alles af te hangen van of haar uitstraling wel paste bij die van haar tegenspeler. Lotte had geen idee wat daarmee bedoeld werd, uitstraling, maar het was een geweldig excuus voor regisseurs om je zonder verdere uitleg alsnog af te wijzen als je na een dozijn screentests was doorgedrongen tot de allerlaatste ronde. 'Je bent een fantastische actrice. Je bent geknipt voor de rol, je bent de hele winter beschikbaar, je dagprijs is minder dan marktconform, je hebt iedereen in de audities overtroefd door magistraal en genuanceerd spel, maar toch doen we het niet. Je uitstraling is niet helemaal wat we zoeken.'

De reden dat ze uiteindelijk toch gecast werd voor *The Mad Empress* – zo bekende de licht benevelde producent op het kennismakingsfeestje – was te danken aan de regels van het Europese filmfonds, die een duidelijk quotum had opgesteld over het aantal nationaliteiten dat in de productie een plek moest krijgen.

De film was een Frans-Duits-Belgische coproductie en ging over een Belgische prinses die in 1864 keizerin van Mexico werd – een kunstmatig opgezette monarchie die de Zuid-Amerikaanse belangen van Napoleon III veilig moest stellen en eindigde met een executie van het keizerlijke paar door Mexicaanse opstandelingen. Op hetzelfde plein waar ze hun bals hadden georganiseerd.

Het budget was Europees en dus bescheiden, negentig procent van de film werd gedraaid in het voormalige Oostblok. Het maakte Lotte niet uit, ze kon zich helemaal uitleven: eerst was ze een mooie, jonge prinses, toen een verbitterde oude keizerin en daartussen een ambitieuze vrouw die worstelde met haar onvruchtbaarheid.

The Mad Empress kwam uit in 1993 en het jaar erop kreeg ze de Prijs voor Beste Actrice van het Eurimage Fonds. Dit vormde de rugwind die ze nodig had voor twee speelfilms in Londen en – anderhalf jaar later – voor haar eerste contract in Hollywood. Haar opleiding aan het Drama Centre zou ze niet afronden.

Volgens Nederlandse begrippen had ze het gemaakt. Maar had ze haar eigen verwachtingen ingelost? Nee. In de zes jaar die ze nu in L.A. woonde, had ze geen lead gehad in een mainstreamfilm. Ze zat ergens onder in de B-divisie van de Amerikaanse entertainmentindustrie en wachtte nog steeds op een kans om het wereldtoneel te veroveren. Ze was zesendertig en nog steeds veelbelovend. Vond ze zelf. Moest ze vinden.

~

Marlenes assistent belde de lunch af. Lotte vond het eigenlijk wel prima. Een te dure avocadosalade naar binnen lepelen terwijl je moest luisteren naar iemand die drieduizend dollar per maand aan je verdiende, was sowieso al geen sinecure, maar nu hoefde ze niet die hele fucking San Gabriel Boulevard terug te rijden met het gevoel dat ze aan het lijntje werd gehouden. Ze belde het productiekantoor van *Just Another Mission* om te checken of de planning voor het volgende blok nog steeds ongewijzigd was, regelde toen haar ticket en stuurde een fax naar de curatoren om te bevestigen dat ze volgende week in Nederland zou zijn voor de afwikkeling van het faillissement.

Enigszins gedeprimeerd leerde ze de tekst voor een nieuwe test die ze vanmiddag moest doen, reed naar Grand View Boulevard, bleef in haar auto zitten tot ze vijf minuten te laat was, pepte zichzelf op en stapte opgewekt binnen bij Uncut Casting. Het was gelukkig niet meer zoals in het begin, toen ze met een half dozijn collega's soms een uur moest wachten tot ze aan de beurt was, maar ze was ook geen Bullock, dus ze werd opgewacht door een assistent en een andere assistent achter de camera, en de *first assistent director*, die vanuit New York via een telefoonverbinding uitlegde wat de grote meester wilde. Lotte knikte, hier was ze op voorbereid. Bij Woody ging altijd alles anders. Er was geen scenario. Dat was er uiteraard wel, maar bijna niemand kreeg het te lezen. Ja, mensen van de productie, de artdirector, de *money people*, maar de acteurs niet. Die werden per draaidag geïnformeerd over wat er van ze verwacht werd. Behalve als je in de A-klasse speelde, natuurlijk, want dan was de opbrengst van de film afhankelijk van je *box office* en kon je aanvullende eisen stellen, zoals een producerscredit, met bijhorende fee.

'Mr. Allen is heel blij dat u hebt willen komen, hij kan er zelf helaas niet bij zijn,' lispelde de regieassistent een paar duizend kilometer verderop.

'Helemaal geen probleem,' glimlachte Lotte grootmoedig. Een auditie begon op het moment dat je over de drempel van het castingbureau stapte. Lachje hier, kwinkslagje daar, het was allemaal onderdeel van de verkoopact.

'Mr. Allen is dol op uw werk. Uw laatste film, betoverend. Ja. En *The Mad Empress*, natuurlijk. Fantastisch.'

'*Thank you,*' lachte ze beminnelijk terug. Waarschijnlijk had Mr. Allen geen enkele van haar films gezien. Dat was natuurlijk jammer, maar aan de andere kant: dan had-ie ook geen tijd om naar *J.A.M.* te kijken, en dat was dan weer een pluspunt, want een TX 490 afvuren kan dan bij je werk horen, het is niet altijd een aanbeveling voor een rol in de nieuwe relatiefilm van deze beroemde regisseur.

'Lotte, zou je iets meer naar links kunnen gaan zitten? Dat is beter qua licht. En zou je nog even kunnen zeggen hoe je heet en wat je leeftijd is?'

Natuurlijk wist dit assistentje wie ze was, en waarschijnlijk was hij ook op de hoogte van haar leeftijd. En ze nam aan dat Woody dat ook wist. Je naam vermelden voorafgaand aan een test was handig voor de andere partij: bij het terugkijken naar de tientallen kandidaten bood het een makkelijk houvast. Tegelijkertijd werd de status quo nog even herbevestigd; ook als bekende actrice werd je gedwongen tot een tamelijk vernederende start van de auditie: ik ben Emma Thompson, of Elizabeth Mastrantonio, heb in prachtige films gespeeld, mensen ontroerd en talloze prijzen gewonnen, maar om kans te maken op een nieuwe rol moet ik toch nog even mijn naam zeggen. Lotte had ontdekt dat ze het beste kon doen alsof ze het allemaal als een grote grap beschouwde. 'Hi, Mr. Allen,' zei ze. 'Ik ben vereerd met deze uitnodiging, het lijkt me geweldig om in een van uw films te spelen. Ik ben Lotte Feuerstadt en achttien jaar oud.'

'Dank je wel.' Enige verwarring aan de andere kant. 'Zei je nou achttien?'

'Ja.'

'Mogen we je echte leeftijd weten?'

'Ik zie de relevantie er niet van in,' lachte ze.

'Het staat toch gewoon op internet?'

'Ik vrees van wel, haha.'

Ze wist dat er buiten beeld schouders en wenkbrauwen omhooggingen, maar ze had haar trots.

Het bleef stil aan de andere kant.
'Zesendertig', zei ze deemoedig.
'*Thank you.* Bent u klaar voor de scène?'

INT. SLAAPKAMER – DAG

Bernie gooit kleren in een koffer. Hij is geagiteerd, heeft geen tijd om iets op te vouwen.

Maggy komt binnen, ze probeert het goed te maken.

MAGGY

Luister, het spijt me. Dat ik geen seks met je wilde heeft niets te maken met jou. Of laat ik het zo zeggen: niet met iets fysieks. Ik vind je nog steeds een aantrekkelijke man, maar vaak wil ik gewoon nog even lezen in bed.

Bernie reageert niet.

MAGGY (*continued*)

Oké, het komt ook een beetje door dat verhaal van je, laatst. Over je externe bewustzijn, alsof een deel van je hersens van buitenaf met een groothoeklens registreert hoe je in bed ligt, hoe je met me vrijt, hoelang een orgasme duurt. En dan zie ik je daar steeds zitten, als we het doen, tegen het plafond geplakt op de muurlijst, vijftig keer verkleind, als een buikig, boosaardig cherubijntje met een bril.

Bernie propt een kleidingstuk in elkaar en probeert het in de koffer te passen.

MAGGY (*continued*)

Of die keer dat je me uitlegde dat het gek is dat onze mond aan de voorkant zit van ons hoofd. Terwijl het tegenwoordig helemaal niet meer nodig is om onze prooi te zien voordat we hem opeten. Sindsdien zie ik jouw mond soms aan de zijkant zitten: een vochtige lichaamsopening met een soort afsluitbaar vleesklepje.

Bernie sluit de koffer. Wonderlijk genoeg gaat dat vrij makkelijk, hij hoeft niet eens hard te duwen.

MAGGY (*continued*)

Ik heb denk ik tijd nodig om dat allemaal te verwerken. Als jij ook tijd voor jezelf nodig hebt, heb je daar echt geen koffer voor nodig, dan ga je vandaag lekker iets alleen doen. Ik zou dat snappen, echt, want ik ben me ervan bewust dat ik te veel praat. Maar jij doet dat ook, en misschien is dat voorbestemd, dat we zo op elkaar lijken. Yin en yang, communicerende vaten, wij. Daarom wil ik vechten voor ons. Ik ben bereid om de humor ervan in te zien, dat het één groot misverstand is, die corpulente cupido aan het plafond en die schaamspleet onder je oor. Ik ga proberen er om te lachen, net zoals die keer dat je mij dat kleine doosje liet zien, en ik dacht: 14 februari: oorbellen! Of een ring, een hanger, een broche, wat lief dat-ie daar aan gedacht heeft. En vervolgens wist je helemaal niet dat het Valentijnsdag was en bleek je in dat doosje je voorhuid te bewaren.

Bernie doet de kamerdeur open, zet de koffer op de gang. Maggy grijpt zijn hand.

MAGGY (*continued*)

Bernie, in godsnaam. Ga niet weg.

Zachtjes duwt Bernie haar de gang op. Opeens ziet ze dat het *haar* koffer is die daar staat. Achter haar rug valt de deur in het slot.

Lichtelijk onbevredigd reed Lotte naar huis. Ze had zich er aardig doorheen geslagen, dacht ze, met hopelijk de juiste dosering neurotische wanhoop die Woody's film vaak hadden. Maar ze had de dialoog af en toe door elkaar gehaspeld. Het castingassistentje had haar bezwaren weggewuifd: volstrekt normaal, tekst was immers bij een test niet belangrijk, het ging om de match, de uitstraling, *the whole package*. Volgende week zou Mr. Allen het materiaal bekijken en dan zouden ze uiteraard zo snel mogelijk contact opnemen.

'Bel Marlene dan, want ik ga komend weekend naar Europa,' antwoordde ze. Dat klonk altijd goed, je moest daarbij denken aan Cannes, Venetië, Berlijn. Maar ze ging naar Weert.

~

Ze werd door Guusje van Schiphol gehaald. Die bezat een groot huis aan het Emmaplein, geërfd van haar ouders. Het onderhoud alleen al kostte een vermogen, zei ze. Ze werkte als redactrice bij *Opzij* en hoewel het op zich goed ging met de feministische journalistiek, waren de salarissen omgekeerd evenredig met het succes in het maatschappelijk debat. Op de bovenste etage van het huis was een aparte studio met keuken, badkamer en terras. Lotte was altijd welkom sinds Guusje in '94 twee maanden bij haar in L.A. had gelogeerd in het kader van een interviewserie met een aantal vrouwonvriendelijke Hollywoodacteurs.

Lotte had Amsterdam al jaren niet bezocht, de stad lag er in de prachtige, heldere zomeravond bij als een verleidelijk meisje, het was warm genoeg om tot laat in de tuin te zitten, en misschien leek ze daardoor weinig last te hebben van het tijdsverschil. Het was net Californië. Guusje dronk eigenhandig een fles wijn leeg, zij hield het bij mineraalwater. Er werd stevig bijgekletst, ook over Schopfheim en dat bijna niemand dus terecht was gekomen in de kunst, behalve Lotte dan en Reuben, hoewel die laatste natuurlijk een achterbakse, leugenachtige en misdadige klojo was, en dat ook was gebleven. Daar kon Guusje nog wel een paar recente voorbeelden van geven, maar om de sfeer niet te bederven was ze bereid die verhalen uit te stellen tot later.

Het samenzijn in de tuin was best gezellig, maar Lotte was zich de hele avond bewust van de kleine, maar onoverbrugbare afstand die ze voelde sinds het begin van haar carrière. Ze wist dat haar gastvrouw niet meer waardevrij naar haar kon kijken. En dat lag niet aan Guusjes glazen oog. Ze zag niet alleen Lotte, maar ook de filmster, de uitspraken in talloze interviews, de beroemde acteurs waarmee ze gespeeld had, de foto's in de roddelbladen. Het was moeilijk om gewoon tegen haar te doen. Lotte was het gewend, en toch vond ze het jammer om het elke keer opnieuw te moeten vaststellen.

Haar omgeving gedroeg zich met een zekere vorm van kruiperigheid, dacht ze de volgende dag toen ze, gammel door de zich alsnog manifesterende jetlag, de coördinator aan de lijn had van het filmfestival in Terneuzen waar ze de volgende dag eregast zou zijn. 'We vinden het allemaal zó geweldig! Dat u er zult zijn,' kirde de man opgetogen, 'het *NOS Journaal* komt ook.'

Lotte zette zich schrap. Hij had haar eerder het programma voor het festival al gefaxt: interview, lunch, interview, vertoning van de film over Mexico waar Lotte mee was doorgebroken, Q&A met publiek, prijsuitreiking, vraaggesprek samen met de festivaldirecteur, receptiefeest met bigband. En o ja, dat item voor het journaal nog dus. Ze zuchtte. Het was haar eigen schuld. Dit was nu eenmaal de wederdienst voor het retourticket businessclass.

Voordat ze uit Amsterdam vertrok had ze nog een vermoeiende lunch met de directeur van het distributiebedrijf van *The Mad Empress*. De film zou dit weekend als retrospectief weer te zien zijn in een aantal zalen.

'Fantastische rol, en dan die fusillade in Vera Cruz aan het eind!' riep de distributeur met een mond vol rucola. 'Ik sprak onlangs Lars.' Hij propte een lapje eendenborst naar binnen. 'Hij is bezig met een groots opgezet epos over de Saksische volksverhuizing. Ik zei toen: dan moet je Lotte Feuerstadt hebben. De Julia Roberts van Europa!' Hij lachte haar toe met een mond vol borst.

Een tikje duizelig van de sancerre die haar was opgedrongen, reed ze in Guusjes auto naar Eindhoven voor het gesprek met Brent, Raggel & Dripsteen. De Feuerstadt Spreekmeubelen Maatschappij, later omgedoopt in Feuerstadt Hivifo, was failliet. Dat kwam door de Betamax-videorecorder: een vernieuwing in beeldbeleving waar haar vader in de jaren tachtig zwaar op had ingezet ondanks aanwijzingen dat de consument de voorkeur gaf aan het inferieure VHS-systeem.

Maar gesterkt door de neoliberalistische tijdgeest hield Fons, die zich graag spiegelde aan het succes van zijn regiogenoot Philips, vanuit Weert vast aan zijn eigen gelijk en draaide zo in de loop van de jaren negentig de vijftig vestigingen in het land stukje bij beetje de nek om. Hij was gedwongen extra financiering te zoeken, de rente op de bankleningen zette de winstmarges verder onder druk en vrat aan zijn gezondheid. Aan het einde moest hij maandelijks twee ton bijstorten om de salarissen te kunnen blijven betalen.

De plotselinge dood van Lottes moeder in '96 was een nieuwe klap: onderweg naar het vakantiehuis in Schopfheim zat ze met de auto op de ringweg van Bonn toen de vrachtwagen voor haar een stapel bielzen verloor. Dat overleef je in geen enkele auto, zelfs niet in een Mercedes 600.

De opnames voor *J.A.M.* werden drie dagen stilgelegd waardoor Lotte naar Weert kon vliegen voor de uitvaart. Verkrampt stonden vader en dochter bij de kist, niet in staat om de afstand tussen hen te overbruggen die in de loop der jaren steeds groter was geworden.

Op miraculeuze wijze wist Fons de verbittering voor te blijven door zich op het verenigingsleven te storten. Dat er een cultureel centrum in Weert is en dat de FC Helmond Boys überhaupt nog bestaan, was vooral te danken aan zijn inspanningen. Talloze carnavalswagens had hij gefinancierd, de keer dat er een enorme oplegger meereed met een echt zwembad vol halfblote meiden aan een palmenstand, staat nog in ieders herinnering gegrift.

Met Brabantse opgewektheid was haar vader de eenzaamheid en de teloorgang van zijn levenswerk te lijf gegaan, vanbinnen had de deceptie zijn weerstand echter gebroken, hij was een jaar geleden gestorven aan darmkanker, met achterlating van een miljoenenvordering van de ABN AMRO.

Vanuit de hemel waar alle mensen met humor in terechtkomen, zal Fons met verwondering hebben neergekeken op de dochter die – dankzij haar verdiensten in de door hem zo verafschuwde bedrijfstak – zijn negatieve erfenis kon accepteren en hiermee een fatsoenlijke ontvlechting van het bedrijf mogelijk maakte. Natuurlijk realiseerde Lotte zich dat ze hiermee een jarenlange verplichting aanging, maar het was juist de scepsis waarmee haar vader altijd naar haar beroepskeuze had gekeken die het onmogelijk maakte om te weigeren: ze liet hem ermee zien dat hij dus ongelijk had gehad.

Vandaag ging ze de laatste handtekeningen zetten. Intussen was het weer omgeslagen, onder een zwaarbewolkte lucht reed ze over de A2 langs eentonige bedrijfsterreinen met dito laagbouw naar haar geboortestreek.

Ze had de curatoren van Brent, Raggel & Dripsteen tot nu toe alleen aan de telefoon gehad, maar de heren zagen eruit zoals ze verwachtte. Twee meeldroge mannetjes met kale kruinen in slechtvallende pakken. Ze hadden lid van een kloosterorde kunnen zijn. Schulden, zeiden ze. Balans, passiva, tekort. Handtekening hier, paraaf daar, het spijt ons allemaal zeer. Hier onze factuur. En toen ze Lotte na een uur uitlieten, gaven ze haar de sleutels van een opslagloods bij het Willemskanaal, en een huurcontract uit 1930. Ze waren er nooit geweest, een taxateur had de waarde van de inboedel geschat op vijfduizend gulden, het bedrag was al verwerkt in de jaarrekeningen. Ze overhandigden Lotte een paar geplastificeerde ringbandjes. 'Heel gek,' zei de ene, 'in de laatste twee kwartalen die uw vader nog meemaakte was er een opgaande lijn in de resultaten.'

'Als hij niet voortijdig… wie weet,' murmelde de ander.

In de grijsgele namiddag reed Lotte naar Terneuzen. Met de afstandelijkheid van een testament-executeur keek ze naar het landschap. Nooit geweten dat haar vader een loods bezat. Ze nam zich voor overmorgen op de terugweg even te gaan kijken.

~

De organisatie had een suite voor haar gereserveerd op de bovenste etage van het Grand Orion, een vierverdiepingsflat van wit beton en goudlamé met uitzicht op de Westerschelde. Tien minuten nadat ze had ingecheckt belde de receptie naar boven om te melden dat de festivaldirecteur op haar zat te wachten in de lobby.

Lex, in een eerder leven hoofdredacteur van de *Zeeuwse Courant*, had het jaarlijkse zesdaagse filmevenement vanaf de grond opgebouwd met veel geduld en genetwerk. Lotte had hem tien jaar geleden in Utrecht een keer ontmoet toen ze genomineerd was voor een Gouden Kalf. Het was een joviale vijftiger met een sikje, zeg maar het perfecte uitgangspunt als je een festival wilde opzetten. Lex was een oprechte filmliefhebber, had inmiddels een indrukwekkende lijst van contacten: ambtenaren op het ministerie, filmregisseurs en schrijvers, maar ook de eigenaar van het Grand Orion en de plaatselijke autodealer en slagerij, die de filmweek sponsorden met hoge kortingen.

'Welkom,' schreeuwde hij op het moment dat Lotte uit de lift stapte, want Lex praatte graag veel en hard. Hij troonde haar mee naar een gereedstaande auto en toen ging het van: geweldig dat je er bent, wat een grote eer en hoe is het in Hollywood en weet je nog tien jaar geleden. De afstand naar het bioscoopcomplex was maar tweehonderd meter, maar het ging om de chic. Ook de vraaggesprekjes met de opgetrommelde pers verliepen volgens een vast parcours: Hoe is het om weer in Nederland te zijn? Heb je weleens spijt van je vertrek? Hoe was het om de vrouw van Bruno te spelen? En wie is je voorbeeld?

Daarna riep Lex haar op het podium voor aanvang van de film: een applaus voor onze eregast, prinses van de Nederlandse Film, ambassadrice van de goede smaak. Toen de operateur de film gestart had en ze in de foyer stonden, gaf Lex haar een envelop. 'Dit is de naam van de prijswinnaar. Of winnares. Niet stiekem openmaken intussen, hoor.'

'Sorry?'

'Voor straks.'

Ze verborg haar verwarring. Ze had gedacht dat *zij* een soort prijs zou krijgen. Maar kennelijk was het de bedoeling dat zij iets moest overhandigen. Lex vouwde een fax open.

Lotte las: *Genomineerden voor het Zilveren Scheldemeisje 1998: Ferdinand van Bokzon, voor zijn rol als opstandige zoon in* De Hellevoet, *Lilly Kompadil, voor haar regiedebuut van* Vuurland, *Daisy Kwandagaza, voor haar gehele oeuvre, en Reuben Bierkwiek voor zijn unieke bijdrage aan de Nederlandse filmindustrie.*

'Eh,' mompelde ze. 'Wat?'

'Alle vier hebben ze iets met Zeeland. *De Hellevoet* en *Vuurland* zijn hier gedraaid, Daisy woont in Middelburg, heeft twee korte films gemaakte over Walcheren. En Reuben omdat Rhuggenaath al die films gecast heeft. Heeft een neus voor talent, hoor, die man.'

'Het is–' fluisterde ze.

'We hebben eerst die Q&A, dat duurt ongeveer tien minuten. En dan kom jij om de envelop te openen, een beetje Oscarachtig.'

'Maar dit, ik kan, hoe moet–'

'Het stelt niets voor, de juryvoorzitter leest het rapport voor, de winnaar komt naar voren, handje, praatje, kusje, foto, klaar. En het *NOS Journaal*, natuurlijk. Hoop ik.'

'Wacht even. Ik weet niet of–' Ze keek opnieuw naar de fax in haar verkrampte hand. De duimdruk had een donkere vlek achtergelaten op het thermische papier. Binnen in de zaal klonk het wapengekletter van de opstandelingen die Mexico onafhankelijk wilden maken van Oostenrijk-Hongarije.

Reuben Bierkwiek, dacht ze. Het Monster van Schopfheim, de Demon van de Dinkelberg is hier. En er is vijfentwintig procent kans dat ik hem straks moet zoenen en een prijs geven.

~

Voor haar had het niet gehoeven. Voor haar hadden de gebeurtenissen op de Dinkelberg onopgerakeld mogen blijven. Maar haar vader en de ouders van Guusje waren vastbesloten om hun recht te halen, en ze huurden een prijzig Duits advocatenkantoor in voor een juridische procedure. Fons zag in de persoon van Reuben de kwaadaardige personificatie van een verdorven kunstwereld die zijn dochter ten gronde had gericht. Voor de man die maandelijks de modernste video-elektronica per container het land in liet brengen, was dat niet alleen een persoonlijke kwestie, het was ook een erezaak. Het strafrechtelijke traject liep helaas al snel dood. Opzettelijkheid kon niet bewezen worden. Guusjes verwonding was niet direct door Reuben veroorzaakt en Lotte had verzuimd zich intern te laten onderzoeken. Dat er geen kliniek of artsenpost aanwezig was in het tweeduizend vierkante kilometer grote bos waarin ze met een groep vrienden was verdwaald, maakte geen verschil. Er was geen bewijs. Het was hun woord tegen dat van Reuben.

Een civiele procedure waarin met name Guusje kon aantonen substantiële schade te hebben geleden door nalatigheid van een derde, had volgens de specialisten meer kans. Het was echter een taaie en langdurige kwestie, want het kostte maanden voordat duidelijk werd dat haar oog inderdaad onherstelbaar beschadigd was. Vervolgens bleek Reuben niet te reageren op de post die de advocaten hem stuurden en moest ten slotte door een deurwaarder worden gedagvaard.

Het was vreemd geweest om hem in Den Bosch na bijna een jaar terug te zien. Hij zag er boos en gespannen uit, de associatie met een knaagdier drong zich opnieuw op. Hij zou desnoods zijn eigen poot afknauwen om uit de voetklem te komen. Dat was natuurlijk logisch, dacht ze, toen ze aan de andere kant van het gangpad ging zitten. Zij waren met z'n tienen, hij was alleen. Hij zei geen gedag. Naast hem zat een nogal verfomfaaide dertigjarige man in een versleten colbertje met blond piekhaar dat alle kanten opstond, alsof het buiten hard stormde. Dit was Reubens advocaat, ze had hem tijdens de zitting in Freiburg al gezien. Destijds had-ie wat gemompeld en met papieren geschoven, maar nu maakte hij een energieke indruk, alsof hij alsnog tegenwicht wilde bieden voor zijn bescheiden status als pro-Deojurist. Hij zette vol in op het feit dat Guusje, Babette, Ewout en Jaap zich vrijwillig in het holst van de nacht hadden laten vervoeren naar een voor hen onbekende plek. In die zin, pleitte hij, kon de dropping worden gezien als een gezamenlijke onderneming, zoals een weddenschap of een sportwedstrijd. De deelnemers waren de uitdaging aangegaan in het bezit van al hun verstandelijke vermogens. Dat die tak in Guusjes gezicht zwiepte, kon Reuben daarom niet verweten worden. Het feit dat het oog daarna ging ontsteken, en tijdens de meerdaagse dwaaltocht de zenuw daardoor onherstelbaar beschadigd werd, was ook niet de verantwoordelijkheid van zijn cliënt, die er immers alles aan had gedaan om zijn vrienden terug te vinden.

De verklaring die beide partijen eerder hadden afgelegd bij de Duitse politie werden voorgelezen. Reuben had een uur bij de vleugelnootboom in de auto gewacht, en had daarna dezelfde weg genomen tot de kruising waar ze eerder die avond de anderen hadden achtergelaten. Daar had hij met gebruik van claxon en lichtsignalen zijn aanwezigheid kenbaar gemaakt. Na drie kwartier reed hij het bos uit via de dezelfde route die hij met Lotte was gegaan. Rond half drie had hij in het chalet gekeken of ze al thuis waren, en reed vervolgens tussen drie en vijf twee keer dezelfde ronde, toeterend en met grootlicht. Bij twee gelegenheden meende hij iets te zien tussen de bomen, maar toen hij stopte, rende de gestalte van hem weg. Hij dacht aan een *practical joke* van zijn vrienden, die hem eens flink wilden laten schrikken. Van vijf tot acht wachtte hij in het chalet op hun thuiskomst. Tussen acht en tien reed hij opnieuw claxonnerend kriskras door het bos, verdwaalde zelf bijna een paar keer, en meldde zich toen bij de politie.

Lotte had deze verklaring gezien. Het zat – in Nederlandse vertaling – bij de stukken die haar vaders advocaat had opgestuurd en ze wist dat dit verhaal van geen kanten klopte. Maar tijdens de zitting stond het document niet ter discussie. Het ging over de kilometerteller van de CX, de tankinhoud, het benzineverbruik in verhouding tot de afstand die Reuben die nacht gereden zou hebben, getuigen die de auto misschien voorbij hadden kunnen zien komen. Het was allemaal al aan bod gekomen in Freiburg, alleen nu was de vraag niet of er een wet was overtreden, maar of door enig handelen de gebeurtenissen voorkomen hadden kunnen worden. Ja, dacht ze, ik had die schoft nooit mee moeten vragen. Ik had hem in De Smoeshaan moeten laten of in het bos zijn hersens moeten inslaan met een zwerfkei.

'In dit licht,' hoorde ze Reubens advocaat zeggen, 'kunnen we juffrouw Feuerstadt zien als de eindverantwoordelijke en organisatrice van dit noodlottig afgelopen avontuur.'

Op zulke momenten vond Lotte het zeer, zeer moeilijk om gewoon te blijven zitten. Op zulke momenten van tergend onrecht wilde ze opspringen en iets schreeuwen, maar dat kon niet. Tijdens een rechtszaak mocht je niet schreeuwen.

~

Geschonden en vernederd was ze opgestaan. De voorkant van haar lijf was koud en vochtig van de natte grond, stukjes mos plakten aan haar jack. De achterkant van haar lichaam brandde van schaamte, tussen haar benen ontstond een vochtspoor dat langzaam langs de binnenkant van haar dij naar beneden liep. Ze veegde het weg met de zoom van haar jurk, trok haar onderbroek weer op zijn plaats. Ze had geen idee waar ze was, haar enige houvast was het aflopende bospad. Dat zou haar op een zeker moment terugbrengen naar een ander pad waar ze rechtsaf moest. En dan zou ze, na een half uur of drie kwartier, vanzelf terechtkomen op de zessprong waar ze de anderen hadden achtergelaten.

Veertig, vijftig minuten strompelde ze heuvelafwaarts zonder veel anders te denken dan bospad, bospad, bospad, en dan naar rechts, tot aan de zessprong, zessprong. Af en toe stopte ze om de substantie af te vegen die uit haar bleef lopen. De metalige grondlucht bleef in haar neus hangen, alsof hij onzichtbaar met haar meeliep. Na een uur was ze ervan overtuigd dat er iets mis was met haar berekening. Dat, of ze hadden het bos intussen stiekem een kwartslag gedraaid. Uit alle macht onderdrukte ze de opkomende paniek. Ze dacht na. Na de kruising hadden ze met de auto ongeveer een kwartier over een bochtig pad gereden, met de maan meestal aan hun linkerkant. Toen namen ze die afslag links, dat was dus het oosten, of meer precies, het zuidoosten, want dat herinnerde ze zich nog van een aardrijkskundeles waar ze – bij wijze van uitzondering – wel een keer had opgelet.

Het was nu ruim twee uur later, de maan was nu verder opgeschoven naar het westen, dus – ze keek naar boven – dat klopte wel met de richting die ze opging. Had ze dan het zijpad gemist? Was ze wel voldoende gefocust? Ze besloot nog tien minuten door te lopen, en verdomd, na tweehonderd meter was er een pad aan haar rechterkant. Nu, dacht ze opgelucht, zouden er nog een paar heuveltjes komen, wat bochtjes, en dan was ze er.

~

Op de flip-over in de rechtszaal hing een uitvergroting van het Zwarte Woud ten noorden van Schopfheim. Er stond een cirkel om de zessprong, met rode viltstift was haar route aangegeven. Een kind kon zien dat het niet veel had gescheeld. Ze had nog vijfhonderd meter moeten doorlopen om het juiste pad te vinden. Dan was ze vroeger of later de anderen tegengekomen. De dwaaltocht van Guusje, Babette, Jaap en Ewout was gemarkeerd met blauw. Sommige stukken waren gestippeld – daar weken de verklaringen van elkaar af – maar ook op die plekken was het duidelijk dat de vriendengroep zich met elke stap in de verkeerde richting had begeven.

Een dikke zwarte lijn, grofweg een grote, onregelmatige vijfhoek, stelde het traject voor dat Reuben in de CX gereden zou hebben. Sommige stukken kwamen overeen met de rode en blauwe. De jurist die haar vader had ingehuurd bewoog een ring van karton over de kaart. Dit was de actieradius van de claxon. Zeventig decibel. Nu sneed de zwarte lijn op talloze plekken het parcours dat Lotte en de vriendengroep hadden gelopen. Op deze manier werd aangetoond dat Reuben niet toeterend door het bos gereden kon hebben.

De pro-Deoadvocaat maakte bezwaar. Het was nacht. Het had bijna twee weken onafgebroken geregend. Er was veel achtergrondgeluid in de vorm van vallend water, beekjes, stroompjes. De deelnemers van de dropping waren gestrest, sommige hadden voorafgaand aan het avontuur stevig gedronken. Er bestond onduidelijkheid over de genomen looprichtingen, er hoefde maar één lijnstuk onjuist te zijn om de hele route erna in twijfel te trekken. De plattegrond, stelde hij, bewees nagenoeg niets.

Het relaas van de vrienden was inderdaad niet eensluidend. Jaap claimde vanaf het begin geweten te hebben dat Reuben hun met de veronderstelde kompasrichting van de maan opzettelijk had willen misleiden. Ewout daarentegen had zich pas later laten overtuigen, met als resultaat dat het groepsverslag – zeker in het begin – nogal chaotisch overkwam. De discussie over de maanstand werd daarbij onder druk gezet door het ongeval met het oog. Guusje moest plassen, had de anderen gevraagd door te lopen, was een paar meter naast het pad neergehurkt en daarna was die tak dus in haar gezicht gezwiept. De artsen konden niet met zekerheid zeggen wat er nu precies gebeurd was, maar het leek erop dat de scherpe punt van een afgebroken twijg het netvlies had doorboord.

De anderen hadden in het zwakke licht van de zaklampjes wel gezien dat dit een serieuze zaak was, maar wat konden ze doen? Afgesproken werd dat Babette bij de gewonde zou blijven, terwijl de twee jongens hulp gingen zoeken. Op de kaart was goed te zien dat de meisjes op dat moment hemelsbreed ongeveer twee uur lopen vanaf het dichtstbijzijnde bewoonde huis zaten, en dat Ewout en Jaap in de tien uur daarna bijna zestig kilometer hadden afgelegd – maar in de verkeerde richting. Ze hadden zich in een grote boog juist vanaf elke bebouwing bewogen.

's Ochtends om tien uur had Babette ten einde raad de kermende Guusje achtergelaten en was in tegenovergestelde richting gaan lopen. Rond dezelfde tijd alarmeerde Reuben de politie in Schopfheim, en een uur later reed de eerste patrouillewagen door het woud. Uiteindelijk zouden er meer dan twintig voertuigen en een helikopter worden ingezet. Het toestel kwam uit Basel en was gehuurd door een ongeduldige Fons, die de zoektocht naar zijn dochter onacceptabel traag op gang vond komen. De operatie werd bemoeilijkt door de dichte begroeiing en het feit dat men op vier plaatsen tegelijk moest zoeken.

Als eerste werden de jongens gevonden. Niet door de hulpdiensten, maar door een illegale stroper, die ze meer dood dan levend in zijn pick-up had gezet en afgeleverd bij de eerste hulp in Schonenberg, bijna honderd kilometer verderop. Babette was de volgende, om 23.30 uur. In het donker had ze de helikopter gehoord en was zo snel mogelijk met haar zaklamp in een boom geklommen. Ze was compleet verdwaald, kon op geen enkele manier aangegeven waar men haar gewonde vriendin zou kunnen vinden, maar door haar geschatte snelheid te vermenigvuldigen met het aantal uur dat ze had gelopen, kon het zoekgebied drastisch worden beperkt. Rond 03.00 uur werd Guusje gevonden, negentig minuten later lag ze op een operatietafel waar bleek dat haar oog niet meer gered kon worden. Lotte werd pas aan het einde van de volgende nacht gevonden, ironisch genoeg niet ver van de 6339. Ze hallucineerde en vertoonde ernstige uitdrogingsverschijnselen.

De pro-Deoadvocaat sloot zijn betoog af: irritaties door weersomstandigheden. Schisma in de groep veroorzaakt door de pacmannende computerado's. Oplopende spanningen, met wederzijds goedvinden het aangaan van een weddenschap. Jeugdige overmoed. Noodlottige samenloop van omstandigheden. Wat kon zijn cliënt daaraan doen?

Lotte stond op. 'Ik was, hij heeft me, ik ben–'

Fons kwam ook overeind en sloeg zijn armen om haar heen. 'Sst,' zei hij. 'Dat komt straks. Dit gaat over de vordering van Guusjes familie, weet je nog? De briefing van vanochtend?'

Ze knikte. Dat wist ze nog. 'Maar,' ze schoot vol door alle onwaarheden die ze hoorde.

Guusje zou de toneelopleiding moeten verlaten. Het was onwaarschijnlijk dat ze ooit normaal werk zou vinden met één oog van glas dat altijd in dezelfde richting staarde. Haar ouders eisten anderhalve ton voor geleden schade en inkomstenderving. Exclusief de ziektekosten.

De pro-Deoadvocaat gaf de rechtbank in overweging dat – indien die deze belachelijke claim zou toewijzen – hij op zijn beurt de vordering bij Lotte zou neerleggen. Als er al een aansprakelijkheidsvraag bestond, vond hij, woog haar verantwoordelijkheid zwaar mee. Tenslotte was zij de ontwerper van het plan en had zij plaats en tijdstip bepaald terwijl zijn cliënt in feite niet meer gedaan had dan de auto besturen.

Lotte luisterde naar dit verweer en dacht: leugens, gelul, gedraai. Ze zag zichzelf weer strompelen langs de eindeloze rijen sparren. Een nacht, een dag, een beek waar ze zich een beetje in kon wassen, maar waar ze niets durfde te drinken, kilometers lang waden tussen de rotsblokken, door en langs overhangende struiken, weer een nacht, en weer een dag. Op een bepaald moment was ze gaan liggen. Ze wist zeker dat iemand gerotzooid had met de stand van de hemellichamen, want hoe was het anders te verklaren dat ze na zoveel stappen de rand van dit klotebos niet bereikt had?

Ze lag op haar rug in een bed van bladeren, om haar heen de geur van aarde en mos, of was het nog steeds Reuben die ze rook? De maan kwam op. Of liever gezegd, de aarde kantelde eronderdoor. Als je keek vanaf de Noordpool was de draairichting tegen de klok in, zodat de zon en alle planeten en sterren in het oosten leken op te komen, en de maan dus ook. Maar de maan stond natuurlijk niet stil. Die had haar eigen baan, en daarom stond ze de ene keer daar en de andere keer op een totaal andere plek. Je kon er geen pijl op trekken, hoe die ouwe zeevaarders en ontdekkingsreizigers in hemelsnaam Australië hadden konden ontdekken snapte ze niet, vooral niet als je bedenkt dat dit continent precies aan de andere kant van de planeet ligt.

Maar misschien hadden die vooral op de Poolster gelet of het Zuiderkruis, maar waar ze die kon vinden wist ze niet. Het duizelde haar door al die bollen en ellipsen, als ze haar ogen sloot trokken explosies vurige banen door haar hoofd. Haar eigen rijzende ster was daar niet bij, die zou tot in lengte der dagen een kleine dwerg blijven, verstoken van enige glans of warmte, gedoemd om te sterven op de koude bosgrond van een vergeten Germaans woud. Wat had je, als het erop aankwam, nou helemaal aan al dat talent om leuk en spontaan te zijn, of aan tekstbehandeling of gevoel voor timing? Wanneer ze iets zinnigs had gedaan, zich bijvoorbeeld had aangesloten bij een kampeerclub of een klimtraining had gedaan in de Alpen, had ze geweten hoe te overleven. Dan had ze een vuur kunnen maken, want waar dat is, is ook rook, en die kun je zien vanuit een hulpvliegtuig of misschien ook wel vanuit een gewone ziekenauto, lag natuurlijk aan waar je lag, want waarom stond er anders een vent in een reflecterend pak aan haar te rukken? Laat mij toch gewoon lekker liggen, dacht ze, ik heb vrede met het einde, straks zweef ik omhoog en word ik opgenomen in het universum.

Fons trok zachtjes aan haar mouw. In de mistige verte zag ze hoe hun raadsman met zijn viltstift op de kaart wees waar de plek met de vleugelnootboom met een X was aangegeven. Ik ben weer terug bij het begin, dacht ze.

'Kijk,' zei de advocaat. 'Zo. Daarom. En hierom.' Hij tekende een kringetje om de boom, en eromheen een veel grotere cirkel. 'Vandaar. Begrijpt u wel? Vergelijk dat eens met elkaar.'

Ze deed haar best om het te begrijpen.

'Edelachtbare,' zei de man die volgens haar vader zeshonderd gulden per uur verdiende. 'In het oorspronkelijke plan was er sprake van een speurtocht van vijftien minuten. In die tijd kan een gezond mens ongeveer twee kilometer afleggen. Het totale gebied waar de vrienden naar aanwijzingen moesten zoeken, had dus een diameter van maximaal vierduizend meter. Daarin kun je nog steeds een beetje verdwalen, maar met een beetje rondlopen en roepen is de kans dat vier mensen daar elkaar kwijtraken, bijna nul. Maar doordat de heer Bierkwiek op eigen houtje twaalf kilometer is doorgereden, heeft hij het parcours van de dropping in één klap uitgebreid met zo'n vierhonderdvijftig vierkante kilometer, tot een gebied bijna zo groot als de Noordoostpolder. In heuvelachtig en zwaarbebost terrein. Hiermee heeft hij de anderen aan onaanvaardbare risico's blootgesteld.'

'Hij heeft me–' stotterde Lotte. Ze begon te huilen.

'Meneer Bierkwiek heeft,' onderbrak de advocaat haar, 'door zijn gedrag in de week voorafgaand aan die bewuste avond, de verdenking op zich geladen dat zijn besluit over een nieuw afzetpunt niet impulsief was, maar mogelijk een onderdeel van een zorgvuldig opgezet en uitgedacht plan waarmee hij wraak wilde nemen op een groep vrienden die hem eerder hadden afgewezen als lid van een nog te vormen gezelschap. Door de significante uitbreiding van het droppingsterrein creëerde hij tevens de ideale omstandigheid om zijn seksuele verlangens in te lossen; hij was erin geslaagd het object van zijn begeerte te isoleren op een donker en afgelegen perceel.'

~

Ze stapte uit. Reuben trok op, de CX verdween in het duister. Ze begon heuvelafwaarts te lopen, terug naar de kruising. Na vijf minuten hoorde ze achter haar rug een geruis. Een ademhaling, een ritsel van textiel, een luchtverplaatsing – ze wist het niet precies. Voordat ze zich om kon draaien zat die zak al over haar hoofd. Het zou heel goed één van de stoffen winkeltasjes kunnen zijn die ze samen met de zaklampen gekocht hadden, maar ze wist het niet zeker. De twee hengsels werden onder haar kin door een vuist vastgehouden. Eerst dacht ze nog aan een grap, 'Reuben,' riep ze – want wie kon het anders zijn – 'niet leuk!' Maar toen voelde ze een hand om haar borst en toen onder haar jurk, op de binnenkant van haar dij, in haar kruis, vingers trokken de stof van haar slipje opzij, de hand kneedde haar geslacht. Het was onwerkelijk. Hij is me aan het betasten, dacht ze, ik word aangerand.

'Hou op,' gilde ze, maar de andere hand trok de hengsels hard naar beneden, ze werd op haar knieën gedwongen, haar hoofd tegen de grond. Ze voelde een erectie tegen haar billen, tussen haar benen, tegen haar vagina. 'Reuben!' schreeuwde ze panisch, want hij was het, moest het wel zijn – hoe groot is de kans, dacht ze, dat dit iemand anders was? Met beide handen probeerde ze vergeefs de zak weg te trekken, een glimp op te vangen van haar belager. Ze worstelde, schreeuwde, ze kreeg een dreun tegen haar hoofd, nog één tegen haar kaak. Ze stopte. Ze hoorde een rochel, toen voelde ze iets nats op haar schaamlippen en was hij in haar. Ze gaf het op. Willoos liet ze het gebeuren. Ze wachtte. Het zou een keer ophouden. Hij zou klaarkomen en dan zou het stoppen. Hijgend en zwijgend stootte hij keer op keer tegen haar billen. Alsof hij door haar heen wilde, naar het mos en de dennennaalden en de twijgjes die knisperden onder haar handen. Hij ramde zijn lid in haar alsof hij *door* haar bekken heen Moeder Aarde wilde bevruchten. Ze voelde het zaad in haar onderbuik stromen toen hij hortend en grommend zijn hoogtepunt bereikte. Ze hield zich even slap, hoopte op een moment van ontspanning, rukte toen onverwacht aan de hand onder haar kin, maar zijn greep leek alleen maar steviger te zijn geworden. Een fluisterstem bij haar oor: '*Liegen bleiben, verstanden?*' Een stomp tegen haar oor. '*Verstanden?*'

'Ja.'

Hij maakte zich van haar los. Ze hoorde hem ademen, het geluid van een broek die opgehesen werd, een gesp – droeg Reuben een broekriem? – daarna werd de zak hardhandig van haar hoofd getrokken, rennende voetstappen, en toen stilte.

~

'Hoe vindt u het om weer in Nederland te zijn?'

'Heel leuk.' Ze keek naar de zee van gezichten in de zaal en dacht aan haar rustige patio in L.A. met de bougainvillea en de geglazuurde Spaanse tegeltjes.

'In uw laatste drie films speelt u samen met wereldsterren. Beschouwt u uzelf inmiddels ook als zodanig?'

'Ben je gek. Het waren maar kleine rolletjes, hè. Ik blijf gewoon een meisje uit Weert.' Altijd een goed antwoord. Er werd gelachen. Men vond haar sympathiek. Logisch. Ze dwong zichzelf niet naar de eerste twee rijen te kijken. Daar zaten de genomineerden.

'Wat vond u van Mexico?'

'Ik ben er niet veel geweest, hoor. Het meeste was toch *green screen*.'

'Moet u even uitleggen.'

'Dat is een grote, vaak mobiele groene wand in de studio. *Special effects* die eerder zijn opgenomen, kunnen daar dan later in worden gemonteerd, zodat het lijkt alsof we daar echt in die zandstorm zitten.' Haar gedachten zijn bij de envelop die ze straks moet openen. 'Maar dat is dus niet zo, en het zand en het stof op onze jassen komen uit een machine.'

'Nou, het was allemaal erg knap gedaan. Heel geloofwaardig. Ik denk dat de mensen enorm van uw film hebben genoten.' Er klonk een applaus, niet heel enthousiast. Logisch, zo'n goede film was het niet. Lotte maakte een kleine buiging, er kwamen handjes, twee luchtzoenen, en toen was het tijd voor het fotomoment. Een arm van de festivaldirecteur om haar middel, een bos bloemen. De jonge vrouw die het interview had afgenomen had rode wangetjes van opwinding. Zij zou de foto's in haar plakboek bewaren, Lotte zou het straks allemaal weer vergeten zijn. Behalve als de verkeerde in die envelop zat. Dan zou het een avond kunnen worden die ze zich nog lang zou heugen. Maar vijfentwintig procent betekende dat die kans vrij klein was. Drie keer zo klein. Ze glimlachte in de richting van de batterij flitslichten. Lex greep de microfoon. Tijd voor de uitreiking van het Scheldemeisje. Een spot op de katheder, waar een dertig centimeter hoge zilverkleurige wulpse deerne stond te blinken, twee melkemmers aan een juk over haar schouders. De genomineerden: Lilly Kompadil, Ferdinand van Bokzon, Daisy Kwandagaza, het Zwarte-Woudmonster. Lotte stapte naar voren, hield de envelop omhoog. Flits, flits.

Ze haakte een vinger achter de plakrand. Een cameraman kwam dichterbij en maakte een insert van haar handen. Openscheuren. Uitvouwen. Lezen.

Reuben Bierkwiek.

Nog een keer lezen.

Reuben Bierkwiek.

Ze boog zich naar de microfoon. 'Ferdinand van Bokzon voor zijn rol als opstandige zoon in *De Hellevoet*.'

Applaus. Verbaasd gejuich, vooral in de buurt van Ferdinand, die van de tweede rij opstond en naar voren begon te lopen. En toen zag ze hem zitten, ook op rij twee. Ruim tien jaar ouder, stoppelbaardje, rond zijn kruin begon hij al te kalen. Hij grijnsde vergevend, zoals mensen doen als ze zich op een shortlist hebben laten zetten, een smoking aantrekken, en op het gala worden gepasseerd door iemand die de prijs eigenlijk niet had moeten krijgen. Op rij drie was enige consternatie ontstaan. Dit was waarschijnlijk de jury. Uit hun midden maakte zich een kortgeknipt, bezweet, klein mannetje los. Lotte ging ervan uit dat dit de juryvoorzitter was. Ze stak een hand uit naar Ferdinand, een piepjong ventje, waarschijnlijk net van de academie. Luchtkus, omhelzing, luchtkus. Ze gaf hem het beeldje. Ze applaudisseerde, de zaal volgde gewillig. De cameraman van het *NOS Journaal* maakte een sfeershot.

'Jezusdank,' haperde Ferdinand in de microfoon. 'Ik heb niks. Voorbereid. Allemensen. Dit. Niet verwacht. Het is. Ik ben. Ongelofelijk.'

Via het zijtrapje klom de voorzitter het podium op. Opgewonden begon hij in het oor van Lex te fluisteren.

'Het is mijn eerste film,' improviseerde de laureaat door. 'En dat ik nu meteen… Het is niet te geloven. Ik wil mijn regisseur bedanken. Hij heeft. De kans die ik heb gekregen. Fantastisch. Mijn medespelers, de catering, de producent, de grip.'

Lotte bewoog zich zo onopvallend mogelijk naar de zijkant.

'Alle mensen die ik vergeet. Mijn ouders.'

Ongemerkt schoof Lotte de coulissen in en vandaar via de achterdeur naar buiten, haar auto in.

Tweehonderd meter rennen. In haar kamer graaide ze snel haar spullen bij elkaar in het Grand Orion, riep 'noodgeval!' tegen de verbouwereerde nachtportier en scheurde Terneuzen uit.

Ze vond het een beetje sneu voor de opstandige zoon. Zijn *five minutes of fame* waren gebaseerd op een misverstand. Aan de andere kant: hij stond aan het begin, er zouden waarschijnlijk nog veel films volgen. Hij zou er wel aan wennen, aan het onrecht en de willekeur die bij het vak hoorden. Misschien zou de jury het diplomatiek oplossen en mocht hij zijn prijs houden. Ze hoopte het. Alles beter dan een Scheldemeisje in de klauwen van Bierkwiek.

~

'Ik wil graag mijn medeleven uitspreken voor de slachtoffers,' zei Reuben op de laatste zittingsdag in Den Bosch. 'Ik vind het echt vreselijk wat er gebeurd is. Het is vandaag al eerder genoemd geloof ik, samenloop, noodlot, en precies dat kenschetst de situatie. Uiteraard kan ik niet voor anderen spreken, maar wat mij betreft is er nooit sprake geweest van enige opzet. Het passeren van het oorspronkelijke startpunt was een ingeving, veroorzaakt door het plotselinge besef dat de door Lotte en mij bedachte speurtocht een beetje simpel was. De bedoeling was namelijk een serieuze dropping te organiseren, niet een kinderpartijtje. We hebben het immers over vier volwassenen in het bezit van zaklampen en extra kleding. Het kan heel goed dat ze aanvankelijk in de verkeerde richting liepen vanwege een misverstand over de maan. Maar dat hadden ze al snel kunnen weten, want de eerste opdracht was: bij de grote eenzame spar rechtsaf. Dit betreft een uniek en markant herkenningspunt, niet te missen, en ze hadden slechts terug te hoeven gaan naar de zessprong en het opnieuw te proberen via een andere weg.

Ik vind het echt heel erg voor Guusje, het ongeluk komt altijd uit de hoek waar je het niet verwacht. Ik wil hiermee niet zeggen dat ik het ze kwalijk neem dat ze hierna in paniek zijn geraakt, maar de overheid wordt toch ook niet vervolgd als je op een provinciale tweebaansweg uit de bocht vliegt? Het asfalt ligt er, het is aan de automobilist om dit veilig te gebruiken. Lotte en ik hadden de tocht ontworpen, daarvoor draag ik zeker voor de helft verantwoordelijkheid. Maar zwiepende boomtakken, misinterpretaties, de rampzalige beslissingen die de groep later genomen heeft, daar heb ik de hand niet in gehad.

Verder is juffrouw Feuerstadt uit de auto gestapt tegen mijn uitdrukkelijke wens in. Ik wilde doorrijden naar de N6339 om vandaar naar het rendez-vouspunt te gaan. Precies wat ik later ook gedaan heb. Ik ben niet lopend achter haar aan gegaan, heb geen fantasieën over haar en zeker geen seksuele. Het zou niet in me opkomen mezelf aan haar op te dringen. Een aantal keer is vandaag de vraag opgeworpen hoe groot de kans is dat er – precies op het moment dat Lotte uit de auto stapte – een verkrachter los liep in het bos. Ik heb daar geen antwoord op. Wel denk ik dat er sprake is van meer nachtelijke activiteit dan iedereen veronderstelt, ik ga ervan uit dat de clandestiene stroper die Ewout en Jaap heeft gevonden, wel weet wat ik bedoel.

Verder is het belangrijk te vermelden dat ik geen Duits spreek. Iets dat heel duidelijk reeds naar voren kwam tijdens de zitting in Freiburg. Ik weet dat de familie Feuerstadt gelooft dat ik me als zodanig heb voorgedaan, maar eerlijk gezegd denk ik dat Lotte heel goed een native speaker kan onderscheiden van iemand die daar een beetje in beunhaast. Ze heeft immers professionele stemles. Ik vind het zeer pijnlijk dat ze me heeft beschuldigd van iets wat ik niet gedaan heb. Niet gedaan kan hebben. Ik veracht het gedrag van zulke mensen. De hele belevingswereld is mij onbekend, ik heb een gezond liefdesleven. Ik heb geen achtergrond van gewelds- of zedenovertredingen en anders dan de rest van de vriendengroep, heb ik gewoon een baan. Eerst in de voedselverwerking, en thans een betrekking bij de Bijenkorf. Ik wil erop wijzen dat ik tijdens de vakantie op de Dinkelberg de meeste boodschappen en brandstof heb betaald, en mogelijk – ook dat is eerder gezegd – heeft dat een bepaalde jaloezie in de hand gewerkt waardoor bepaalde gelederen zich gesloten hebben en ik beticht word van alles wat die avond is misgegaan.

Het is waar dat er onduidelijkheid bestond over mijn deelname aan het nog op te richten gezelschap. Hoewel ik zelf het idee voor zo'n onderneming heb bedacht – ik meen na een gezamenlijk bezoek aan een stuk van Horváth – stond ik niet meteen te springen om dit uit te voeren. Tijdens trainingen met mijn privédocent is langzamerhand komen vast te staan dat mijn talent waarschijnlijk veel meer tot uiting zal komen als regisseur. Het Verboden Theater beoogde echter een acteurscollectief te zijn, en derhalve was mijn participatie niet aan de orde.

Tot slot is het juist dat ik me meermalen kritisch heb uitgelaten over de groepsactiviteiten. Men hield zich gedurende het grootste deel van de dag onledig met het spelen van computerspelletjes terwijl met het veranderen van het toneelbestel in Nederland naar mijn mening niet langer gewacht kon worden. Het is duidelijk dat dit wederzijds enige irritatie heeft veroorzaakt, en ik geef toe dat ik met enig plezier dat stomme verbindingssnoertje heb begraven in het bos. Maar alle andere dingen kunnen mij niet verweten worden. Ik weet zeker dat mijn onschuld onmiddellijk bewezen zou kunnen worden indien juffrouw Feuerstadt haar jurk of ondergoed bewaard zou hebben. Maar dat is helaas niet gebeurd. Of dat te wijten is aan een bepaalde onzorgvuldigheid in het overigens incomplete politieonderzoek, of dat het Lotte wel goed uitkwam dat die kleren er niet meer waren, weet ik niet en daar wil ik liever ook niet over speculeren.'

~

Met een longontsteking, uitdrogingsverschijnselen en verwondingen aan armen en onderbenen werd ze opgenomen in het ziekenhuis. Ze had ruim twee etmalen in een vochtig bos doorgebracht met alleen een windjackje. 'Ik ben een rode dwerg,' ijlde ze, toen het ambulancepersoneel haar op een brancard tilde. 'Ik wil niet in een hefschroefvliegtuig.' En toen ze haar vastgespten: '*Hefschraubfleugzeug*.'

De ziekenbroeders hadden al het een en ander meegemaakt en zeiden sussend dat ze zich *keine Sorgen* hoefde te maken want ze gingen met de *Krankenwagen*. Terwijl ze het woud uit hobbelde bedacht ze hoe verontrustend efficiënt de Duitse taal eigenlijk was. Een *Krankenhaus* voor mensen die door het leven gebutst, verbogen of vernederd zijn, kan het prozaïscher? En, ook mooi: *verstanden*? Met een beuk tegen je hoofd, waar dat verstand immers zit. Ze probeerde de beklemmende semantiek uit te leggen aan de dienstdoende verpleegsters, maar die zeiden allemaal *ruhig*, en *nicht aufregen*, manoeuvreerden haar onder de douche, gooiden haar gescheurde kleding in de afvalcontainer, en trokken haar een lichtblauw hansopje aan.

Pas tien uur later, toen de tranquillizers uitgewerkt waren, begreep Fons uit haar onsamenhangende verhaal ongeveer wat er gebeurd was en deden ze aangifte. Maar toen was het te laat voor sporenonderzoek, en dat was dan weer het nadeel van al die doelmatigheid.

~

De verwarring rond het Scheldemeisje was het vierde item van het *Achtuurjournaal*, maar toen vloog ze al boven Schotland. Zes weken later kreeg Guusje een aantal acceptgiro's in de bus voor te hard rijden: op vier plekken had haar auto op de A15 en A4 de maximumsnelheid overtreden.

Voor de loods aan het Willemskanaal had Lotte te veel haast gehad.

Ruim een jaar later vond de brandweer bij een routine-inspectie bijna elfduizend Betamax-videorecorders, allemaal nog netjes in de originele verpakking. De opgaande lijn die Brent, Raggel & Dripsteen in het grootboek hadden gezien was geheel te danken aan het eigenzinnige en geheime opkoopbeleid van haar president-directeur, die daarmee de resultaten van Feuerstadt Hivifo aantrekkelijker had proberen te maken voor een mogelijke bedrijfsovername.

Lottes wilde rit naar Amsterdam en haar trans-Atlantische oversteek de volgende dag hadden alle kenmerken van een nieuwe vlucht voor een monstrum uit het verleden dat, zo realiseerde ze zich, haar zou blijven achtervolgen als ze aan de verkeerde kant van de oceaan bleef. De envelop met Reubens naam erop had ze uit het raam gegooid bij de brug over het Hollands Diep.

De Talkshow

Hij bevindt zich in het brandpunt van twee televisiecameralenzen, duizend ogen ketsen op zijn pantser. Hij heeft het gevoel dat de lampen hem verschroeien.

'Ik bedoel,' zegt Matthias, 'waarom wil iemand dat?'

Reuben wil ontspannen antwoorden, maar het is moeilijker dan hij dacht. Zijn tong ligt als een naaktslak vast in het zand.

'Meneer Bierkwiek. Onze redactie is tot vrij veel in staat maar over uw verleden konden we toch heel weinig vinden.' De presentator draagt een glimmend colbertje en een paars overhemd. Hij moet al over de vijftig zijn, maar hij gedraagt zich als begin dertig. Zijn pony hangt voor zijn linkeroog.

'Ik leef met uw redacteuren mee.' Reuben trekt zijn mondhoeken op. Pareren. Speekselklieren. Aardig blijven.

'Hebt u iets te verbergen?'

'Niet in het minst.'

'U bent afgewezen op de Theaterschool.'

'Twee keer.'

'Waarom bent u dan castingdirector geworden?'

Hij glimlacht, de slak komt in beweging. 'Passie. Ik was verliefd. Op de magie, de visgraat van de schouwburgvloer, de geur van de gordijnen, de acteurs, actrices, op alles wat ze zeiden. Pinter, Tennessee Williams, Racine, Brecht, noem maar op.'

'Verliefd.'

'Ik ging praktisch elke avond naar een voorstelling. Ik had vrienden op de Toneelschool, kende een paar mensen uit de filmwereld. Paul natuurlijk, en Dick, Huub, Peter. Ik was jong, vond het leuk, maar het kwam niet in me op om van mijn hobby mijn beroep te maken, ben je gek. Ik wilde eigenlijk gaan studeren. Dacht aan Nederlands, of politieke wetenschappen, heb zelfs een tijdje moleculaire biologie overwogen. Onzin, natuurlijk, het bloed kruipt waar het niet gaan kan.'

'Moleculaire biologie? Met havo?'

'Ik had plannen voor een staatsexamen vwo. Was een ambitieus kereltje, hoor. Om mijn studie te betalen werkte ik overdag in een warenhuis en 's nachts in een fabriek. Totdat Ursul een keer tegen me zei: "Wanneer hou je daar nou eens mee op? Ga gewoon doen wat je leuk vindt."'

'U kende Ursul Rhuggenaath goed?'

'Goed, nou ja. Nee. Ik wist wie hij was. Hij wist wie ik was. Hij zat destijds te springen om een goeie assistent, de vorige kon niet omgaan met stress. De film en televisie zat in een groeistuip, dat moet je niet vergeten. RSC kon het werk niet meer aan. Er was behoefte aan professionalisering. Het was eigenlijk wel logisch, van het een kwam het ander.'

'Meneer Rhuggenaath is ruim vijftien jaar geleden overleden.'

'Dat klopt.'

'Ziet u zichzelf als zijn erfgenaam?'

'Nee. Niemand kan hem vervangen.'

6. *De Ringelrat*

Het is geen weer voor een begrafenis. De dag is – na een week van hevige depressies – overrompelend begonnen, met een zon die in een schoongespoelde en drooggewaaide wereld opkwam tegen een achtergrond van aarzelend lila, maar die om negen uur al stond te loeien in smetteloos blauw. De slagschaduw die de Sint-Joriskerk in Oud-Zuid over het kerkplein werpt is hard – als in een Amerikaanse zwart-witwestern. In het gedeelte dat aan de straat grenst schittert het voorjaar: jonge vaders op fietsen met lege kinderzitjes, meisjes met zonnebrillen en blote benen, een makelaar zonder jas op een scooter. Aan de kant van de kerk is het duister en koel, schemerig bijna, alsof de winter nog niet heeft besloten om te vertrekken.

Reuben staat vlak voor de grens van donker en licht, met zijn schoenpunten op de scherpe lijn die over de tegels valt. Hij is bijna veertig, vandaag is zijn inauguratie. Hij is alleen, de gasten en genodigden die in een lange rij het gebouw in bewegen, houden respectvol afstand, ze willen hem niet storen. Een enkeling komt op hem af, maar voordat die bij hem is, knikt Reuben kort en smartelijk en draait half weg. Een hand zit er niet in, geeft hij op deze manier aan.

Hij ziet zichzelf staan, op dit plein, in de stemmige lange zwarte winterjas die, in harmonie met de lichtval op het plein, opvallend contrasteert met zijn steenwitte haarloze schedel. Hij weet het, het is een pakkend beeld. Wanneer er een belangrijke filmproducent of een bekende acteur uit een taxi stapt, laat hij af en toe een marmerhandje verschijnen ter begroeting.

Hij staat er als een strenge kerkvader uit vervlogen tijden, want het gebouw achter hem wordt al jaren niet meer gebruikt als religieus portaal, maar als poptempel, buurtcentrum, stemlokaal. Alle religieuze artefacten zijn verwijderd, met uitzondering van het beslag van de grote toegangsdeuren. Ze staan open, de drakenkoppen kijken elkaar woest aan, kloppers en neusringen zijn gemaakt van smeedijzer in de vorm van een kruis.

Precies drie keer strekt Reuben zwijgend zijn arm voor een handdruk: bij de burgemeester, bij de directrice van het Filmfonds, en bij de aankomst van Paul, de vermaarde regisseur die speciaal voor vandaag uit Amerika is gekomen. De nieuwkomers knikken ernstig, bijna deemoedig, met gebogen hoofd, alsof ze weten dat hun medeleven nauwelijks gewicht in de schaal zal leggen bij het verdriet dat hun gastheer moet dragen.

'Ursul was als een vader voor me,' zegt Reuben twintig minuten later op de plek waar vroeger ooit het altaar heeft gestaan. 'Zeventien jaar geleden lag ik op de bodem van het ravijn. Ik wist niet wie ik was, had nauwelijks vrienden en geen werk.' Hij verschuift de pagina's voor hem op de katheder, maar hij kent de tekst eigenlijk uit zijn hoofd. 'Ik had alles al geprobeerd, van de universiteit tot de lopende band in een voedingsmiddelenfabriek, van filmacteur tot de kledingafdeling van een groot warenhuis. Ik werd overal ontslagen, had geen geld, en maar één wens: te worden toegelaten tot jullie wereld.' Hij kijkt naar de zaal bomvol regisseurs, acteurs, actrices, producenten, cultuurambtenaren en journalisten. Hij gebruikt dikke woorden, maar het is de waarheid. Hij is bereid zich voor één keer in de ziel te laten kijken. Het is er de geschikte plaats voor.

'Uit pure wanhoop deed ik de ene na de andere test bij Rhuggenaath, toen nog een klein kantoortje aan de gracht, en ik ben ik weet niet hoe vaak dat stoepje opgeklommen met hoop, en daarna afgedaald met vrees. Op een dag, na een test voor een televisiecommercial van zonnebrandcrème, ben ik op dat hardstenen trapje gaan zitten en begon te huilen. Ik had me tijdens de auditie vreselijk aangesteld, in een zwembroek en met een opblaasbare strandbal die ik speciaal had meegenomen. Ik wilde zo vreselijk graag een keer aangenomen worden, en begreep niet dat dit juist de reden was waarom ik altijd zou worden afgewezen.'

Het is doodstil in de kerk. Reuben neemt een slokje water.

'Ik hoorde dat achter me de deur openging, iemand beroerde mijn schouder. Daar stond Ursul. Hij stak zijn hand uit en trok me omhoog.

Hij trok me omhoog, duwde me de trap op naar boven en gaf me een glaasje vruchtensap. Hij zei tegen me: "Reuben jongen, wat doe jij jezelf toch elke keer weer aan? Wanneer ga je nou eens accepteren dat het gewoon niet lukt? Je hebt er geen gevoel voor. Je remt als je gas moet geven, en bij de volgende bocht ga je er juist veel te hard in. Je timing is niet goed, je tekstbehandeling is grotesk, je articuleert vaak overdreven maar als het nodig is ben je onverstaanbaar. Volgens mij moet jij dit helemaal niet willen doen. Zoek ander werk."

"Ik wil niets anders."

"Ga dan solliciteren als decorbouwer, of regieassistent."

Waarop ik zei: "Waarom niet solliciteren als medewerker op een castingbureau?"

Hij schoot in de lach, die vrolijke, warme, ontwapende lach die jullie allemaal zo goed kennen, en riep: "Nou, dat is moeilijker dan je denkt." En ik: "Geef me dan een kans." Hij dacht even na en schoof vervolgens een multomap naar me toe – die hadden we toen nog – en zei met dat tuitmondje van hem: "Zoek hier dan eens een goede politie-inspecteur uit." Ik zei oké, en de rest is *history.*'

Reuben wees naar een bejaarde man op een van de voorste rijen. 'Daar zit de beroemdste politieman van Nederland, al moet ik zeggen: in die kaartenbak destijds zag-ie er beter uit.'

In de zaal wordt opgelucht gegrinnikt. Er mag gelukkig ook gelachen worden. Reuben glimlacht lichtverdrietig mee. Het verhaal van de foto in die ringmap klopte, maar de rest ging toch een beetje anders.

~

Ursul was achter hem komen staan en gaf met veel onbedoeld sproeispeeksel commentaar op iedereen die voorbijkwam in de map: 'Die niet. Die ook niet. Ben je gek, die flapdrol gaan we niet uitnodigen voor een test. Nee, hem ook niet. *Grubelend.* En hij? *No way.* Die gedraagt zich als een prins op de erwt en wil altijd eerst een script lezen. O, en die is niet beschikbaar. Wat heb je trouwens mooie handen, Reub. Nee, die twee ook niet. Hebben al een keer in een politiethriller gespeeld. Wacht, hem kun je ook overslaan, want hij is dood, geef maar hier, kan eruit.'

Terwijl Reuben het fotomapje aan hem gaf, hield Ursul zijn vingers vast. 'Sterke vingers. Vingers van iemand die weet wat-ie wil.'

Hij knikte, hoewel het omgekeerde waar was. Hij wist niet wat hij wilde, had geen idee waar hij de huur deze maand vandaan moest halen, hij was gedagvaard door een Duits advocatenkantoor, zijn toneelleraar wilde hem geen les meer geven. Deze bleke, weke hand die zijn vingers bevingerden, zou zijn redding kunnen zijn.

'Ik kan altijd zien of iemand vastbesloten is,' lispelde Ursul. 'Aan lapzwansen, halfwerkers en kantlopers heb ik een hekel. Maar op de een of andere manier denk ik niet dat jij dingen half doet.' Hij trok Reuben uit de stoel. 'Of vergis ik me?'

'Ik weet niet of–' Hij was zich er van bewust dat ze alleen waren. Het telefoonmeisje had zeker weer een vrije middag. 'Ik weet niet.'

'Ik wel. Je kunt me vertrouwen.'

Reuben wilde dat graag. Hij had genoeg van het vruchteloos proberen, van de voortdurende afwijzing, het rennen en jakkeren langs het spoor waar de intercity's voorbijflitsten maar hij geen aansluiting kon vinden. Hij snakte naar een plek in de coupé. Bagagewagen was ook goed. 'Het is alleen, Ursul, wacht even. Ik weet niet of ik zo op mannen val.'

'Natuurlijk wel. Dat heb ik al gemerkt.' De purpervlekken in zijn gezicht waren nog roder dan anders. Ursul begreep wat hij zag. 'Dat is rosacea. Het is een onschuldige huidaandoening.'

'Ja, maar ik geloof–'

'Tuurlijk. Jij gelooft dat je ook gevoelens hebt voor meisjes. Dat kan. Dat gebeurt. Het is allemaal niet zo vastomlijnd. En zeker tegenwoordig niet.' Hij trok hem mee naar zijn kantoor aan de achterkant.

Reuben aarzelde.

'En je moet leren je af en toe te ontspannen, Reubje. Echt, je bent om op te vreten, maar al die barrières, heel vermoeiend.'

'Ik ben–'

'Bang, ja weet ik. Maar dat hoeft niet. Je hele leven kijk je al één kant op. De heterofiele kant. Daar zou ik kramp van in mijn nek krijgen. Helemaal niet gek dat je muurvast zit. Heel normaal, de meeste mensen hebben een zetje nodig.'

Ze stonden inmiddels in het kantoor, bij de bank waar hij straks een zetje zou krijgen.

'Kom,' zei Ursul. 'Trek nou eerst eens die belachelijke trui uit.'

Hij deed het. Hij wilde zich graag overgeven, alles loslaten, zich op sleeptouw laten nemen door dit opgewonden smakkende locomotiefje. Hij wist niet precies waar ze naartoe gingen, maar wat gaf dat? Het was prima dat iemand anders een keer de dienstregeling bepaalde. *Sit back and relax.*

Dat viel nog niet mee als iemand voor het eerst van je leven anaal verkeer met je wilde, maar na een moeilijk begin ging het eigenlijk wel makkelijk. Ursul had achter de bank een flesje babyolie staan. Het voelde raar, heel aards, alsof hij moest poepen, maar het was ook vaag opwindend. Ursul maakte de indruk dat hij wist wat hij deed. Hij was de machinist, conducteur en wisselwachter. Reuben liet zich de berg optrekken en tot zijn verwondering bereikten ze op zeker moment zelfs een soort van top. Soort van, want hij kon het niet helpen: tijdens de hele rit zag hij het steeds voor zich, meester en gezel op een sofa van geolied leder, leerstof en straf werden er tegelijkertijd ingeramd, als in een bewegende, kreunende ponskaartmachine van vlees.

Hij kreeg geen contract, wel de belofte van een stageplek. Thuis spoelde hij zijn aars uit, de volgende ochtend ging hij naar de Singel alsof er niets gebeurd was. Van Ursul kreeg hij een knikje, het telefoonmeisje gaf hem een slank, maar slap en ongeïnteresseerd handje. Ze heette Kelly. Blijkbaar had het meisje er al veel zien gaan en komen. Maar Reuben was vastbesloten zich niet te laten kennen en stortte zich op zijn werk.

Hij maakte een selectie van alle dertigjarige mannen die volgens hem geschikt waren voor de nieuwe politiefilm. Het viel hem op dat het archief nogal rommelig was. De acteurs en actrices waren op leeftijd geselecteerd in ringmappen 20-30, 31-40, 41-50, 51-60, 61 en ouder. En er was een apart mapje voor jongeren. Soms waren er wat extra foto's en een cv. Dat was het. Hij maakte een lijst van mensen die hij kende uit het toneel maar die in geen enkele map voorkwamen. Hij ontdekte verder dat de meeste cliënten gearchiveerd waren op het moment dat ze zich hadden ingeschreven. Zo zat Ellen nog in de bak 30-40, terwijl die volgens Reuben inmiddels al de vijfenveertig gepasseerd was. In ieder geval zag ze eruit als vijfenvijftig, dus hij maakte ook een lijst van gewenste aanpassingen.

Hij vroeg aan Kelly wie de foto's maakte. Het bleek een tamelijk viezig figuur te zijn uit de Jordaan, die tachtig gulden vroeg voor een portfoliootje van vier afdrukken. Reuben was er ook een keer geweest. De meeste mensen hadden om deze reden niet veel zin hun foto's te updaten, met als gevolg dat er bij een test dikwijls heel andere kandidaten binnenkwamen dan waar de regisseur in eerste instantie voor gekozen had. Reuben schreef zijn eerste memo, waarin hij zijn bevindingen samenvatte. Verbaasd kwam Ursul die middag zijn kantoortje uit en wapperde met het A4'tje. 'Reub, heb jij dit geschreven?'

'Inderdaad. Je zit de hele tijd maar achter die telefoon. Ik dacht dat dit de beste manier was.'

'Hm. Wat bedoel je met inpandige vervaardiging van beeldmateriaal?'

'In je archief zitten momenteel driehonderdtwaalf mensen. Van de meesten zijn de foto's gedateerd. Dat maakt een onprofessionele indruk bij een casting, lijkt me. Of je moet zin hebben om tegen een regisseur te zeggen: "Oeps, sorry, deze dame ziet er inmiddels een beetje uit als een kringloopbank" Het kost onnodig veel tijd en geld. Waar of niet? Wat nou als we die driehonderd mensen een briefje sturen dat ze hun portfolio's moeten verversen? Dan verdient onze vriend uit de Jordaan met twee vingers in de neus bijna vijfentwintigduizend gulden, want het zijn in feite heel gemakkelijke kiekjes die hij maakt. Als je liever zelf die kwart ton bijschrijft, kunnen we die camera ook hier neerzetten, bijvoorbeeld in de gang, met een paar lampen en een achterwandje. Bovendien zien we al onze klanten dan weer eens, krijgen we nieuwe cv's, we kunnen kijken wie er definitief uit kunnen, en wordt die mappenkast eens een beetje uitgemest.'

Ursul wist even niet wat hij terug moest zeggen. Kelly keek belangstellend toe.

De volgende ochtend wenkte hij Reuben even mee te komen. Op de bank in de achterkamer zat een boertige, vijftigjarige man in aangetast ribfluweel wijdbeens te roken. Zijn dunne lange haar hing tot op zijn schouders. Het zou een alcoholicus kunnen zijn of een handelaar in oude metalen, maar het was een van de topregisseurs in Nederland. Ursul hield de introductie kort: 'Reub, dit is Wim. We krijgen straks een paar kandidaten voor de rol van de brigadier, maar de actreutel die tegenspel zou komen geven, heeft net afgebeld. Zou jij dat even kunnen overnemen? Dan heb ik m'n handen vrij voor de video.'

'Dat is goed,' zei Reuben en hij zat de rest van de dag tegenover Huub en Hugo en Derek en Hans en Peter, het voorste peloton van de acterende laaglanden. Onder de wuivende helmbossen bleken jongens en mannen te zitten die net deden alsof ze niet zenuwachtig waren, die af en toe abominabel slecht speelden, die zich verspraken, stuntelden en te hard lachten om Ursuls flauwe grapjes. Stuk voor stuk vielen zijn helden van hun voetstuk terwijl hij elk uur beter werd. Hij was niet zenuwachtig, zijn zinnen kwamen er vloeiend uit.

Aan het einde van de dag strekte Ursul zijn benen. 'Huub is het niet. Ik begrijp niet wat de mensen in die grubelgozer zien. Wat vind jij, Wim?'

'Moeilijk. Het was allemaal nogal–'

'Mee eens. Kijk, Hugo valt ook af. Wat mij betreft, dan. Het is een komediant. Hij hoort in een blijspel. Als je hem gaat casten als politieman schiet iedereen in een stuip. Spoel dat "Ik ruik een moordenaar" nog eens terug, Reub.'

Hij deed het. Ze lachten allemaal hartelijk.

'En Hans ook niet. Goede acteur natuurlijk,' vatte Ursul samen. Maar die hoort op het toneel. Dat is zijn natuurlijke habitat. Die moet je niet voor een lens neerzetten.'

'Nee?' vroeg Wim.

'Nee, schat. Nou misschien als de veehandelaar, die scène op de markt. Weinig tekst. Dat zou nog kunnen. Misschien. Ja. En dan Peter. Die is het omgekeerde. Luiwammes. Kan niet eens normaal ABN, maar ja, publiekslieveling. Ga je veel werk aan hebben, hoor.'

Wim knikte.

'Blijft over Derek. Ik vond hem niet heel slecht in zijn laatste film. Probleem is dat hij weet dat hij goodlooking is. Maar hij zou kunnen. Als je het tenminste niet erg vindt dat hij een beetje een gay-uitstraling heeft.'

'Gay?'

'Heel erg. Toch, Reub?'

'Ja, heel erg gay,' antwoordde hij, hoewel hij Derek eigenlijk wel sympathiek had gevonden. Een goede politieman. Robuust en eerlijk.

'Tja,' piekerde Ursul. 'Misschien moeten we toch nog eens Rutger proberen te bellen.'

~

Memo 2
Beste Ursul, ik heb er nog eens over nagedacht, over gay, en over uitstraling, en over de gebeurtenissen op de bank, bij jou op kantoor. Ik kan je melden dat ik tot de conclusie ben gekomen dat ik niet op mannen val. In zijn algemeenheid, dan. Ik vind jou bijzonder lief en attent en ik vind deze stage echt heel leuk en ben erg dankbaar dat je me deze kans geeft. Maar mannen als object d'amour? Nee. De vraag is natuurlijk: hoever gaat mijn dankbaarheid in deze? Wordt er elke maand betuiging verlangd? Elke week? Of is aan de quid pro quo inmiddels voldaan en gaan we over tot de orde van de dag? Excuus voor het Latijn, maar ik heb de kwestie ook even voorgelegd aan een bevriende advocate met wie ik een kortstondige verhouding heb gehad tijdens een uitvoeringsreeks van de West Side Story, waar zij mij op weergaloze wijze tegenspel gaf.

Na enig nadenken verzond hij de memo niet, maar ruimde de kast op met afwijzingsformulieren. Hij gooide de grijzige papiertjes met stippellijntjes in de afvalbak en maakte helderwitte fotokopietjes waar je met de elektrische schrijfmachine linksboven in het zelfde lettertype de naam van het project en de cliënt kon invullen. Voortaan kreeg iedereen een 'persoonlijke' brief thuis zonder amateuristisch ballpointgeknoei waarin stond waarom het deze keer niet gelukt was.

Als beloning nam Ursul hem mee naar een voorstelling, na afloop in de foyer merkte hij hoe fijn hij het vond als hij langs zijn neus kon vertellen dat hij sinds kort op kantoor zat bij Rhuggenaath, dat ze een nieuwe speelfilm aan het casten waren en 'er nog niet helemaal uit waren'.

Tijdens zijn eerste maand op de Singel zag hij half acterend Nederland langskomen voor de rol van de politiebrigadier, maar nog belangrijker: ze zagen hem ook. Achter een bureau, in gesprek met Ursul, als tegenspeler en camera-assistent, en het duurde niet lang of hij hoefde in het café niet meer te vertellen over zijn nieuwe baantje. Ze kwamen vanzelf naar hem toe, de werkzoekende beroepsgroep, met een drankje, een hand, een schouderklop.

Na een tijdje kreeg Reuben van Ursul een antwoord op memo 1: *a: Koop een goede camera (max 500-600 gld) met statief. b: Stel conceptbr. op aan alle ingeschr. pers. over update van beeldmat. c: Geef me je bankreknr. i.v.m. overm. salaris. d: Laat je niet tegenh. indien je het arch. verder wilt opschonen.*

In Marcels oude bureau vond hij een envelop met kwitanties, een rekenstaat met bedragen en een lijst met een tiental bekende namen. Kelly had geen idee wat het kon zijn, Ursul was buiten de deur, dus hij vroeg het aan Marcels antwoordapparaat. Tot zijn verbazing vond hij nog dezelfde dag bij thuiskomst een boodschap van zijn hospita: *svp Marcel terugb. spoed.*

'Ik begrijp dat je mijn oude baan hebt,' opende Marcel woest het gesprek.

Reuben spreidde zijn handen. 'Ik wist niet dat je ontslagen was. Je hebt me namelijk nooit teruggebeld.'

'Niet ontslagen. Vertrokken.'

Ze stonden in Berties, een sportcafé op het Leidseplein. Marcel wilde niet ergens anders afspreken, uit angst herkend te worden door het acteurslegioen. 'Ik heb jou niet gebeld, klopt. Maar ik had niets te vertellen. Ik was eerlijk gezegd je gestalk een beetje zat.'

'Dacht dat we bevriend waren.'

'Ik weet niet meer wat vriendschap is, eerlijk gezegd. Ik kan het niet altijd onderscheiden, wat echt is en niet. Het gefleem, de manipulatie, het gechanteer.' Hij kwam dichter bij Reuben staan. 'Er is iets wat je moet weten over Ursul. De tweede dag dat ik er werkte. Er was iets, overwerk, ik weet niet meer. Er moest een mailing de deur uit. Kwam-ie naast mijn stoel staan en duwde zijn erectie tegen m'n bovenarm. Ja, wat moest ik? Sorry, vroeg hij, heb je daar last van? Ja, meneer Rhuggenaath, dat kunt u wel zeggen. Hoe wilt u dat ik die enveloppen nu dicht krijg? Met testosteron? Maar dat zei ik natuurlijk niet, stommeling die ik was. Ik van: neuh, blijf maar lekker staan, ik plak er wel omheen. Wat niet meevalt, als iemand tegen je op staat te rijden die een paar decennia ouder is. Ja, als-ie in de weg zit, moet je er wat aan doen, zegt-ie. En dat heeft-ie me drie en een half keer geflikt. Op het laatst durfde ik alleen nog op mijn werk te komen als Kelly er was – uit pure angst dat ik weer aan het handwerk gezet zou worden. Tijd voor achterstallige administratie, zei hij dan.'

'Drie en een half?'

'De laatste keer wilde hij weer afgetrokken worden, tijdens de lunchbreak van Kelly, hij had zijn hele prak zo ongeveer al op de telefoonklapper gelegd, en toen riep-ie opeens, je mond! Doe het met je mond!' Verontwaardigd zette Marcel zijn glas neer. 'Ja, dag. Je mond, dat is heilig, het spraakorgaan is het enige dat ons onderscheidt van de dieren, we zoenen onze eerste liefdes ermee, Confucius en Martin Luther King spraken tot ons via de mond, er zijn meer dan zesduizend verschillende talen op de wereld, ontelbare dialecten, de variëteit in klanken en geluiden is onmeetbaar, en dat zou je dan gebruiken om aan de riekende zwieberstick van je werkgever te gaan zuigen? Nee, daar ligt voor mij een grens.'

'Ja, uiteraard,' antwoordde Reuben geschokt. 'Je hebt helemaal gelijk. Wat een klootzak.'

'Kijk uit, hè, ik bedoel, misschien houdt-ie zich bij jou eerst een beetje gedeisd, maar je kunt hem niet vertrouwen. En al helemaal niet als je alleen met hem bent.'

'Dat gaat niet gebeuren. Ik zorg gewoon dat ik altijd eerder weg ben dan Kelly.'

'Ook als Kelly in de buurt is. Oppassen. Want dat meisje heeft al moeite met de telefoon opnemen. Ze is zo dom als een deurmat. Ze kan niet verder kijken dan haar vingernagels. Ik moest een keer Ursuls achterstallige masturbeeradministratie doen terwijl zij even naar de wc was, de zaadvlekken zaten tot in het pennenbakje. En toen ze terugkwam en achter haar bureau ging zitten vroeg ze alleen: wie heeft er hier met preisoep geknoeid? Ik in de weer met toiletpapier en een schuursponsje terwijl ik ter plekke een moeder bij elkaar moest improviseren met een thermosfles en een moestuintje. Nee, het was verschrikkelijk.'

'Nog knap dat je het zo lang hebt volgehouden.'

'Het voelde als verraad. Mijn moeder is overleden toen ik zestien was. Ze had niet eens een balkon.'

Uit medelijden bestelde Reuben nog een drankje voor hem. 'Even praktisch. Ik heb die namenlijst meegebracht uit je bureaula.'

'De lijst. Ja. Ursulinde Gloria.'

'Wat?'

'Ursul vertegenwoordigt een aantal acteurs.'

Reuben liet dit even op zich inwerken.

'Ja, precies. Onvoorstelbaar. Want bij die mensen incasseert hij drie keer commissie. Eerst moet je "servicekosten" betalen om tot het agency te worden toegelaten. Dan probeert hij een rol voor je te regelen. Daar krijgt hij gewoon een fee voor van de producent. En als je gecast wordt, ontvangt hij vervolgens twintig procent van alles wat je verdient.'

'Wacht even. Dat is belangenverstrengeling. Toch?'

'Klopt. Hij hangt het ook niet aan de grote klok.'

~

Zijn eerste casting deed Reuben voor een afstudeerproject.

Ursul was tegen. Zijn geteisterde huid gloeide. 'Voor de filmacademie? Die kunnen ons tarief toch helemaal niet betalen?'

'Inderdaad. Er is geen geld.'

'Dan doe je het maar in je eigen tijd.'

In de avonduren belde Reuben dus de hele C-divisie uit de mappenkast, en slaagde erin een blije en tevreden cast samen te stellen.

De acteurs waren dankbaar voor het geboden platform, de filmstudenten waren opgetogen over de toegang tot een professioneel archief. Iedereen vond hem aardig. Hij bedacht dat de eindexamenkandidaten van nu de regisseurs waren van straks en schreef een derde memo aan Ursul: *Zou het niet een idee zijn om wat meer te investeren in de nieuwe generaties? Contact te zoeken met de beroepsopleidingen? Niet incidenteel, als onderdeel van een casting, maar meer structureel?*

De reactie kwam per ommegaande: *Beste R – ik waardeer je enth. maar we komen nu al om i h werk. Houdt het svp plain & simple. ps: kun je vnvd wat langer blijven?*

Dat postscriptum was toegevoegd omdat Ursul memo 2 niet had ontvangen, anders had hij niet om half zes naakt op de bank gezeten met een glaasje witte wijn en een knabbeltje.

'Zo Reubman. Bevalt het je tot nu toe?'

Reuben verborg zijn schrik en greep naar een willekeurige map, alsof het een werkbespreking betrof. 'Fantastisch. Ik ga elke dag lachend naar mijn werk.'

'Mooi. Maar ook een beetje geil, hoop ik.'

'Soms wel.' Hij pakte een bureaustoel en reed een stukje van Ursul weg. Om zich een houding te geven bladerde hij door de ringband. Het ging om Heren 61-70, verweerde koppen keken hem zelfbewust aan.

Ursul trok zijn scrotum tussen zijn benen vandaan en greep in de bak nootjes. 'Ik zal eerlijk zijn. Ik ben blij dat je er bent. De eerste week dacht ik: oei, maar je pakt het goed op. Ik heb het idee dat je er gevoel voor hebt.'

'Ik vind het erg leuk. Had ik niet verwacht. Maar je geeft me veel ruimte. Daar wilde ik je nog voor bedanken.'

'Dat komt door de klik. Heb ik altijd gevoeld. Al toen je hier de eerste keer binnenkwam. Die test deed je afschuwelijk, maar ik dacht toen: wacht even.'

'Ja.' Reuben sloeg een paar pagina's om. Baarden, kale kruinen, rimpels.

'Voel jij dat ook, die klik?'

'Heel erg, heel erg. Anders zat ik hier toch niet?'

'Sinds jij er bent, ga ik ook met een lach naar mijn werk.'

'Fijn. Maar er is–'

'Ik ben natuurlijk wel een stukje ouder,' onderbrak Ursul hem.

'Helemaal niet. Ik ben heel blij.'

'Je vindt me toch wel een beetje leuk?'

'Ja, jezus, uiteraard. Dat is die klik. De match.' Hij moest uitkijken. Voorzichtig manoeuvreren.

'Ik zat te denken, als we vanavond nou eens gezellig gingen eten, in De L'Europe. En als voorafje nog wat spelen.' Guitig draaide hij zijn heupen, zijn halfharde piemel kwam tevoorschijn.

Reuben boog zich over de map. Overal waar hij keek zag hij huid, haar, vouwen, slap vel.

Ursul graaide weer naar de nootjes, nam een slokje, smakte. 'Leg dat boek nou eens weg en kom hier.'

'Ur, luister. Ik heb nagedacht.' Hij klapte de map dicht en fixeerde zijn blik op de blauwe omslag. 'Het is echt niet erg dat we twintig jaar schelen. Je bent gewoon een leuke man, serieus. Intelligent. Met humor. Lief, ook.'

'Ik voel een "maar" aankomen.'

'Het spijt me. Ik kan dit niet.' Hij sloeg zijn ogen op.

'Wat? Wat is er dan?'

'Ik ben toch tot de conclusie gekomen dat ik niet op mannen val.'

'Niet op mannen?' Met het glas in zijn ene hand, de nootjes in de andere, zag zijn werkgever eruit als een geschrokken clowntje. 'Maar hoe, wat was er, we hebben toch–?'

'Precies. Dat lag aan mij. Ik wist het gewoon niet. De eerste keer dacht ik dat het erbij hoorde, bij de test. Bij Reve. Bij de inleving. Een opwelling, van beide kanten.'

'Ik was alleen maar spontaan.'

'Natuurlijk. Ik verwijt je ook niets. Dat gebeurt soms, tussen mensen.'

Beteuterd zette hij het glas neer. 'Dacht dat jij het ook fijn vond.'

'Het was compleet nieuw voor mij. Ik wist niet goed wat ik ervan moest vinden.'

'En de andere keren dan?' Ursul pakte zijn overhemd van de rugleuning.

'Je zei dat ik het moest proberen. Als je het niet probeert, weet je het niet, zei je. Nou, ik heb mijn best gedaan, maar ik denk echt niet dat het iets voor mij is.'

'Reub, dit is echt even schrikken.' Snel trok hij het hemd aan.

'Het ligt niet aan jou. Sorry voor de verwarring. Het is mijn schuld.'

'Ik begrijp het niet. Je moet toch iets gevoeld hebben? Ik was toch niet alleen een experiment?'

'Nee, ben je gek. Het was heel intens.'

'Want je hebt wel geëjaculeerd. Dat zegt toch wel wat.'

'Zeker, absoluut.' Hij vond de herinnering eraan onprettig. Het was een verontrustend woord, in combinatie met die bejaarde en behaarde man op zijn knieën.

'Ik moet hier even van bijkomen,' mompelde Ursul terwijl hij met de panden van het overhemd zijn kruis toedekte.

'Ben je boos?'

'Nee, nou ja, ik dacht dat we iets hadden.'

'Hebben we ook, hebben we ook.'

'Alleen anders dan ik dacht, kennelijk.' Hij reikte naar zijn onderbroek. 'Maar, als ik het goed begrijp, heb ik jou dus laten klaarkomen.'

'Ja, jezus, wat ik al zei. Daar ligt het niet aan.'

'Terwijl je een volbloed heterofiel bent. Volgens jou dan, tenminste.' Hij leek door deze gedachte iets gerustgesteld.

'Het was heel bijzonder.'

'Maar je wilt het niet herhalen.' Hij stond op.

'Liever niet.'

'En nu ben je bang dat je morgen geen baan meer hebt.'

Reuben gaf geen antwoord.

'Het is een overweging, dat geef ik toe, maar ik zal je niet ontslaan.' Hij trok zijn onderbroek aan en loerde naar Reuben, het hoofd tussen de schouders. Het tonvormige lichaam wiegde zachtjes heen en weer boven de kleine, vrouwelijk voeten, alsof hij nadacht over de richting die hij zou kiezen. 'Ik blief geen privileges omdat ik toevallig jouw salaris betaal,' zei hij ten slotte. 'Ik wil dat mensen me aardig vinden om wie ik ben, niet om wat ik ben.'

Dat etentje zat er echter niet meer in. Met gemengde gevoelens stapte Reuben even later op zijn fiets met het idee dat hij toch ergens tekortgeschoten was.

~

'Ursuls motto: openhartigheid.' Van achter de katheder wijst hij op de crèmekleurige kist in het middenpad. 'Dat was zijn kracht. En zijn zwakte. Want in onze business gaat helaas niet alles even eerlijk. Hierin verschilden we weleens van mening. Hij zei vaak: "Reub, we zijn een castingbureau, geen talentscout. Ik ga niet achter mensen aan hollen om te kijken of ze misschien talent hebben. Een goede acteur blijft niet tussen de schuifdeuren staan, die maakt zichzelf kenbaar."

Ursul vond, kortom, dat een carrière pas kon beginnen als je je bij hem had ingeschreven. Het was uit principe. De klant moest de eerste stap zetten. Het ging hem daarbij niet om het geld, maar om de mensen. In de begintijd opende ik weleens een vergeten la met uitstaande betalingsherinneringen, er zaten lui bij die dankzij Ursul een riant televisiecontract binnen hadden gesleept, maar hun commissie nog niet hadden voldaan. Ursul mompelde dan vaak: "Doe die la over een half jaar nog maar eens open, ik ga nu geen herinneringen sturen, dat staat zo hebberig."'

Reuben kijkt de zaal in, taxeert de stemming. Werd er al geschuifeld, gedraaid, geneuspeuterd? Nee, hij heeft nog steeds de volle aandacht.

'Ja, hij had zo zijn favorieten. Cliënten die al vanaf 1980 bij hem zaten en waarmee hij regelmatig kwam aanzetten bij nieuwe castings. Niet omdat hij ze een voorkeursbehandeling wilde geven, maar omdat hij geloofde dat de Nederlandse cinema behoefte had aan herkenbare gezichten. "Het is geen democratisch platform waar de rollen eerlijk verdeeld worden," zei hij altijd. "Het gaat om een commerciële wereld, waarin een acteur met voldoende box office een meerwaarde kan betekenen voor de film. Als je in de bios kunt kiezen uit drie nieuwe films, twee met een onbekende cast, en één met Al Pacino, dan koopt iedereen een kaartje voor de laatste. Is dat rechtvaardig? Nee. Is het de realiteit? Ja."

Het was een helder uitgangspunt. Het was eerlijk. Kijk, die eenvoud, dat was zijn ding. Hij heeft zich persoonlijk ingezet voor de marktwaarde van Monique, Rutger, Hans en Renée. En inderdaad, de buitenwacht heeft hem weleens belangenverstrengeling verweten, maar zo zat het dus niet. Hij verdiende er nauwelijks aan. Dit tekent zijn bescheidenheid, hij hoefde niet bij alles het onderste uit de kan. Hij stak zijn hand in het vuur voor de mensen in wie hij geloofde. Hij heeft de Nederlandse filmindustrie smoel gegeven. Letterlijk. Ik denk aan Thom, Thekla, Monic en vele anderen.'

Hij pauzeert even. Het is een mooie mis, het emotioneert hem meer dan hij voorzag. Hij voelt zich verdrietig en bevrijd tegelijk. Ursuls hoofdstuk kan worden afgesloten, een nieuw boek ligt open. Hij negeert de jeuk in zijn nek en neemt een slokje water. Hij begint aan de laatste pagina: 'Van de doden niets dan goeds, zegt men weleens. Maar dat geldt wat mij betreft des te meer over de levende Ursul. Ik heb gesproken over zijn loyaliteit, zijn openhartigheid. "Nee, ik vond het niks," kon hij zeggen tegen de steractrice met prachtige recensies.' Reuben imiteerde Ursuls stem. '"Die rol was he-le-maal niets voor jou, schat. Wie deed in godsnaam de casting voor die film?"'

Hij wachtte tot het gelach wegstierf. 'Eenvoud, loyaliteit.' Hij telde mee met zijn vingers. 'Vakmanschap, oprechtheid. Betrokkenheid.'

~

Ursul had de grootste moeite gehad met loslaten. Hij zag die hele professionalisering van Reuben eigenlijk niet zitten. Elk project was een gevecht geweest. Elk telefoontje een discussiepunt. 'Wie heeft er gebeld? Waarom? Wat heb je gezegd? Wie heb je voorgesteld? Die? Ben je wel lekker? Dat is een heel, heel slecht idee. Geef maar hier die lijst, dan doe ik zelf wel.'

Alleen als er iets voorbijkwam dat Ursul te min vond, kon Reuben z'n gang gaan. Zo'n moment was bijvoorbeeld de introductie van de allereerste soapserie. Nederland was onbekend met het format waarin je elke dag een aflevering opnam. Dat kon nooit goed gaan, was de heersende mening, want zelfs een relatief goedkope RTL-serie als *Na A komt B* kostte een halve week draaitijd per aflevering. Als je daar onder ging zitten, zou het er zo onecht en goedkoop uitzien, dat niemand ernaar wilde kijken.

Reuben dacht daar anders over. Als er in Amerika miljoenen mensen gekluisterd zaten aan *The Bold and the Beautiful*, zou dat in Nederland ook moeten kunnen. En met de komst van de eerste commerciële zenders zou dat ook gaan gebeuren, dat wist hij zeker.

Toen hij met casten van *Op weg naar morgen* begon, was hij al min of meer gewend aan zijn nieuwe status. Hij zat nooit meer alleen aan de bar. Hij hoefde geen moeite meer te doen om aardig gevonden te worden, iedereen in het vak was bereid naar hem te luisteren – maakte niet uit waar hij over lulde – hij kreeg altijd gelijk. Hij hoefde nooit meer alleen naar huis. Toen hij mensen begon te selecteren voor de pilotaflevering van *OWNM*, waren er letterlijk acteurs en actrices die hun leven in zijn handen legden. Goed, dat waren misschien niet de beste van hun klas, of de gelukkigen met een vast contract. Dat waren mensen waarmee hij zich nog niet zo lang geleden goed had kunnen identificeren: acteurs die dolgraag wilden spelen, die smeekten om een kans. Het merkwaardige was dat Reuben – al na twee maanden op kantoor bij Ursul – totaal geen compassie kon opbrengen voor deze groep. Hij verloor zijn respect op het moment dat ze de castingruimte binnenkwamen met hun deemoed en nepenthousiasme en kruiperigheid.

Jaren later heeft Reuben zich afgevraagd wat er nu precies gebeurde in die eerste periode bij RSC. Hij kwam tot de conclusie dat het te snel was gegaan. Het ene moment stond hij nog op het parkeerterrein van het stadion te luisteren naar de wedstrijd waar hij geen kaartje voor kon kopen, het volgende rende hij als scheidsrechter in het licht van de schijnwerpers over het veld en kon met één handgebaar het spel in de gewenste richting sturen.

Het leek alsof hij iets had overgeslagen. Opeens zag hij ze van dichtbij, professionele acteurs van naam en faam. Indrukwekkende cv's. Jarenlange ervaring. Getalenteerde genieën. Die in paniek raakten als je tussen hen en het podium ging staan. Voetballers zonder bal. Ze raakten hun trots, hun eigenwaarde en hun principes kwijt als ze dachten dat je het van ze kon afpakken. Als ze niet konden spelen, dachten ze geen bestaansrecht te hebben. De wereld waar Reuben zo intens naar had verlangd, was een wereld van opportunisme en lafheid. Het openbaarde zich al tijdens de eerste projecten die hij als castingassistent deed. En de teleurstelling maakte hem wreed.

Op een premièrefeestje van een filmdistributeur pakte iemand zijn elleboog. Hij herkende Onno, een dertigjarige freelanceacteur die onlangs een test gedaan had voor de nieuwe soapserie. 'Reuben, luister. Ik weet dat jullie er nog niet uit zijn. Maar ik vond het fantastisch, de scripts. Meestal zie je toch met zo'n overgewaaid format dat we er in Nederland de ballen verstand van hebben, we zijn in staat om een goedlopend verhaal in een handomdraai te verknallen.

Maar dit, chapeau, heel knap. Kun je wel aan Olga overlaten en je hoeft voor mij echt geen goed woordje bij haar te doen. Ik wil alleen maar dat jullie weten dat ik ervoor ga. Je kunt op me rekenen. Als jullie me een kans geven, zul je zien dat ik superloyaal ben. Omdat het pionierswerk is. Beetje moed voor nodig. Collega's kijken op je neer als je het woord "soap" laat vallen, maar dat maakt me niets uit. Hartstikke goed wat jullie doen.'

En zo ging het nog even door, totdat Reuben er genoeg van had. 'Onno, oké. We gaan je bellen.' Hij trok zijn elleboog los en draaide zich van hem weg.

Na een half uur stond de acteur weer voor zijn neus. 'Ik zat nog te denken. Over die rol. Wat ik kan doen. Ik kan bijvoorbeeld meeschrijven. Ik bedoel, elke dag een aflevering. Dat is niet niks. Misschien vinden ze dat fijn, een bijdrage.'

Met het nodige sarcasme zei hij: 'Ik denk niet dat ze dat willen.'

'Nee? Ook goed, het was maar een ideetje. Wil niemand voor het hoofd stoten.' En voordat Reuben verder kon lopen: 'Wat ik nog wel even wil zeggen, is dat ik momenteel geen agent heb, dus als het straks gaat tussen mij en – ik noem maar iemand – Reinout, dan moet je weten dat ik dus een stuk goedkoper ben, haha.'

Op dit moment besloot Reuben deze eikel definitief naar de nietbellenbak te verhuizen.

Later die avond drukte Onno hem nog een gintonic in de hand en excuseerde hij zich voor zijn eerdere gedrag. 'Ik wilde me niet opdringen. Jij hebt ook een vrije avond, dat begrijp ik.'

Op het hoogtepunt van het feest – Reuben was verwikkeld in een oorschreeuwgesprek met de commissievoorzitter van de selectie Lange Speelfilm, werd er opnieuw op zijn schouder getikt.

'Ik ga,' schreeuwde Onno tegen de muziek in. 'Marlies en ik hebben net een baby, dus morgen om zes uur ben ik weer aan de beurt. Nooit aan beginnen, kinderen,' lachte hij en stompte Reuben een aantal keer zachtjes op de bovenarm. 'Onthouden, hè? Als ze een nieuwe screentest willen, ben ik available. Dag en nacht.'

De voorzitter van de Lange Speelfilm sloot getergd de ogen bij de interpretatiemogelijkheden van de geboden beschikbaarheid. *Dag en nacht*?

De volgende ochtend typte Reuben – zonder overleg met de regisseur van RTL – persoonlijk een afwijzingsbriefje aan Onno, haalde zijn kaart en foto's uit de bak en scheurde alles doormidden. Hij had het kunnen weten: mensen met een naam die alle kanten op spiegelde, hoorden niet in zijn systeem.

Karen: idem dito. Ze hield alleen niet van spiegelen; als een sirene van vlees en bloed leunde ze tegen de parkeermeter. 'Hi,' zei ze. Brunette, midden twintig.

Reuben gaf geen antwoord. Na een lange dag van vergaderen en het vruchteloos testen van middelmatig talent, was hij doodmoe. Hij haalde zijn fiets van het slot en hoorde van opzij: 'Dat is mij nog niet gelukt.'

Hij trok zijn gezicht in de herkenningsglimlach. Het kostte hem een paar seconden, maar toen zag hij dat dit meisje een tijdje geleden had getest voor *OWNM*, hij wist even niet meer hoe ze heette. Ze stak haar hand uit, 'Karen. Je bent het vast vergeten.'

'Jawel, jawel.' Tussen tientallen audities doemde de hare op. Ze was niet slecht, meende hij zich te herinneren. Haar foto lag ergens op een stapel met 'mogelijk'.

'Mijn fiets staat hier sinds vorige week, toen regende het vreselijk, weet je nog? Ik heb een taxi naar huis genomen. Ik dacht 'm vandaag op te halen, maar nu is–' Ze houdt een afgebroken sleutel omhoog.

'Ziet ernaar uit dat je weer een taxi moet bellen,' zei hij vriendelijk terwijl hij zijn been over het zadel zwaaide.

'Dat wordt nogal begrotelijk. Ik vrees dat ik me dat niet kan permitteren. Niet voor een rol waar ik geen enkele kans op maak.'

'Wie zegt dat?'

'Dat voel ik zo aan. Heb ik het mis?'

‘Nee, ja. Het is volgens mij niet zo dat je kansloos bent.’ Uitkijken met dubbele ontkenningen, dacht hij. Voor je het weet zitten die als een lus om je nek.

‘Ik vind eigenlijk dat ik wel voldoende heb geïnvesteerd.’ Met haar rug duwde ze zich af van de auto en kwam dichterbij. ‘Ik woon in Noord. Vier keer heen en weer en dan een afwijzingsbriefje. Ik vind dat niet helemaal in balans.’ Ze bleef voor hem staan. ‘Het zou iets anders zijn als het bijvoorbeeld over de laatste ronde zou gaan. Dat er samen met mij nog twee of drie anderen over zijn.’

Een vrolijke lach. Ze was hem uit de tent aan het lokken, besefte hij.

‘In dat geval zou ik het niet erg vinden om nog een paar keer heen en weer te gaan. Met of zonder taxi. Dan mag je zelfs meerijden, als je wilt.’

Hij aarzelde, fiets tussen de benen. De avond was nog leeg, hij had honger en behoefte aan een douche en hier stond een vrouw met wie dat vermoedelijk allemaal zou kunnen. Een snelle blik naar haar gezicht, om te zien of ze het meende.

Haar bruine ogen stonden provocerend.

Hij probeerde terug te kijken zonder te knipperen. Hij voelde zich ongemakkelijk, het leek alsof *hij* hier getest werd, in plaats van andersom. Hij lachte, een beetje onecht.

Ze deed niet mee en bleef ernstig.

Hij bewoog de fiets van links naar rechts, de fietsstang raakte elke keer zachtjes zijn balzak.

Ze zuchtte.

Reuben nam een beslissing. ‘Ik zou je graag een lift willen geven maar ja.’ Met z’n duim wees hij naar de bagagedragerloze achterkant van zijn mountainbike. ‘Sorry. En op het moment dat ze een besluit nemen bij *OWNM*, bel ik je. Ik hoop dat ik je dan kan uitnodigen voor een recall.’ Hij zette zijn voet op het pedaal en trapte van haar weg. De eerste omwenteling viel hem zwaar, maar gaandeweg werden de slagen soepeler. Het was beter zo.

Toen hij na een meter of vijftig over zijn schouder keek, zag hij dat ze in haar auto stapte. Had ze staan wachten totdat hij naar buiten zou komen? Het maakte niet meer uit. Ze zou niet gekozen worden, wat hem betrof. Actrices die zich prostitueren – die hadden het niet begrepen.

In het eerste jaar dat Reuben bij Rhuggenaath Sterren Casting werkte, steeg de omzet van het bedrijf met een kwart. Hij kreeg een loonsverhoging van vijfentwintig procent. Niet omdat Ursul daar zelf mee kwam, maar omdat Reuben de jaarcijfers had opgevraagd en ze met een triomfantelijke zwaai op het bureau van zijn werkgever had gegooid. Niemand kon er meer omheen: hij had zich in korte tijd onmisbaar gemaakt: bijna alle portfolio's in het archief waren voorzien van nieuwe foto's, vrijwel dagelijks meldden zich nieuwe cliënten aan. De Nikon in de gang was al snel verhuisd naar de achterkamer waar nu ook een professioneel achterdoek hing voor screentests, en Ursuls kantoor was verplaatst naar de onderste verdieping. Dat was overigens op zijn eigen verzoek, de schemer beviel hem daar beter, zijn huid werd met de dag gevoeliger.

Ondanks Ursuls minachtende opmerkingen over beroepsverenigingen, bleef Reuben naar de bijeenkomsten gaan van Regver. De regisseursvereniging vergaderde tweewekelijks in De Kring. Hij had niet altijd zin, de bijeenkomsten stonden op het planbord bij RSC als 'Getver', maar hij deed het toch. Af en toe pikte hij een leuke jonge regisseuse op die hij met afnemend enthousiasme neukte in zijn nieuwe appartement aan het Sarphatipark. Maar vrijwillige seks, merkte hij steeds vaker, was niet echt zijn forte. Wat had je eraan als alles met wederzijdse instemming gebeurde? Waar was de spanning, de strijd en de opwinding als de partner zich meteen overgaf?

Het ging zo goed met RSC dat ze twee assistenten konden aannemen. Kelly werd ontslagen en vervangen door Bella: een leuke, representatieve Surinaamse meid met een hypermodern oorsetje, die behalve de telefoontjes ook het verkeer rond binnenkomende klanten kon regelen. Ursul liet zich steeds minder zien. Hij zat in zijn souterrain, wijdde zich volledig aan de carrières van zijn lievelingen – die inderdaad in die periode in geen enkele grote productie ontbraken – en tapte het grootste deel af van de geldstroom die boven zijn hoofd tegen de plinten klotste. Reuben verdiende inmiddels een heel goed salaris, maar Ursul moest, zo wist hij, zo langzamerhand verzuipen in de poen. Als de oude Rhuggenaath zich verwaardigde naar boven te komen, was het meestal na kantoortijd. Hij zag eruit als een salamander, de huid schilferde al af als je er alleen maar naar keek.

Hij informeerde naar nieuwe aanwinsten, bekeek foto's, wierp een blik in de bankafschriften. Hij probeerde niet meer om Reuben uit de kleren te krijgen, de verhoudingen waren definitief veranderd. In Reubens hoofd was de herinnering aan penetraties en pijpbeurten al aan het vervagen. Moest vervagen.

Reubens netwerkactiviteiten bij de vergaderingen van Getver begonnen zijn vruchten af te werpen: jonge regisseurs vonden automatisch hun weg naar de Singel. Ursul stond toe dat Reuben in de daarop volgende jaren meer en meer het gezicht van RSC werd. Het was ook wel zo praktisch: Ursul zag er niet meer erg aantrekkelijk uit.

Toen de twee etages boven het kantoor vrijkwamen, liet Reuben zijn spullen overbrengen van het Sarphatipark. Het mes sneed aan twee kanten: hij kon de huur aftrekken van de bedrijfswinst, en actrices die hij beter wilde leren kennen, konden meteen doorlopen. 's Ochtends las hij scripts, daarna overlegde hij – vaak telefonisch – met regisseurs over hun wensen. De mannelijke personages interesseerden hem weinig. Beroepshalve deed hij een paar voorstellen, meestal zat daar iemand bij van Ursulinde Gloria, soms had een medewerker nog een goed idee. Ook de vrouwelijke rollen boven de veertig lieten hem tamelijk koud. Maar als er iets tussen zat voor een actrice tussen de achttien en achtendertig, nam hij de betreffende mappen mee naar boven en bladerde langzaam door de foto's, zijn voeten op de bank. De meisjes achter het folie blikten allemaal hetzelfde in de lens: bedeesd en verbaasd, gevaarlijk en verleidelijk, vrolijk en onbezorgd, zelfverzekerd en soeverein. Meer smaken bestonden er kennelijk niet in een fotostudio. Als een gezicht hem beviel, keek hij eerst naar de maten en het curriculum en stelde zich vervolgens voor hoe de dame in kwestie eruit zou zien in haar ondergoed. Pas daarna pakte hij het script erbij om te kijken of hij haar met goed fatsoen kon voorstellen aan de producent. Was het antwoord ja, dan liet hij een auditie inplannen tussen 16.30 en 17.00 uur. Het happy hour voor de castingdirector.

Als de kandidate vervolgens haar komst had bevestigd, stond dit tijdstip voor hem als een zinderende, rode zon op de horizon van de dag. Het is om kwart voor vijf nog net werktijd, maar er zit een belofte in de klok, de blik is al op de vrije avond gericht waarin er van alles kan gebeuren. Een screentest aan het einde van de middag was pure endorfine, de hele dag liep Reuben dan te neuriën bij de gedachte aan wat hem te wachten stond, als een verjaardagsverrassing waarvan je weet wat het is, maar wat toch heel leuk was om uit te pakken.

Was hij hierdoor een slechte castingdirector? Hij vond van niet. Er waren immers twee partijen die er lol van hadden. Hij kreeg een cadeautje, de ander een leuke avond met een aantrekkelijke partij. Win-win.

'Reubje,' fluisterde Ursul hem in het begin eens toe tijdens een vlucht naar Londen, 'ben je gelukkig?'

Het was vroeg in de middag, zo te zien was hij al aardig op weg om dronken te worden. Alcohol pakte meestal niet goed uit. Ursul kon er behoorlijk neerslachtig van worden. Reuben dacht na over een positief antwoord, maar kennelijk was dat niet nodig.

Ursul prikte een vinger in zijn arm. 'Je bent een geluksvogel. Neem dat maar van me aan. Je werkt in de filmbusiness, maar je hoeft geen scripts te schrijven, je hoeft niet op een set te staan op een koude winternacht, je hoeft geen kaartjes te verkopen of een bioscoopzaal te stofzuigen, maar toch vliegen we als koningen over de zee, hoe kan dat?' Hij schonk nog wat rum in zijn bekertje thee. 'Wat ik je nu ga vertellen is een geheim. Hoewel het denkbaar is dat je het al ontdekt hebt. En het is niet noodzakelijk heel constructief voor je gevoel van eigenwaarde. Maar het wordt tijd dat je het weet.'

Reuben wachtte geduldig af.

'Het zijn de anderen die ons salaris verdienen. Wij zitten toevallig achter een loket waar ze niet omheen kunnen.' Als een somber kaboutertje roerde Ursul in zijn drankje. 'Ik heb in mijn leven niks bijzonders gedaan. Niets gegeven. Alleen ontvangen.'

'Kom op. Je hebt enorm veel–'

'Niets. Casting is niets. Ja, in Amerika misschien, waar je Dustin hebt en Robin en Meryl. Waar films gemaakt worden waarin iemand kan transformeren. Maar bij ons? Hier speelt iedereen hetzelfde. De ene keer een advocaat, de andere keer een crimineel, maar zie jij ooit een wezenlijk verschil? Jij kunt het weten, jij bent acteur geweest.' Hij likte aan de rand van zijn bekertje.

Een stewardess kwam de glazen ophalen, Ursul hield zijn drankje buiten haar bereik. 'Bij ons zijn het altijd goedbedoelende helden of boeven die hun verdiende loon krijgen. Je moet je tekst een beetje goed kunnen uitspreken, van links naar rechts kunnen lopen en een aardige kop hebben. Dat is alles. Casting in Nederland gaat bijna nooit over het vinden van de juiste acteur voor de rol. Het gaat over het schuiven van poppetjes, het maakt in feite niets uit of ze groen of rood zijn. Ons beroep is één groot mens-erger-je-niet.' Hij klokte de rest van de rum-thee naar binnen. 'En wij winnen altijd.'

~

Hij had zich zorgvuldig ingesmeerd. De rug van zijn handen, de nek vlak onder de haargrens.

Het meisje dat de castingruimte binnenkwam heette Giselle. Hij had de banden bekeken van haar eerste test. Ze was helemaal wat de naam beloofde, een bedeesde, doorschijnende blondine van negentien met groene ogen en lange benen. Ongetwijfeld deed ze aan ballet. Het was tien voor vijf, perfecte timing.

'Giselle,' zei Reuben. 'Ik wilde je toch nog even alleen spreken, off the record, eigenlijk.'

'Ja, nee. Natuurlijk.'

'Je hebt een mooie stem.'

'Dank u.'

'Je.'

'Oké. Je,' giechelde ze.

'Ik heb de screentest bekeken, en kreeg de indruk dat je je een beetje ongemakkelijk voelde. Was het de eerste keer?'

'Nee. Ja, eigenlijk wel.'

'Ik kan me dat goed voorstellen. Echt. Je bent natuurlijk nerveus, je zit te wachten tussen allemaal andere meiden, en dan is het opeens jouw beurt, en hup daar sta je dan, in een grote lege ruimte met een videocamera voor je snufferd en een paar verveelde mensen achter een tafel.'

Ze knikte.

'Maar er staat ook een bank zoals je ziet, en die staat hier speciaal voor de tweede ronde. Zodat we ook een andere Giselle kunnen zien. Eentje die meer ontspannen is. Kom even zitten.'

Ze deed het. Op de videoband had ze een jeans met T-shirt gedragen, nu had ze een truitje aan boven een rok met panty's. Prima, jurkjes en rokjes zijn altijd prima. Ze kwam naast hem zitten, benen netjes naast elkaar. Nu nog wel, dacht hij, nu nog wel.

Reuben bekeek haar op zijn gemak van dichtbij, als een plastisch chirurg op zoek naar een oneffenheid. Natuurlijk werd het meisje hier nog ongemakkelijker van, maar wat gaf dat? Het was een test, alles was een test. 'Vertel eens wat over jezelf.'

'Ah.' Ze hoestte kort, achter de palm van haar hand. 'Vwo, eerstejaars rechten, creacursus UvA, selectiecursus Toneelschool Amsterdam. Momenteel doe ik de toelatingscursus voor Maastricht.'

Reuben speelde alsof hij aandachtig luisterde, kin op de vuist. 'Maar je bent afgewezen in Amsterdam.'

'Te jong, zeiden ze.'

'Film? Tv?'

'Niet echt.'

'Weinig ervaring is niet per se slecht, hè. Het kan ook een voordeel zijn. Voor *Roxane's Hel* zoeken we juist naar een actrice met een zekere puurheid. Heb je het script gelezen?'

'Nee, alleen die ene scène. Van de vorige keer.'

'Weet je waar het over gaat?'

'Over een meisje dat van haar vriend geen prostituee mag worden.'

'Niet helemaal. Het gaat over een prostituee die wil stoppen.'

'Juist, ik begrijp het.'

'De rol die we proberen te casten is dus een hoertje. Heb je daar moeite mee?'

Ze blikte even zijn kant op. Als een dier op de vlucht. Dat was goed. Zo'n blik komt nooit aan bod tijdens een fotoshoot. Het is altijd: kijk verleidelijk, glimlach, bijt op je lip, laat je ogen sprankelen. Het is nimmer: kijk angstig. Of: wees op je hoede voor een vivisectie.

Ze schudde haar hoofd.

'Je hebt er dus geen moeite mee.'

'Ik denk van niet.'

'Er zitten een paar vrijscènes in.'

Ze knikte.

'Vrij expliciet, moet ik zeggen. Het is tenslotte een vakvrouw, ze weet wat ze moet doen.'

'Ja, natuurlijk. Ik begrijp het.' Weer die blik.

Reuben wist zeker dat ze geen enkele kans maakte. Ze was veel te verlegen. 'Luister, ik ga je iets vertellen over acteren. Iets wat ze je op cursus niet leren. Acteren is ontspanning. Zolang jij erbij zit als een springveer, ben ik mijn tijd aan het verdoen.'

'Het spijt me.'

'Denk je dat het gaat lukken, een beetje relaxter zijn?'

'Ik zal het proberen.'

'Weet je wat?' Hij deed alsof hij een ingeving kreeg. 'Ik zou jou graag op de lijst willen zetten voor de tweede ronde. Gewoon gutfeeling. Wat vind jij? We doen een tweede test. *Right here and now.*' Zonder het antwoord af te wachten sprong hij op en liep naar de deur. De gang was leeg, de voorkamer ook. Hij sloot de voordeur en zette het alarm aan. 'Iedereen is al naar huis,' riep hij toen hij terugkwam, 'maar geen nood, doe ik zelf de video.'

'Ik heb eh, niks voorbereid.'

'Geeft niks' Hij knipte een fotolamp aan, pakte de camera en zei: 'Screentest voor *Roxane's Hel*, castingvoorstel project zesendertig veertig negenentachtig B/34, ronde twee.' Hij noemde de datum en richtte de lens op Giselle.

'Moet ik niet gaan staan?' vroeg ze.

'Straks. Zeg eerst hoe je heet en hoe oud je bent.'

'Giselle. Negentien.'

'Heel mooi. Je doet auditie voor de rol van?'

'Roxane.'

'En Roxane is een?'

'Prostituee.'

'Dat is een ander woord voor?'

'Hoer.'

'Het gaat heel goed, maar ik zal je een beetje helpen. Ik ga het geluid uitzetten en je erdoorheen praten. Doe je ogen dicht. Stel je voor: we zijn in New York, in de buurt van Times Square. Je verdient je geld op straat. Je moet elke dag zes tot acht klanten afwerken om rond te komen. Je collega's vinden dat best zwaar, maar jij niet. Je hebt een geheim. Je geniet ervan. Je bent penisverslaafd.'

Ze deed geschrokken haar ogen open.

'Hou ze dicht, beter voor de concentratie. Je bent dus een nymfomane. Niemand weet het, maar als je goed bent geneukt verlang je alweer naar de volgende.'

Ze gaf geen antwoord.

'Toch?'

'Ja.'

'Het is een bloedhete zomernacht. Het is je vrije avond. Je bent alleen op je kamer. Je hebt het warm. Je trekt je truitje uit.'

Ze aarzelde.

'Kom op, Giselle, laat me nu niet alles alleen doen. Het geluid staat uit. Ik probeer een sensueel portret van je te maken.'

Ze trok haar truitje uit. Er onder een rode bh. Ze had mooie kleine borsten.

'Je hebt zin in seks, maar er is niemand. Je hand glijdt als vanzelf naar beneden, naar je buik.'

Haar hand gleed naar beneden.

'Je vingers gaan onder je rok op zoek.'

Haar vingers gehoorzaamden.

'Je streelt jezelf zacht tussen je benen.'

Ze deed het.

'Het gaat fantastisch. Het is heel overtuigend. Nu wil ik dat je je ogen opendoet en recht de lens in kijkt. Stel je voor dat de camera een spiegel is.'

Ze opende haar ogen en keek hem via de lens recht aan. Ze was bang.

'Giselle, ze zeggen dat de ogen de poorten van de ziel zijn. Ik wil geen angst zien. Laat me lust zien.'

Ze probeerde het, onder haar rok ging haar hand op en neer.

'Je panty zit in de weg. Straks – op actie – trek je 'm uit. Maar heel langzaam. Je wilt jezelf verleiden via de spiegel. Is dat goed? Ik film alleen je gezicht.'

Ze knikte.

'Actie.'

Ze liet zich een stukje onderuitzakken op de bank, haar rok schoof vanzelf omhoog. Ze haakte haar vingers achter de panty, tilde haar heupen op en stroopte 'm af. Ze gooide haar benen in de lucht en trok de rest uit. Reuben zag een flits van een scharlaken slipje.

'Oké. Je doet je ogen weer dicht en gaat door met jezelf strelen.'

Ze deed het, iets gewilliger, leek het.

'Geweldig. Ik wil nog één close-up maken van je ogen. Een moment van volledige overgave, wat je bijvoorbeeld zou hebben tijdens een orgasme, snap je?'

Ze knikte. Terwijl hij praatte liet hij ongemerkt de camera zakken om een shot te maken van de plek tussen haar benen. Voor zijn archief. Haar hand wreef over de stof van haar string, over de bolling van haar geslacht, een vinger verdween half in de ruimte tussen de schaamlippen. Via haar borsten pandde hij langzaam terug naar haar gezicht.

'Goed,' zei hij, 'actie.'

Ze opende haar prachtige groene kijkers en een moment had hij het gevoel voorover te vallen in een ravijn van aquamarijn. Ze vraten hem op, die ogen. Tegelijkertijd kwam ze klaar. Haar onderlichaam schokte onder haar vingers, Reuben blikte diep in haar wezen, helemaal tot aan haar hypofyse. Verward schakelde hij de camera uit.

'Wauw,' stamelde hij. 'Dat ging goed.'

'Vond je?' Zakelijk sloot ze haar benen en schoot haar truitje weer aan.

'Ja nee, absoluut. Heel, heel mooi. Dank je wel.'

'Graag gedaan.' Ze viste haar panty van de grond en vouwde 'm in haar handtasje. 'En nu?'

'Dat was, ik heb, was dat, echt?'

Ze bestudeerde hem kalm. 'Is dat relevant?'

Reuben voelde zich rood worden. Ze had gelijk. Op de een of andere manier waren de rollen even omgedraaid. 'Nee, natuurlijk niet,' antwoordde hij snel. Had hij zich vergist? Ging er achter dit verlegen meisje een Roxane schuil? Misschien zou hij haar inderdaad op de lijst zetten voor de volgende ronde. 'Giselle, luister. Ik ga iets geks doen. Ik ga je het script laten lezen. Is dat oké?'

'Prima.'

'Ik kan het je alleen niet meegeven. Dat wil Maarten niet hebben.'

'Wie is Maarten?'

'De regisseur.'

'O.'

'Het ligt boven op tafel, je kunt het niet missen. Als je even wilt douchen, de badkamer is naast het dakterras. Intussen ga ik even naar de traiteur hier op de hoek.'

Ze zweeg. Zoals ze daar zedig op de divan zat, zou ze zo uit een tijdschrift over de Zweedse royalty kunnen komen. Ze tuitte haar lippen, bekeek hem schattend.

'Is er eh, iets dat je lekker vindt?'

Ze gaf niet meteen antwoord. Kennelijk overwoog ze de voor en tegens van het aanbod. Ten slotte zei ze neutraal: 'Spaghetti met champignons.'

Ze had een goed verzorgde schaamstreek – alle haartjes netjes binnen de lijnen – en een prachtige, gesloten vagina, die onder zijn tong langzaam openging en teruglikte. Ze vond het script goed. Hij neukte haar van voren, van achteren, in haar mond en van opzij en na de spaghetti deed hij het nog eens, maar Reuben wilde haar naam niet op de shortlist, ondanks het feit dat ze in aanwezigheid van de regisseur een paar dagen later een nieuwe test deed die helemaal niet slecht was.

'Waarom niet, dan?' vroeg Maarten, toen ze de banden terugkeken.

'Ik weet het niet,' antwoordde Reuben. 'Iets met haar uitstraling. Het voelt niet goed.' Hij dacht aan het ravijn van smaragd waar hij ingevallen was en aan het schaamrood dat ze op zijn wangen had gebracht. Dat kon hij niet ongestraft laten passeren.

De rol van Roxane werd uiteindelijk gespeeld door debutante Christel Karrelman, die haar bikinilijn ook keurig op orde bleek te hebben. Ze brak met de film definitief door en won vervolgens een Gouden Kalf.

Giselle haalde de laatste ronde niet in Maastricht, vloog een tijdje als stewardess bij Martin Air door Europa en ging uiteindelijk psychologie studeren aan de VU.

~

Zijn moeder had soms moeite om het te snappen. 'Maar Reub, als je iemand hebt uitgekozen voor een rol, wat gebeurt er dan? Blijf je erbij om te zien of het goed gaat?'

'Welnee. Als je een huis hebt gehuurd komt de makelaar toch ook niet steeds langs om te vragen of je het wel naar je zin hebt?'

'Dat is zo, maar het zou een gat in de markt zijn. Ik ken zoveel ontevreden mensen.'

Sinds ze de term had opgepikt van de televisie was alles een gat in de markt. Een supermarkt op loopafstand van haar voordeur in Hilversum. Een vaatwasser op aanrechthoogte. Daar zouden jonge ondernemers op in moeten zetten. Mantelzorgers die op tijd kwamen. Een traplift die betaalbaar was. Volgens haar was de economie een gatenkaas. 'Kun jij daar dan niks aan doen? Je kent toch zoveel belangrijke mensen? In de en-ter-teen-ment?' Ze sprak de lettergrepen overdreven uit.

'Ik vrees dat die niets kunnen veranderen aan de inbouwhoogte van afwasmachines.'

'Je neemt ons nooit mee. Naar een opening of een receptie. Wij willen ook weleens een uitje.' Met beide handen maakte ze een flapgebaar naar het benauwende interieur, de kleedjes over de stoelen, de gestikte kussens, de half neergelaten luxaflex voor de ramen, het dozijn foto's van een jong stel in duikuitrusting. De man in de tuin.

Het is waar. Reuben neemt ze nooit mee. Zal ook nooit gebeuren. Geen uitstapje voor zijn ouders. 'Het is niets voor jullie. De hele tijd harde muziek en mensen die over zichzelf praten.'

'Ik las dat de burgemeester soms ook komt.'

'Een enkele keer. Maar die is van Amsterdam, hè. Die kan ik niet gaan lastigvallen over de mantelzorg in het Gooi. Bovendien is-ie dan niet in functie. Hij is op een uitje.'

Zo slijpt en sleept het gesprek zich voort, door beddingen die al een jaar het landschap bepalen. Altijd op zondagmiddag, altijd de trein heen van 15.33 uur en terug om 19.14 uur. Meestal nam hij Chinees of Surinaams mee, omdat de thuiszorg in het weekend geen maaltijden leverde.

Hij was het gaan zien als het vaste begin van de week. Een bezinning. Een kerkgang voorafgaand aan de zes Babylonische dagen die op hem wachtten. Eerst het zuur, dan het zoet. Hij beschouwde het als zijn plicht, hij wilde graag een goede zoon zijn. Ondanks alles hield hij van zijn ouders. Vond hij dat hij van ze *moest* houden.

In het begin ontving zijn moeder hem met een verrast lachje, een guitig tuitmondje alsof ze verbaasd was dat hij die hele treinreis uit Amsterdam over had voor mensen die zichzelf best nog konden redden. Later werd die glimlach een bezorgde streep: hoofdpijn, een lekkende dakgoot, stijve knieën, de drogist te ver weg, gaten in de markt. En nog weer later – na een operatie aan haar voorste bekkenhelft, inwendig darmonderzoek, een nierspoeling, een tekort aan trombocyten waardoor wondjes maar niet wilden helen – veranderde de streep in een misprijzende parabool: het onbegrip waarom juist zij zoveel pech had met lichamelijk ongemak. Hadden die Zuid-Amerikaanse mensen op de hoek soms last van dat soort dingen? Nee, die hadden altijd bezoek en reden toeterend door de straat als hun nationale elftal weer eens iets had gewonnen.

En al die tijd zat Henk in de tuin, of – als het te koud was – in de achterkamer naar die tuin te kijken. Reuben kon zich daarover verwonderen: de allesbepalende, pompende dynamiek van de man die over de hele wereld aardolie in goede banen had moeten leiden, was tot stilstand gekomen voor een vlechtschutting van de Gamma. Hij had medelijden met de vrouw die hem ook hierin was gevolgd, en nu gedwongen was om tegen dezelfde goedkope afscheiding aan te kijken. 'Ach, mama, het moet voor jou ook niet makkelijk geweest zijn,' heeft hij een keer geroepen, in een impuls omarmde hij haar in de keuken. Met zijn neus in haar nek keek hij naar de rimpelige huid achter haar oor en dacht: ik ken deze vrouw eigenlijk helemaal niet. 'Ik hou zoveel van jou,' fluisterde hij. 'Ik zal er altijd voor je zijn.'

Ze sloeg hem met kleine krampachtige tikjes op zijn schouderblad. 'Dat weet ik toch, jongen, weet ik toch.' Ze maakte zich snel los.

Hij wilde dat zijn ouders op hem konden bouwen. Dat hij iets voor hen kon doen wat zij nimmer voor hem hadden gedaan, maar hij had niet gerekend op de geur van ziekte en bederf die uit haar kleding zou gaan opstijgen. Toch hield hij het vol. Aandacht. Attenties. Omhelzingen, alles dat hoorde bij een gezonde relatie. 'Het mag je aan niets ontbreken,' zei hij regelmatig tegen haar oor, om 19.30 uur.

Dus bestelde hij taxi's voor ziekenhuisbezoeken, luisterde gedwee naar haar belevenissen, een enkele keer ging hij mee en besteedde een hele dag aan de wachtkamers van de heren en dames specialisten. Bij thuiskomst haalde hij Henk uit de tuin, warmde eten op dat zij niet lustte en hij zwijgend en nietsziend opat. Hij deed de boodschappen die de thuiszorg was vergeten en vervloekte op een bepaald moment ook de afstand tot de dichtstbijzijnde supermarkt. Op eigen kosten liet hij een traplift installeren omdat de subsidie te lang op zich liet wachten.

Soms voelde hij, in de trein terug naar Amsterdam, dat zijn mond ook in een negatieve paraboolvorm wilde gaan staan, maar dat liet hij niet toe. Hij moest de liefde voor zijn ouders intact houden.

'Maar mama, is het niet veel beter dat jullie dan naar zo'n aanleunproject gaan?' probeerde hij toen zijn moeder hem midden in de nacht belde omdat de zekering van de trapliftmotor was doorgeslagen. 'Dan heb je alle zorg bij de hand, vierentwintig uur per dag.'

'Ik ga niet naar een verzorgingsflat alleen maar omdat de elektriciteit hier niet op orde is.'

'Maar waarom wil je dan om half drie 's ochtends naar beneden?'

'Waarom moet ik jou dat uitleggen? We leven in een vrij land.'

Het was even stil. Na een tijdje: 'Ik droomde dat ik moest plassen, dat is alles.'

'Daar slaan de stoppen niet van door.'

'Ik droomde dat ik naar de wc moest, en ik ben ook gegaan.'

'Ja?'

'Ik ben opgestaan, naar de badkamer. En ben gaan zitten. Maar dat bleek dus niet de badkamer te zijn. Ik sliep half, hè?'

'Waar ben je dan gaan zitten?'

'Sorry lieverd, ik weet hoe duur het allemaal geweest is. Maar toen ik naar beneden wilde om een emmer en een dweil te pakken, gingen alle lichten uit en bleef-ie dus vastzitten. Halverwege. Het heeft me een bijna drie kwartier gekost om naar beneden te komen en je te bellen.'

Er zat niets anders op dan een taxi te laten komen en naar Hilversum te rijden.

Als een stout kind zat zijn moeder met een kaarsje naast het gehuurde mantelzorgbed van zijn vader in de studeerkamer. 'Ik weet van niks,' zei ze.

Na een paar keer proberen had Reuben de elektragroep van de gang gevonden en gingen de lichten in het huis weer aan. Van de traplift liep een lekspoor langs de muur, helemaal naar beneden. Zuchtend ging hij op zoek naar een emmer en een mop.

'Die hebben we niet, dat doet de thuiszorg altijd.'

In de kelder, achter stapels dozen, oude koffers en een kist met gedateerde duikspullen vond hij uiteindelijk wat hij zocht. Het kostte hem ruim een uur soppen en dweilen voordat hij de kledderboel op de trap had opgeruimd. Hij schroefde de afdekplaat onder het zitje van de lift los en depte met keukenpapier de pis uit de bedrading.

'Ik vind het gek dat die hagelnieuwe apparatuur het na een paar spetters meteen laat afweten,' vond zijn moeder, die – nu de stroomtoevoer was hersteld – weer moed had gevat en geen zin had in de rol van zondebok. Vanaf het schoenenbankje in de hal volgde ze zijn verrichtingen en gaf ongevraagd commentaar. 'Waarom hebben ze die behuizing niet van roestvrij staal gemaakt of hoe noemen ze dat, dichtgeseald? Ze kunnen toch ook met een onderwaterrobot helemaal naar het wrak van de Titanic?' Je hoorde aan haar stem dat ze niet precies wist waar ze het over had. 'Het is misschien een maandagochtendproduct, want echt waar, dat ding gaat erg, erg langzaam. Het duurt vier minuten en zestien seconden voordat je boven bent, ik heb op de klok gekeken. Het is niet ondenkbaar dat je onderweg even naar het toilet moet. Dat ding is toch ook ontworpen voor oude mensen met een zwakke blaas?'

Achter de kabelboom zag Reuben een zwarte doos zitten die glom van het vocht. Dat zou de computer wel zijn. Met een verlengsnoer uit de kelder en een haardroger probeerde hij de zaak droog te krijgen.

'Wat ook kan,' riep zijn moeder van beneden boven het gegier uit, 'is dat we er eentje laten installeren die sneller is. Waarom moet dat vier minuten duren? Gewoon, een druk op de knop en floep, naar boven.'

Hij zag een ballet van gekatapulteerde bejaarden voor zich die met letsel naar de spoedeisende hulp vervoerd moesten worden en zei: 'Maar dat bestaat al, hoor. In een paar seconden naar een andere verdieping. Je kunt er zelfs met zes personen tegelijk in.'

Ze zweeg even en begreep toen wat hij bedoelde. 'Ik wil daar niet naartoe. Ik kan best voor mezelf zorgen.'

'Dat weet ik, mam. Dat blijft ook zo. Het enige wat anders wordt is dat alles gelijkvloers is en er mensen zijn die je kunnen helpen met Henk.'

'Daar heb ik geen hulp bij nodig,' zei ze resoluut. 'Maar dat gelijkvloers is natuurlijk wel fijn.'

'Nou dan.'

'Ik zit met dat aanleunen. Ze noemen het niet voor niets zo. Alsof je niet op je eigen benen kon staan.'

'Soms heb ik inderdaad die indruk.'

'Wat voor indruk?'

'Mama, wees nou eerlijk. Henk is ziek. Je bent afhankelijk van de wijkverpleging, thuiszorg, de maaltijdservice. Het huis staat vol met spullen die je niet meer nodig hebt.'

'Helemaal niet,' riep ze defensief. En na een stilte: 'Wat dan?'

'Die roeimachine bijvoorbeeld in je slaapkamer. De tekentafel van papa. De kelderstelling met administratie uit de jaren zestig. Die hele kelder is trouwens een zooi.'

'Ach jongen, je begrijpt er niets van. Alles heeft hier een betekenis. We hoeven nergens te gaan aanleunen, de dingen hier in huis houden ons overeind.'

Om te bewijzen dat ze een capabele senior was, trok zijn moeder een oud overhemd aan van Henk en begon met het leeghalen van de kelder. Ze had gedacht in een paar dagen klaar te zijn, maar ze liep al snel vast. Reuben trof haar in het weekend aan tussen dozen met kleren die ze twintig jaar geleden had gedragen, maar die ze toch wilde bewaren, voor je weet maar nooit. De sieraden, hoedjes, schoenen die ze niet meer paste gingen allemaal terug naar de kelderkast. Reuben gaf haar stickers om te spullen te markeren die echt weg konden. Maar toen hij na drie dagen terugkwam, lag het stickervel ongebruikt in een hoek en zat zijn moeder op de keldertrap met tranen in haar ogen tussen zijn babykleertjes. 'Het is allemaal zo anders gelopen dan ik dacht,' stamelde ze verloren. 'Ik wilde niet… ik had niet… het spijt me…' Hij ging naast haar zitten, sloeg een arm om haar heen en zei: 'Dat geeft niks. Je was de liefste mama die ik ken.'

Het kwam allemaal voorbij: het naaimandje van haar oma die nog sokken voor de infanteriesoldaten uit de Eerste Wereldoorlog had gebreid. Dat kon niet weg. Dat gold ook voor de giraffe van ebbenhout, gekocht op dat leuke marktje in Addis Abeba – heb ik je dat al eens verteld? De dekenkist uit haar meisjesjaren. Blijven. De foto's van de reizen die zij en Henk hadden gemaakt, de eetkamertafel die in Dubai, Jemen, Costa Rica en Belize had gestaan. Ook blijven. De ingelijste oorkonde van de golfclub, die leuke lege, ronde fles uit Corsica, dat tinnen bordje uit Armenië, het werd de trap op gezeuld, op de keukentafel uitgepakt, zorgvuldig bekeken, betast en weer teruggezet in de kelder. Met een glimlach rommelde ze door haar herinneringen zonder in staat te zijn ze te selecteren. Ze waren voor haar allemaal even waardevol, en als haar zoon 's avonds belde en wilde weten of ze was opgeschoten, zuchtte ze tevreden en vertelde ze wat ze tijdens haar reis door het verleden allemaal had meegemaakt.

'Ik vond een Kodak-camera, en dacht eerst, wat doet die hier, die is niet van ons, maar toen zag ik Henk er opeens mee staan – in het Alhambra in Granada, op de Tafelberg in Zuid-Afrika, bij de ingang van het Suezkanaal – en wist ik het weer. Honderden kiekjes moet hij ermee gemaakt hebben, maar waar die allemaal zijn? Ik vind het wel raar, dat ik me de foto's niet kan herinneren, maar de momenten dat Henk 'm in zijn handen had dus wel, een soort omgekeerd cameramoment dus.'

'Bwak,' mompelde Henk, maar wat dat betekende wist Reuben niet, zijn moeder vond het niet de moeite waard om het te vertalen.

'Ik heb trouwens nog meer fotospullen gevonden, statieven en lampen en ontwikkelbakken en lenzen, overmorgen komt er een opkoper.'

'Maar is dat niet allemaal van Henk?'

'Ja, dat is van Henk. En? Denk je dat hij in zijn leven nog ooit een foto zal maken?'

Reuben sjouwde alles naar boven dat te zwaar was voor zijn moeder. Dozen vol boeken, tijdschriften, beeldjes en prullaria, de bibliotheek van zijn vader, alle studieboeken uit Delft en Zürich, handleidingen van apparaten uit de jaren zeventig, de salarisadministratie van de oliemaatschappij, de kist met duikapparatuur.

'Mvmijn!' zei Henk verheugd bij het zien van de duikflippers en dieptemeters en strekte zijn handen uit.

'Nu even niet,' besliste zijn moeder en reed hem naar buiten, en toen ze terugkwam: 'Hij mag het niet weten, maar dat kan allemaal weg.'

'Echt waar?' Reuben bekeek een goed onderhouden harpoengeweer.

'Voor zijn attack haalde Henk al die dingen elk jaar tevoorschijn en ging-ie aan de slag met naaimachineolie, talkpoeder, vaseline voor het rubber van de brillen. Ik vond het elke keer zo pijnlijk.' Een moment verzachtte haar gezicht. 'We zijn zo gelukkig geweest in het Midden-Oosten. Hand in hand doken we naar de meest bijzondere plekken, je had hem moeten zien in z'n wetsuit. Zo'n lange, krachtige figuur, hij stak boven iedereen uit. Wacht, ik heb hier nog ergens een foto.'

Ze pakte een album en liet het hem zien: zongebruinde, lachende, blonde man met duikfles. 'Hij had sjans, hoor, vergis je niet.' Ze maakte een veegbeweging langs haar ogen, alsof ze haar herinneringen op afstand wilde houden, klapte het boek dicht en wees op de kist. 'Ik wil het allemaal niet meer zien, het maakt me zo verdrietig.'

Terwijl zijn moeder de volgende doos opende, zette Reuben alle spullen van Henk alvast bij de voordeur. Een heel leven in kratten en dozen met viltstiftletters. DELFT. ZÜRICH. SHELL. HOBBY. SALARIS 1970-1980. ONTWIKKELVLOEISTOF.

Toen hij terugkwam zat zijn moeder aan tafel. Voor haar lagen tientallen lichtblauwe enveloppen. Ze hield een paar dichtbeschreven velletjes omhoog. 'Wat heb ik me eenzaam gevoeld, bij tijd en wijle,' verzuchtte ze. 'Henk zat op een boorplatform en ik zat in een bungalow met alleen een ventilator als gezelschap.'

Ja, met je vriendinnen en een cocktail, dacht hij, maar zei het niet. 'Miste je Nederland niet heel erg?'

'Nee, dat geloof ik niet.' Even was ze stil, een verwonderde blik binnenwaarts, alsof ze zich afvroeg of ze tijdens die expatfeestjes misschien iets had laten liggen – gedachten aan een koud en een winderig land met een opgroeiende zoon die ze nooit zag. 'Het was moeilijk, soms. Vroeger hadden we dat natuurlijk niet, fax en computers. Je zat in die hitte met dat dundrukpapier van de luchtpost en moest zorgen dat de inkt niet uitliep door een zweetdruppel.'

'Ja, dat lijkt me lastig.'

'Die brieven heb ik allemaal niet meer, natuurlijk. Die liggen in de schoenendozen van mijn vriendinnen. Dat is eigenlijk wel gek, zo'n halve correspondentie. Ik lees reacties op dingen die ik geschreven heb, maar die ik me niet meer kan herinneren.'

Hij pakte een doos. 'Dat kan dus weg?'

'Ben je helemaal. Die epistels kan ik toch niet weggooien? Stel je voor dat de anderen dat ook zouden doen?'

'De meesten zijn overleden, denk ik.'

'Dan worden die brieven bewaard door hun kinderen, dat weet ik zeker.' Ze leek niet helemaal overtuigd. 'Al die jonge mensen van nu. Met hun e-mail.'

Aan het einde van de dag reed Reuben de rolstoel weer terug naar binnen. Zijn vader maakte kleine piepgeluidjes bij de aanblik van de volgestapelde hal.

'Rustig, Henk,' stelde zijn moeder hem gerust. 'Verrassing. We gaan morgen op vakantie, wat vind je daarvan?'

Hij leek het idee wel leuk te vinden, één mondhoek ging omhoog.

Ze bestelden pizza, dan konden ze na het eten weer snel verder.

'Ha, wizza!' riep Henk binnensmonds.

Met een flap deeg keken ze naar *Lingo*. 'Fantastisch!' zei Reuben tegen beide oudjes boven de gesmolten kaas. 'Familie is zo verschrikkelijk belangrijk!'

Daarna kwam zijn moeders verzameling Marokkaans keramiek naar boven. Borden, schalen, geglazuurde beeldjes. Er was een hele dierentuin aan dertig centimeter hoge beesten in blauw en groen: neushoorns, dolfijnen, nijlpaarden. Reuben was met de doos al op weg naar de hal, toen zijn moeder hem terugriep.

'Dat mag niet weg.'

'Maar mama, wat wil je daar nog mee? '

'Dat doet er niet toe. Ik heb dit stuk voor stuk bij elkaar gezocht, het is meeverhuisd naar Nigeria, Venezuela, Liberia, het is niet meegereisd om het morgen mee te geven aan een of ander zigeunertype.'

Hij liet de laatste trein vertrekken, later zat hij met Henk op de bank en keken ze naar een natuurfilm, toen naar een talentenjacht en een komische serie. Zijn moeder ging vroeg naar bed. Het leek Henk niet uit te maken, hij keek naar het scherm zoals hij naar de schutting keek.

Rond half een zei hij: 'Mwih il abet' en rolde zichzelf naar de studeerkamer. Toen hij hem wilde helpen met uitkleden, schudde zijn vader de handen van zich af. Hij wilde geen hulp.

Vanuit de deuropening keek Reuben toe hoe zijn verwekker beverig een pyjama aantrok, het naakte, magere lichaam broos en kwetsbaar in het harde licht.

Toen hij eindelijk in bed lag, liet Henk toe dat zijn zoon het licht uitknipte.

Reuben kon niet slapen. Wanneer had hij voor het laatst met zijn ouders onder hetzelfde dak de nacht doorgebracht? Op de bank keek hij naar de herhalingen van het journaal. Hij probeerde zich erbij neer te leggen: papa was altijd afwezig geweest en zou dat ook altijd blijven. Wat ging er door zijn hoofd? Hij ging op Henks plek zitten, legde zijn voeten op een verhuisdoos en probeerde het zich voor te stellen. Waar dacht Henk dat de vakantie naartoe ging?

Hij werd wakker van kinderstemmen. Op tv dansten elfjes rond een pannenkoekenhuisje. Het was 7.10 uur. Henk zat met een zwembroek in zijn rolstoel. Hij droeg een drijfvest en had een duikbril op. 'Mwakantie!' grijnsde hij.

De opkoper die rond tien uur kwam, keek er niet van op. 'Als u es wist wat wij allemaal meemaken, meneer, laat opa lekker zijn gang gaan.' Henk reed verwonderd rondjes en maakte onderwatergeluiden door zijn snorkel terwijl ze de dozen begonnen in te laden. Maar toen de fotospullen in de vrachtwagen verdwenen, werd hij onrustig.

Zijn moeder probeerde hem te kalmeren. 'Is dat niet fijn, dat we alle spullen mee kunnen nemen op vakantie? Dan is het straks net alsof we thuis zijn.'

Zijn vader loerde naar haar en schudde toen langzaam zijn hoofd. Hij geloofde haar niet. 'Mwnee, mwnee,' riep hij, maakte woedend een rondje en reed hard tegen de eetkamerdeur aan.

'Henk. Rustig.'

'Mniet,' gilde hij en posteerde zich met zijn karretje in de deuropening.

'Toe nou, Henk. Laat die meneer nou even zijn werk doen. Ik beloof dat het leuk wordt.'

De opkoper pakte het krat met de flippers en loodgordels.

'Woeha!' brulde zijn vader. Radeloos keek hij van buiten naar binnen, van binnen naar buiten.

'Henk, we gaan nu niet raar doen. Ga opzij.' Zijn moeder strekte met een bezwerende beweging haar arm uit.

Van onder zijn stoel haalde zijn vader het harpoengeweer tevoorschijn.

Iedereen bleef staan, ook zijn moeder, haar arm nog omhoog in een soort fascistische groet.

'Utmwijf,' zei Henk, en schoot een pijl door haar schouder.

Hij moest vrij vragen om alles te regelen.

Ursul was niet heel toeschietelijk. 'Vrij? Waarom?'

Reuben vertelde het, van de ambulance, de pijlpunt die zijn moeders hart op drie centimeter gemist had, de vrachtwagen die weer moest worden uitgeladen.

'En nu?'

'Politie erbij, Geestelijke Gezondheidszorg ook, er wordt gesproken over een verplaatsing naar een zorginstelling.'

'Goddomme, wat een gedoe. Hoeveel dagen heb je nodig?'

'Vier?'

'Twee. De rest doe je maar in de avonduren.'

~

'Ursul Rhuggenaath was niet alleen de vader die ontbrak in mijn leven,' zegt Reuben in de Joriskerk. 'Hij was ook mijn vriend, mijn steun, mijn leermeester. Streng, soms onrechtvaardig. Maar stap voor stap heeft hij mij het ambacht bijgebracht. Hij liet me zien wat het belangrijkste is in het castinggilde.' Reuben slaat zijn ogen op van het papier en kijkt de zaal in. 'Mensen.' Hij tilt zijn armen op en strekt de vingers naar de muren, alsof hij met dit gebaar niet alleen de kerk, maar ook de fietsers buiten, de spelende kinderen op het plein, de hele stad wil omvatten. 'De juiste mensen bij elkaar te brengen, daar gaat het om. Ursul is ermee begonnen. Wij proberen in zijn geest verder te gaan.'

Hij vouwt de pagina's van zijn toespraak dubbel, stapt van het kleine podium af en loopt onder de eerste maten van Händels 'Lascia ch'io pianga' langs de kist naar zijn stoel op de eerste rij. Terwijl hij luistert naar de hartverscheurende muziek van de countertenor die Ursul op zijn sterfdivan nog zelf heeft uitgezocht, schiet hij vol. Hij beseft in hoeveel opzichten hij op hem lijkt. Hij is de zoon. Hij is niet het kind van een ongeïnteresseerde olieman en een narcistische moeder. Nee, daar – in die kist – ligt de man die hem heeft verwekt, *gewekt*. Net op tijd heeft hij Reuben wakker gekust zodat hij de weg kon verlaten die vrijwel zeker naar een miserabel leven had geleid vol wanhoop, deceptie en mislukking.

Ontroerd luistert Reuben naar de muziek. Hier zit hij in één ruimte met de driehonderdvijftig mensen waarmee hij zijn leven deelt. Sterker nog, die zijn leven definiëren. Naast en achter hem vrienden, medewerkers, regisseurs, acteurs, producenten. Met meer dan de helft van de aanwezige actrices heeft hij seks gehad. Daar schaamt hij zich niet voor. Ze hebben elkaar gebruikt, ze zijn een onverbrekelijk, intiem onderdeel van elkaars bestaan geworden. De mensen in deze zaal hebben hem voortgebracht, rijk gemaakt, hebben bepaald wie hij is geworden. Zij vormen zijn familie. Hij stroomt over van dankbaarheid, en met lange, diepe halen begint hij te huilen.

DEEL III – CATHARSIS

7. Semper Augustus

Aan het einde van de draaiperiode van *Just Another Mission* ging op de set het gerucht rond dat Lotte in het volgende seizoen de lead zou krijgen. Samen met William zou ze een heel nieuw sterrenstelsel gaan ontdekken, met alle avonturen die daarbij hoorden. De scripts zouden de komende maanden worden geschreven. Marlene nodigde haar uit voor een lunch bij Razzalo om te praten over het nieuwe contract.

'Je gaat een hoop meer verdienen,' zei ze tevreden. 'Ze hebben je nodig.'

'Ik ben deze zomer niet beschikbaar,' viel Lotte met de deur in huis.

'Wat? Niet?'

'Ik ben op tijd terug voor het nieuwe *J.A.M.*-seizoen, maar eerst ga ik een tijdje weg.'

'Ja, maar Lottekind, er zijn zoveel projecten die, waarvoor ik, jezus, de héle zomer?'

'Eind september ben ik er weer.'

'Maar je marktwaarde is inmiddels gestegen. Ik zou je willen voorstellen aan Ron, aan James, Ethan, Woody.'

'Woody heeft me niet gecast in zijn laatste film.'

'Hij zocht een ander type, dat is waar, maar hij is bezig met een nieuw scenario, dus wie weet.'

'Er zijn veel beschuldigingen op het moment. In verband met die stiefdochter.'

'Nou en? Zijn ze waar? Maakt hij slechte films? Nee, toch? Dat is het enige wat telt. Wat ga je doen dan, de hele zomer? Aan het zwembad liggen?'

'Zoiets. Het eerste blok van het nieuwe seizoen begint tweede week oktober. Dan ben ik dus allang weer terug.' Ze had het niet bewust gepland, maar haar zwangerschap was perfect getimed.

Ze was uitgerekend voor augustus. Met een combinatie van dagelijkse sportschoolbezoekjes, sit-ups en crunches in haar kleedkamer, en gedisciplineerd buik inhouden op de set had ze het verborgen weten te houden. Als de producenten er lucht van hadden gekregen, zou ze stante pede uit de serie worden geschreven. Het stond in haar contract. Geen baby'tjes. Althans, niet in het echt. In de ruimte, misschien.

Natuurlijk zou ze het Marlene nu kunnen vertellen. Maar ze twijfelde. Achter die Gucci-zonnebril en de zorgvuldig geprepareerde vijftigjarige gezichtshuid van haar agent ging een rekenmachine schuil. Ze vertegenwoordigde bijna tweehonderd acteurs, als ze ergens in die boekhouding van meervoudige belangenbehartiging voordeel kon behalen door de ene cliënt tegen de andere uit te spelen, zou ze het niet laten. Ze had de roddel verheven tot een ware kunstvorm. Het eerste wat ze zou vragen, was de naam van de vader, en Lotte was niet van plan daar iets over los te laten. De vader werkte namelijk ook bij *J.A.M.*, en relaties op de studiovloer waren ongewenst. Relatiepartners konden immers ruzie krijgen en dat zou de prestaties nadelig kunnen beïnvloeden. Dat wilde je niet, als studiobaas.

'Als agent moet ik je wijzen op de kansen die je gaat missen met een sabbatical van vier maanden. Als vriendin zeg ik: probeer uit te rusten. Je kunt het gebruiken. Het was een zwaar seizoen, je bent de allerjongste niet meer. Ik zeg niet dat het nodig is, maar je zou een *boob job* kunnen overwegen, gewoon preventief.'

Lotte keek naar de perfect beschilderde lippen waar af en toe een blaadje sla tussen verdween. Het zou leuk zijn om die mond open te laten vallen door plompverloren te zeggen dat ze al ruim zes maanden in verwachting was, maar toch deed ze het niet. Ze zou het eerst moeten bespreken met Jesús.

'Ik ken een fantastische chirurg waar je eens mee zou kunnen gaan praten. Hij heeft de handen van een god. Wat hij gedaan heeft voor het gezicht van Julia, nou ja, kijk naar haar carrière, het is ongelofelijk.'

Jesús was steadycamoperator. Hij ging ook elke dag naar de sportschool. Niet omdat hij in zijn contract had staan dat hij geen baby mocht krijgen, maar omdat hij dagen maakte van tien uur waarin hij loepzuiver de dertig kilo zware apparatuur moest bedienen die aan zijn schouders hing. Jesús had haar vergezeld op talloze galactische reizen, hij had haar gefilmd na de crash van de verkennersmodule, toen ze moederziel alleen op het zinderende oppervlak van Zwalth tijdens een vulkaanuitbarsting haar satellietschotel moest uitvouwen. Hij was erbij toen haar beademingspomp defect raakte in een ammoniakstorm op Centauri XVI. Hij stond te kijken op het moment dat ze – verblind door tranen – de ionenmotor moest repareren nadat ze ontdekt had dat William een affaire had met een jonge, vrouwelijke verbindingsofficier. Voor Jesús was echter de meest onvergetelijke scène al gedraaid op Lottes eerste dag. Ze kwam op de set als de vervanger van Grace, de populaire *first officer* die in seizoen één omgekomen was in een meteorietenregen.

De bemanning van het slagschip beschouwde haar als een indringer, het zou haar een aantal afleveringen kosten voordat ze hun vertrouwen had gewonnen. De fictie liep hier parallel aan de werkelijkheid: ook in het echt zou het een tijdje gaan duren voor ze geaccepteerd werd door haar collega-acteurs.

De regisseur had een lange track bedacht van parmantig klikkende marineblauwe pumps, langs haar benen en rug omhoog tot een *over shoulder* waar de kijker langs haar achterhoofd het perplexe personeel in het commandocentrum zou zien. Perplex, omdat – volgende shot – de make-upafdeling zich enorm had uitgesloofd, en Lotte gewoon Heel Erg Mooi was. Afgezien van het verticale litteken op haar linkerwang dan. Dat litteken was het gevolg van de haal van een gifklauw van een krakausaurus, en het had haar heel veel moeite gekost om het te krijgen. 'Luister,' had ze tegen de *showrunner* gezegd, 'de kijker verwacht natuurlijk een *calender girl*, zo heeft de scenarist het ook bedacht, en sorry dat ik het zeg, maar de spanning tussen haar en William is daarom een cliché waarvan je denkt dat die snel zal worden ingelost. Maar wat nou als blijkt dat ze niet alleen mooi is, maar ook haar mannetje staat? Dat haar achtergrond net zo krijgshaftig is als die van de commandant? Dan krijg je een liefdesstrijd tussen twee gelijken, en misschien is dat veel interessanter.'

De showrunner, een enigszins onzekere zestiger die nog had meegeschreven aan *Cheers*, vond het eigenlijk wel een goed idee, instrueerde het schrijversteam, en zo werd haar *character file* aangepast met een topscore op de cijferlijst van haar einddiploma van de ruimte-academie in Stockholm, een vechtstage op een *outpost* bij Uranus, en een stationering op Casiopi Ventrax waar ze eigenhandig dus die krakausaurus gevangen nam. Die wegen zeshonderd kilo, en hebben gifklieren onder hun nagels, dus dat was best wel een dingetje. Jesús vertelde later dat hij, via het schermpje van de *steadycam*, op slag verliefd was geworden tijdens die eerste close-up. Haar scheve grijns, het Europese accent en haar zelfspot hadden niet alleen de bemanning, maar ook hem betoverd.

Dat was twee jaar geleden, en inderdaad, haar borsten konden sindsdien wel een kleine update gebruiken: tot nu toe waren ze veilig verpakt in lycra, maar in de nieuwe scenario's zou vroeg of laat het moment komen dat ze naast William wakker zou worden in zijn hut, en dan kon je maar beter je zaakjes op orde hebben.

Ook Marlene was een beetje verliefd geworden op Lotte, want een hoofdrol verdiende uiteraard meer dan een bijrol. 'Lottelove,' kirde ze, 'dat met dat litteken was geniaal. Je hebt aan iedereen in het universum laten zien dat je het niet uitsluitend van je looks hoeft te hebben.' Ze probeerde een crouton aan haar vorkje te prikken, en stopte opeens. 'Ik heb een idee,' zei ze. 'Goldmayer is bezig met een Europese coproductie. Ik denk dat ik je aan hem ga voorstellen.'

~

Leon Goldmayer was een van de topproducenten in L.A. Een introductie krijgen bij hem was even moeilijk als het betreden van het NAVO-gebouw. Toch kreeg ze twee weken later een uitnodiging voor een première. Het ging om een documentaire die geproduceerd was door de Goldmayer Company. De volgende dag belde Leons secretaresse: zou ze het leuk vinden om na afloop met een select gezelschap naar Malibu te gaan voor een kleine afterparty?

Lotte twijfelde. Op een afspraak in een koffietentje had ze waarschijnlijk 'ja' gezegd, ook al had ze geen idee waar het gesprek over zou moeten gaan, ze had immers nog geen script gelezen. Ze zou dan waarschijnlijk een ruimvallend houthakkershemd met verfspetters aangetrokken hebben met het verhaal dat ze haar appartement aan het schilderen was. Maar een premièrefeestje? Je gezicht laten zien op de apenrots is belangrijk, want ja, van het een komt vaak het ander, maar *no way* dat ze haar figuur zou kunnen verhullen in de verplichte avondjurk.

Ze belde af.

Veel later vertelde Leon haar dat juist deze afwijzing iets bij hem had getriggerd. Dat gebeurde niet vaak, een actrice die zijn uitnodiging afsloeg. Op een bepaalde manier maakte dat haar trots, het gaf de relatie iets van gelijkwaardigheid.

Jesús vond dat ze had moeten gaan. Het hele buikverberggedoe was aan hem niet besteed. Hij had Spaans bloed, ging liever rechtdoor waar het kon, en maakte alleen een bocht als er een heel stevige muur stond. 'Draag mijn dochter met opgeheven hoofd,' zei hij. Maar Jesús was een man en mannen staan – biologisch gezien – diametraal tegenover de vrouw tijdens de zwangerschap. Een groeiende buik is voor hen bewijs van viriliteit, maar voor vrouwen is het een pure ongeschiktheidsverklaring. Althans, in Hollywood, waar actrices niet worden beoordeeld op hun vermogen om kinderen te baren. Met een ballon onder haar jurk wist Lotte zeker dat ze de rest van het jaar geen werk zou hebben. Zelfs bij de casting van een radiocommercial zou men de wenkbrauwen optrekken. Lotte Feuerstadt? Die is niet beschikbaar. Het was mogelijk dat die wenkbrauwen omhoog bleven staan totdat haar dochter naar de basisschool ging. Acteren en moederschap laten zich nou eenmaal moeilijk combineren, wist ze.

Het ging met Lotte in die zomermaanden zoals met de meeste van haar seksegenoten tijdens het laatste moment van hun dracht: de wereld draaide in steeds kleinere rondjes om haar navel, tot de vliezen braken en de separatie kon beginnen. Zeg maar de wet van behoud van impulsmoment, maar dan figuurlijk. Samen met Jesús bracht ze twee heerlijke maanden door in een zeepbel van grenenhout in Michigan, waar een vriendin een blokhutje aan het water bezat. Daarna reden ze met een kalm gangetje in Jesús' Chevy in vijf dagen terug naar L.A.

Vliegen kon natuurlijk niet meer, maar dat was helemaal niet erg, want rustig doorhobbelen met vijfenveertig mijl per uur op de achterbank van een stationwagen met af en toe een grappig motelletje, paste veel beter bij haar staat van zijn dan de chaotische hectiek van vliegen en luchthavens. Alles was veranderd, bedacht ze zich onderweg.

Jesús had zich de laatste maanden ontwikkeld van 'leuk vriendje' tot 'zorgzame vader in spe' – iets wat Lotte eerlijk gezegd niet had gedacht toen ze iets kregen. Hij had een bepaalde prairieblik, waardoor je verwachtte dat hij elk moment op een wild paard zou kunnen springen om op bizons te gaan jagen. Daar was ze op gevallen, en als hij inderdaad weg was gegaloppeerd toen ze hem vertelde over de celdeling in haar buik, had ze het begrepen. Maar dat deed hij niet.

'Cariño,' zei hij, 'jij bent mijn prairie. Ik doe alles om je gelukkig te maken.'

Hij was tien jaar ouder dan zij, en ook tien centimeter korter. Ondanks dat maakte hij de indruk dat je beter geen ruzie met hem kon maken, hij had het postuur van een buldog.

De rit in de Chevy langs de westkust van Noord-Amerika ervoer Lotte als een langzaam zuidwaarts bewegende tijdcapsule van geluk, met een zon die elke dag in de meest fantastische kleuren onderging aan hun rechterhand, met de geruststellende motorklop van de achtcilinder op de achtergrond. Het ging zo lekker dat ze in een opwelling besloten om Los Angeles links te laten liggen en door te rijden naar Mexico.

Toen ze de grens gepasseerd waren ten zuiden van San Diego, stapte ze uit bij een verlaten parkeerplaats langs de kustweg, ging zitten in de schaduw van een cipres, pakte een handje zand en dacht aan de cirkel die ze had gemaakt. 'Rond 1860 raakte Charlotte van België verliefd op Maximilliaan van Oostenrijk,' zei ze tegen Jesús. 'In die tijd was Mexico een soort achtertuin van een paar koloniale Europese vorstenhuizen, en toen Max werd gevraagd voor de Mexicaanse kroon, volgde ze hem helemaal hiernaartoe. Ze kon niet tegen de hitte en hij was een paar centimeter korter dan zij, maar ze hield zielsveel van hem.'

'Ik heb *The Mad Empress* gezien. Je was geweldig,' antwoordde Jesús.

'Ik ben toen niet eens in Mexico geweest. We draaiden voornamelijk in Boedapest en Spanje.'

'Je moet mijn moeder Isabel ontmoeten,' besloot hij en hij bleef het hele stuk aan het stuur zitten. Onvermoeibaar was hij met kussens en koele drankjes in de weer tijdens de tankstops, en vrolijkte haar op met grappige anekdotes uit zijn jeugd als ze last had van een hormoondip.

Hij kwam uit een vissersfamilie, zijn vader was kort na zijn geboorte vertrokken met de noorderzon, maar zijn moeder en broer woonden nog steeds in Guerrero Negro, een klein havendorpje aan de voet van de bergen aan de westkust van Mexico.

Het was een vergeten plekje, Jesús stuurde de auto een uur lang voorzichtig langs spaghettiweggetjes en ravijnen en bracht haar vervolgens naar een paradijs. Achter een woeste bergrug lagen een liefelijk strandje, een kleine pier, twee restaurantjes en een kleine supermarkt. Dat was het. De ruis van de stille en machtige Pacific klonk overal.

Isabel was een wijze en langzaam bewegende vrouw met een gladde huid. In haar ogen kon je de kalme opeenvolging zien van vijftig jaar oceaanbranding. Ze bezat een van de twee eetgelegenheden, een soort strandtent met twintig zitplaatsen en veel gebleekt hout. Eén keer per week gingen haar zoons vissen, en dan lag de vriezer weer voor een aantal dagen vol. Af en toe ankerde er een buitenlands jacht en kwam de bemanning met veel rumoer aan land en waren ze in één avond door alle voorraad heen, maar van de omzet konden ze dan weer een maand leven.

~

Lotte zou de laatste zes weken van haar zwangerschap altijd blijven associëren met het zachte, zalmroze interieur van de Chevy, met de koele ochtendschaduw op het binnenplaatsje waar ze met Isabel de groente sneed en de vis schoonmaakte, met de geur van de kamperfoelie die bloeide langs de pergola boven het terras, zwempartijtjes met Jesús in de namiddag, en lange avonden aan tafel met een glas ijsthee en een koel briesje vanuit zee. Niks hoefde, alles kon.

Als haar buik niet was blijven groeien, had Lotte durven zweren dat hier aan de Mexicaanse kust de tijd stilstond. 'Waarom ben jij hier ooit weggegaan?' vroeg ze aan Jesús op een warme, sterverlichte nacht in hun slaapkamertje boven het restaurant.

'Ik wilde niet de rest van mijn leven tussen de vissen doorbrengen. Ik moest films maken.'

'En nu?'

'Ik was een kind. Nu weet ik: filmen is alleen maar leuk voor een paar mensen. Voor de rest is het een hel.'

'Ook voor camera-operators?'

'Met name voor hen.'

'Waarom doe je het dan?'

'Dat weet je. Op een dag heb ik genoeg gespaard voor mijn eigen documentaire.'

'En dan?'

'Dan krijg ik daarna misschien geld voor een volgende. En een volgende. Ten slotte een Oscar. En als ik dan doodga kijk ik tevreden terug op de onderwerpen die zonder mij in vergetelheid waren geraakt.'

'Dus aan het einde is er verlossing?'

'Aan het einde is er verlossing.'

De noodzaak om jezelf keer op keer te bewijzen. Het is een vloek, dacht Lotte terwijl ze luisterde naar haar slapende minnaar. Zouden taxichauffeurs, boekhouders of postbodes dat ook hebben? Of zouden die gewoon blij zijn als ze gelukkig waren, zoals zij nu, hier in Guerrero Negro?

Soms ging Jesús mee met zijn broer in de kleine kajuitvisboot. Als hij terugkwam, rook hij naar diesel en zout en lachte hij op zo'n onbezorgde, jongensachtige manier dat Lotte wilde dat er geen Californische tv-industrie bestond die rekende op hun terugkomst.

'Hij is geen heel goede visser,' zei zijn broer Péjo op een avond, 'maar hij werkt hard en je kunt geweldig lol maken met hem.'

'Heb jij dan nooit de behoefte gehad om iets anders te zien dan je geboortedorp?' vroeg ze.

Péjo pelde een pistachenootje terwijl hij nadacht over haar vraag. 'Vorige zomer stopte hier een Amerikaans zeiljacht,' zei hij. 'Middelgrote boot, leuk jong echtpaar zonder kinderen. Ik heb een tijdje met ze staan praten op het strand. Hij vertelde dat-ie een drukke managementbaan had bij het vliegveld van L.A. "Ik ga eraan kapot," zei-ie, "maar op mijn boot kan ik uitrusten en opladen. Het water, de wind en de zon. Als ik op zee zit, ben ik gelukkig." Zijn vrouw stond ernaast te knikken. Ze gingen om de twee weken een weekend zeilen. Als het kon, qua werk. "En u?" vroegen ze op een bepaald moment. "Wat doet u voor de kost?"

"Dat willen jullie niet weten," probeerde ik nog, maar ze drongen aan en toen zei ik: "Ik zit hier op het strand wat te lezen en na te denken, en als ik een vis nodig heb, ga ik een ochtendje varen."' Hij pakte een nieuw nootje. 'Dat antwoord had ik liever niet willen geven, want het maakte hen heel ongelukkig.'

Lotte keek naar de pistaches in Péjo's grote, verweerde handen en had het gevoel dat ze opeens begreep hoe het universum in elkaar zat.

Achter haar buik liep ze van het haventje naar het strand, en weer terug. Wat nou als ze hier een tijdje zou blijven? Wat kwam er na *Just Another Mission*? Nieuwe audities? Meer afwijzingen? Een andere B-serie? Wat had het voor nut? Waarom bleef ze niet gewoon hier? Beetje afwassen, paprika's en uien snijden, visje. Kindje. Jesús in een bootje.

Weer een slapeloze nacht. 's Ochtends haventje, strand, haventje.

's Middags strand, haventje, strand.

'Als je ergens mee zit, kun je het beter zeggen,' merkte Isabel op terwijl ze met lijm en houtklemmen een gebroken tafelpoot repareerde.

Lotte slikte. 'Wat als, na de bevalling, zouden we misschien–?'

Isabel knikte. 'Natuurlijk. Ik vind het fijn als jullie terugkomen. Blijf zolang je wilt.'

'Misschien open ik een klein eettentje hier op het strand.'

'Wie weet. Je mag hier beginnen.'

'Ik wil het contract voor *Just Another Mission* verbreken,' begon ze die avond tegen Jesús.

Ze zaten op het balkonnetje van hun kamer. Hij gaf geen antwoord. Alleen die vuurkorfzwarte blik.

'Ik heb altijd gedacht,' legde ze uit, 'in een rechte lijn. Al sinds de middelbare school. Klein beginnen, onder aan de ladder, stap voor stap.'

Hij knikte voorzichtig.

'Eindexamen, Theaterschool, afstudeerprojectje, bijrolletje in een slecht stuk, bijrol in een beter stuk, hoofdrol in een slecht stuk, en zo verder, tot je naar Hollywood mag en dan begin je weer van vooraf aan met een bijrolletje in een goedkope serie, en dan hopelijk een hoofdrol in een goedkope serie. Op dat punt sta ik nu.'

'Voor een actrice uit een klein en ver en koud land is dat niet gek.'

'Er is geen rechte lijn. Het is, hoe moet ik– denk aan de Pacific Highway. Van Ontario zijn we steeds naar beneden gereden, naar San Diego, de grens over, nog steeds recht naar beneden, naar Ensenada, de Allerheiligenbaai, en toen, opeens, de snelweg af, bochten, slingeren, haarspelden en dan: het hof van Eden. Guerrero Negro.'

'Je hebt het hier naar je zin,' concludeerde Jesús.

'Je kunt niet denken in lijnstukken. Het is een slingerweg. Misschien moest ik op al die stationnetjes uitstappen om ten slotte hier terecht te komen.'

'In de winter zijn er geen gasten.'

'Wat geeft dat? We hebben elkaar.'

'Er komen in de weekenden geen grote, witte plastic boten langs.'

'Nou en?'

'Marlene zal niet blij zijn.'

'Als ik haar vertel van deze buik is het toch over. Ze wil geen zwangere vrouwen managen.'

Hij leunde achterover, sloeg zijn armen over elkaar. Zijn biceps bolden op.

Hier blijven, dacht ze. Tegen die rug aanliggen. Liefkozen. Baby'tje.

Hij bleef lang stil.

Zij ook.

'Oké,' besliste hij. 'Dan komen we na de bevalling terug. Fuck Marlene.'

Er was geen gsm-dekking door de berg die Guerrero Negro afsloot van de buitenwereld.

Via een beverige en ruisende landlijn liet Lottes agent haar verbijstering blijken. 'Zwanger? Je maakt een grapje.'

'Het spijt me.'

'Lottelove, dat is contractbreuk.'

'Overmacht.'

'Een kind krijgen is geen overmacht.'

'Hoe weet je dat? Jij hebt ze niet.'

'Goddank niet. Ze kunnen een schadeclaim bij je neerleggen.'

'Je kinderen bedoel je?'

'De producenten, liefje.'

'Dat moeten ze dan maar doen.'

'Dit is zeer, zeer slecht voor mijn reputatie.'

'Dat begrijp ik. Het is mijn schuld. Zeg dat maar tegen iedereen.'

'Hoeveel maanden ben je?'

'Negen.'

'Wat? Maar dan moet... Waar ben je dan?'

'Mexico.'

'Lot, ben je wel goed bij je hoofd? Laat je 'm daar geboren worden?'

'Het is een zij. En nee, tuurlijk niet. Over een paar dagen gaan we naar L.A.'

In Mexico worden aan de lopende band kinderen geboren, de verloskunde was daar volgens Péjo echt wel op orde, maar het leek Lotte en Jesús toch beter om er een klein Amerikaans staatsburgertje bij te maken in een goed geoutilleerd Californisch ziekenhuis. Isabel ging mee om te helpen, het was de bedoeling dat ze met z'n drieën weer terug zouden gaan naar Guerrero Negro als Lotte voldoende was hersteld.

~

De bevalling van Zoë ging voorspoedig. Lotte had zich voorbereid op een nachtenlange hel van contractie, bloed, pijn en urineverlies, maar haar dochter bleek een kleine en meegaande baby, die al binnen veertig minuten tegen het kunstlicht van het ziekenhuisplafond lag te knipperen.

Isabel en de vermoeide, maar tevreden drie-eenheid verschansten zich in Lottes appartement met de bougainvillea. Ze waren nog geen twee weken thuis, of de Nokia van Jesús begon alarmerend vaak over te gaan. Aanvankelijk nam hij niet op, maar toen begon de fax ook te piepen en vanaf dat moment, besefte Lotte later, werden zij en Zoë als het ware opnieuw geboren, en deze keer wel met bloed en pijn. Met geweld werden ze uit hun cocon geperst en kwamen met een smak terecht op het kille pavement van de werkelijkheid.

De Verenigde Staten waren in oorlog.

De humvee's, de tanks, de stofwolken en de triomfantelijke president op het dek van zijn vliegdekschip hadden ze gemist. De beelden van de omgevallen standbeelden en de ingenomen hoofdstad waren niet doorgedrongen tot de baarmoeder van het jonge gezin, hoewel in het voetspoor van de zegevierende soldaten een heus medialeger elke dag per satelliet het nieuws de ether in slingerde. Onder hen ook een regisseur – en vriend van Jesús – die in opdracht van een kleine, onafhankelijke producent een openhartige documentaire probeerde te maken over het lot van de Iraakse burgers. Hij had dringend een cameraman nodig, de vorige had zijn voet gebroken terwijl hij een opstijgende Chinook had proberen te filmen.

Jesús zei nee. Net een kind, jong geluk. Maar andere keer heel graag.

Twee dagen later ging weer de telefoon. Deze keer was het de producent van *J.A.M.* Hij feliciteerde Jesús met de geboorte van Zoë, en vroeg wat hij nu ging doen. Want terugkomen als steadycam operator zat er natuurlijk niet meer in, niet als-ie een relatie had met een van de hoofdactrices. Regels waren er niet voor niets.

Jesús was een Mexicaan. In hem stroomde het bloed van zijn Spaanse voorouders. Fuck you, zei hij en hij gooide het toestel tegen de muur.

'Stil maar, schatje,' suste Lotte.

'Niks stil maar. Ik laat me niet de wet voorschrijven door een studioreglement,' antwoordde Jesús. Hij belde de satelliettelefoon van zijn vriend en zei alsnog ja, want een man moet voor zijn gezin zorgen.

Lotte knikte dapper mee, vervloekte stilzwijgend de intercontinentale telefoonverbinding die de *weapons of mass destruction* naar hun slaapkamer had gebracht, maar nam vol vertrouwen afscheid van de jonge vader.

De eerste bodybags druppelden binnen, in korte tijd groeide de stroom aan tot een rivier van honderden lichamen en ledematen. Lotte probeerde haar angst te bezweren door als een nieuwsjunkie alles te volgen wat er vanuit Basra en Bagdad werd overgeseind.

De invasie werd het centrum van Lottes bestaan. Terwijl Isabel zich ontfermde over de boodschappen, de was en de keuken, keek zij met Zoë aan haar borst van 's ochtends vroeg tot laat in de nacht naar explosies en regeringscommuniqués. Bij elk huiltje pakte ze haar dochter op en wiegde haar tijdens apocalyptische snelwegbombardementen en knetterende oliebronbranden in slaap. 'Ik ben een oorlogsbaby,' zou Zoë vijftien jaar later bloedserieus vertellen aan haar therapeut, 'in mijn brein is het gejank van gevechtsvliegtuigen gekoppeld aan de smaak van moedermelk.'

Lotte zat gekluisterd aan haar tv, ze dacht dat er iets vreselijks ging gebeuren als haar concentratie ook maar een ogenblik zou verslappen, ze kwam alleen nog buiten voor de hoognodige boodschappen. Ze was er zo van overtuigd dat haar overzeese controle geen ruimte liet voor calamiteiten, dat ze het bericht van Jesús' dood aanvankelijk negeerde. Omdat ze zoiets immers moest hebben zien aankomen. Maar er begonnen weer apparaten te piepen en telefoons te rinkelen: eerst de regisseur van de openhartige documentaire, toen het productiebureau, Péjo uit Guerrero Negro, en ten slotte een speciaal hiervoor opgeleide woordvoerder van het Amerikaanse leger, die de woorden 'overlijden, kist, overbrengen van stoffelijke resten' zo overtuigend uitsprak dat ze er niet meer omheen kon. Jesús was op zijn tweede avond in Irak vermoord door een bom in een kinderwagen. Die was eigenlijk bedoeld voor een peloton mariniers die langs de bewuste weg regelmatig hadden gepatrouilleerd, maar de eenheid was op de dag van Jesús aankomst verplaatst naar Tikrit.

Jesús, met zijn indiaanse trekken, zag er niet uit als een doorsnee Amerikaan, maar dat wist de jonge vrouw niet die de buggy met twee gasflessen, een emmer schroot en een handgranaat had neergezet achter een asbestgolfplaatmuurtje van een verlaten parkeerplaats bij Ramadi. Haar instructies waren duidelijk, bij de nadering van de buitenlandse auto's zou ze aan het twintig meter lange koord trekken, en of ze dat er levend vanaf zou brengen was onzeker. Maar dat maakte haar niet uit. Die Amerikaanse moordenaars in hun gele camouflagekleding hadden de dood van haar echtgenoot op hun geweten. Ze hadden drie gaten in zijn buik geschoten met hun aanvalsgeweren en hem laten creperen alleen maar omdat hij een onverwachte beweging maakte op het moment dat ze langskwamen op hun tocht naar het noorden. 'Dood aan de imperialistische aliens,' hadden de leden van de verzetsgroep gesist toen ze de gasflessen in de kinderwagen tilden, en dat de eerste buitenlanders die voorbijkwamen juist geen imperialisten waren, kon de jonge moeder natuurlijk niet weten. Zij wilde, meer dan wat dan ook, met de ruk aan dat touw haar hart tot rust brengen.

Jesús zat samen met de regisseur in een geleende Toyota Landcruiser, ironisch genoeg waren ze op weg naar een afspraak met een Iraakse weduwe die voor de camera wel wilde vertellen over het spoor van vernieling dat die westerse honden op hun veldtocht hadden achtergelaten.

Toen de bom afging ving Jesús negentig procent op van de schervenregen, helemaal in lijn met de offervaardigheid die hoorde bij zijn naam. In zijn hoofd zaten zestien metaalsplinters en meer dan dertig asbestfragmenten, op een bepaald moment waren ze gestopt met tellen. Twintig meter verderop liep de jonge moeder aan de andere kant van het touw tweedegraads brandwonden op aan haar onderarmen en gezicht, wat aangaf hoe krachtig de explosie was geweest. De Landcruiser was opengefrommeld als een blikje tomatenpuree, iemand vond later een stuk golfplaat op zijn balkon, bijna zeventig meter verderop.

Jesús was op slag dood. De donkere ogen, de hoge jukbeenderen, die iets te grote neus boven zijn vrolijke glimlach – het bestond allemaal niet meer. Lotte probeerde het zich voor te stellen. Dat capabele, compacte lichaam dat soms vergroeid leek met de *cameramount* – weg. Ze moest zichzelf dwingen om het beeld van de dode Jesús in die Toyota voor zich te zien, omdat haar geest weigerde zich bij de feiten neer te leggen. Ze wilde het uitleggen aan Zoë, dat Jesús een stoffelijk restant geworden was, want anders dan die half verbrande heks in Ramadi nam zij haar verantwoordelijkheid als moeder wel serieus. 'Je vader,' zei ze, 'komt niet meer terug. Hij was op de verkeerde tijd op de verkeerde plek. Daar kon hij niets aan doen, hij was gewoon een vriend aan het helpen, die zat naast hem, maar die had alleen een scheur in zijn mouw. Het kan raar lopen in het leven, want nu ben je dus alleen met mij. Maar je hoeft niet bang te zijn, want ik kan dat aan. Jij bent mijn dochter, en ik zal voor je zorgen.'

Zoë keek haar even sip aan en begon toen hartverscheurend te huilen, maar dat kwam misschien ook omdat ze al een paar dagen het vertrouwde geluid van een straaljagermotor miste.

Marlene belde uit zichzelf. Ze had het verschrikkelijke nieuws gehoord. Wat kon ze doen? Had Lotte voldoende hulp?

'De moeder van Jesús is hier.'

'Gelukkig. Heette hij Jesús? Dat wist ik niet.'

'Hij was operator bij *J.A.M.*'

'Aha. Luister. Ik heb ze niet gezegd dat je wilt stoppen.'

'Hè? Maar ik had toch–'

'Je wilde eruit stappen, ja. Maar ik dacht, hoogzwanger, hormonen, even afwachten maar.'

'En nu?'

'Nu even niks. We gaan het niet over werk hebben. Niet in jouw situatie. Vreselijk. Je bent in de rouw. Laat het aan mij over. Ik bel je volgende week, goed?'

Lotte bleef in verwarring achter. Zonder Jesús had het geen zin om terug te gaan naar Mexico, het leek erop dat ze voorlopig in Los Angeles zou blijven.

Het schrijversteam van *J.A.M.* was de zomer ingegaan met de opdracht om de relatie tussen William en Lotte verder uit te werken, maar voordat ze konden beginnen werden ze teruggefloten. Naar aanleiding van de kijkcijfers had de zender toch besloten het profiel te wijzigen. De cast moest worden verjongd. Van hogerhand werd bepaald dat Lotte moest sterven om plaats te maken voor een nieuwe liefde. De beslissing had niets te maken met haar privéleven, bezwoer de producent haar, en was gemaakt voordat het nieuws over geboorte en dood hem bereikte.

Op de kick-offparty van het nieuwe seizoen stonden cast en crew elkaar met een glas in de hand een beetje beteuterd aan te gapen. De regisseur probeerde de stemming erin te houden met een toast op alle ruimtekilometers die ze met elkaar hadden afgelegd, maar daar werd iedereen nog ongemakkelijker van, want proosten met een hoofdkarakter dat in de eerste aflevering al overlijdt is best wel raar. Wel waren ze een minuut stil ter nagedachtenis aan Jesús.

~

Saddam Hoessein werd gevonden in een kelder en Lotte raakte levensgevaarlijk gewond door een explosie van een zuurstoftank op Makemake. William deed zijn uiterste best om haar te redden. Tijdens een halsbrekende tocht over de bevroren methaanvlakte van de dwergplaneet sleepte hij haar op een geïmproviseerde brancard terug – een zenuwslopende wedstrijd met de tijd, want de wond in haar schouder raakte ontstoken en dat kun je op een Kuipergordelplanetoïde niet hebben. Je kon namelijk niet even je ruimtepak uittrekken om te kijken wat er loos was. Net op tijd kreeg hij haar in een Medpod, en toen begon een ander nagelbijtende sprint tegen de vallende nacht. Die duurde daar vierenzestig uur. Als je accu's kapot waren had je zonder zon geen stroom, en deed de operatierobot niets, hoe hard je ook tegen hem schreeuwde. Het leverde een mooie en langdurige eindstrijd op, waarin haar leven de hele tijd aan een zijden draadje hing van zes elektronvolt – dat was de minimale spanning die de Medpod nodig had. William moest elk uur keuzes maken welk elektrisch onderdeel hij zou afschakelen om het leven van zijn geliefde te redden. Allemaal tevergeefs. De hulpsonde met reservebatterijen arriveerde net te laat.

De piloot was een vrouwelijke luitenant van vierentwintig.

Ze was dus overleden en had geen uitzicht op ander werk. Ze auditeerde voor een aantal producties, maar nergens kwam ze verder dan de tweede ronde. In het begin kreeg ze Marlene zelf nog weleens aan de lijn. Maar algauw werd het verkeer overgenomen door een assistent. Ze voelde het aan alles, ze was aan het afglijden. Haar spaargeld raakte op. In een opwelling dacht ze aan de afgeslagen uitnodiging van afgelopen voorjaar en sprak ze een voicemail in bij een secretaresse van de Goldmayer Company.

Dezelfde avond ging haar telefoon over.

'Met Leon Goldmayer.'

'Sorry, wie?'

'Leon. Je hebt vandaag een bericht achtergelaten bij mijn assistente.'

'O. Ja. Klopt.' *Leon Goldmayer zelf?*

'Lotte. Mag ik Lotte zeggen?'

'Ja. O ja.'

‘Lotte. Je houdt dus niet van afterparty’s.’

‘Nee. Nou, ja, soms.’

‘Waar hangt dat dan vanaf?’

Ze wist even niet wat ze moest zeggen. Een buik van zes maanden?

‘Ik ga vanavond naar een première,’ klonk Leons stem. ‘Heb je zin om mee te gaan? Dan praten we ondertussen over *Semper Augustus*.’

‘Ik weet niet wat dat is.’

‘De naam van de film waar we nu al een tijdje mee bezig zijn en waar je agent me over belde, dit voorjaar. Daar ging je bericht toch over?’

‘Ja, natuurlijk.’

‘Ja natuurlijk, daar ging je voicemail over, of ja natuurlijk, ik ga mee?’

‘Eh, wat is het voor een première?’

‘Voornamelijk saai, ben ik bang. Europese cinema. Maar ik zit in de jury van de Academy Awards, dus ik moet wel.’

Een producent die een stem had in de eerlijke verdeling van omzetverhogende beeldjes? Wat deed hij dan als zijn eigen films beoordeeld moesten worden? Maar ze zei ja, leuk, en vouwde zich drie uur later in een stemmige zwarte galajurk in de wijnrode sportauto van een van de machtigste studiobazen van Los Angeles.

Leon had het hoofd van een neanderthaler. In de roddelrubrieken was daar al menige grap over gemaakt, maar Lotte kon van dichtbij vaststellen dat het waar was. Hij had het postuur van twéé neanderthalers. Onwillekeurig wierp ze een blik op de smalle achterbank om te kijken of er ook een vuistbijl lag.

‘Misschien niet de meest comfortabele auto,’ grijnsde hij, ‘maar je moet er iets voor over hebben om op te vallen.’ En hij had gelijk. Ze was al vaak in The Globe geweest, maar het maakte een enorm verschil of je wel of niet met Leon Goldmayer arriveerde in een Ferrari. Leon was geen gelikte celebrity, integendeel, hij was een harige, smoezelige, dikke en vrij lelijke zestiger met huiduitslag, maar iedereen die ertoe deed wist wie hij was. Aan zijn arm liet ze zich links en rechts voorstellen, zag verbaasde blikken van collega's en draaiende radertjes in de hoofden van sommige executives, en het voelde alsof haar comeback al een feit was. 'Wat vond je van *Semper Augustus*?' vroeg Leon toen ze op weg waren naar de viproom.

'Ik heb geen script gekregen.'

'Niet? Dan moet dat zo snel mogelijk gebeuren. Het gaat over een mooie, Hollandse vrouw.' Hij keek opzij. 'Zo iemand als jij.'

Ze glimlachte.

'Maar,' hij stak een vinger op. 'Ze is ongelukkig. Ze is getrouwd met een man die twintig jaar ouder is. Rijk. Machtig. Veeleisend.'

'Juist.'

'Weet je daar iets van? Veeleisende mannen?'

Ze zei niets.

'Deze man is een belangrijk figuur in de Amsterdamse Gouden Eeuw. De stad is op dat moment het centrum van de wereldhandel. Hij is een, zeg maar, zeventiende-eeuwse president-directeur van een grote multinational, er gebeurt niets zonder dat hij het weet. Zijn vrouw houdt niet van hem, ze vindt hem te oud. Maar wat kan ze doen? Ze geeft zich gewillig over omdat ze weet dat hij alle touwtjes in handen heeft.' Hij lachte. 'Drama!'

Ze kreeg een glas champagne en knikte afwezig naar zijn kruin. Het middelpunt van zijn hoofd was kaal, er zaten kleine rode wondjes op. Het haar eromheen had iets obsceens, het leek op een close-up uit een pornovideo uit de jaren tachtig.

Hij klokte de inhoud van zijn glas naar binnen. 'Het is een andere tijd, natuurlijk. Vrouwen zijn niet relevant. Mannen hebben de macht. Heel anders dan nu.' Hij nam haar en de champagne mee naar hun loge. 'Ik vlieg overmorgen naar Amsterdam. Locaties, financiering, gedoe. Niet leuk maar het moet gebeuren. Als ik terug ben wil ik dat jij een test doet,' fluisterde hij en zette de fles aan zijn mond.

De film in The Globe ging over een dame die onbedoeld in een xenofoob dorpje belandt op het Amerikaanse platteland.

Er werd nauwelijks gesproken, traag bewoog de camera heen en weer.

Halverwege legde Leon een vochtig handje op haar knie. Onbeweeglijk keek Lotte in het halfduister naar de roze inktvis op de zwarte stof.

De vis kneep even in haar been.

Wat was dit? Een verontschuldiging omdat hij haar naar een langdradige rolprent had meegesleept? Of bedoelde hij met dit duizelingwekkende clichégebaar iets anders? Wist hij niet dat ze nog maar kort geleden haar man had moeten laten cremeren? Ze stond op om naar de wc te gaan en bleef zo lang mogelijk weg.

Tijdens de nazit hield ze het weekdier aan het uiteinde van Leons arm scherp in de gaten. Hij wenkte een kleine, gedrongen man met een vlasbaardje dichterbij. 'Lotte, dit is Lars. Hij is de regisseur, komt uit Denemarken en is een founding father van Dogma.' Leon keek of hij bedorven schaaldieren had gegeten. 'Ze hebben daar alle artificiele hulpmiddelen op de set afgezworen.'

'Interessant,' zei Lotte. 'Een bijzondere avond.'

'Ik vond er geen klap aan, sorry.' Leon greep drie glazen van het dienblad van een passerend cateringmeisje.

'Vinterberg is begonnen met Dogma,' reageerde Lars somber. 'Leon, ik moet je waarschuwen. Ik ben de laatste tijd weer behoorlijk depressief.'

'Had je hier ook niet verwacht. Die zit al op zijn hotelkamer, dacht ik.'

'Ik probeer alle franje te elimineren,' zei Lars.

'Is je volgende film dan zonder acteurs? Dan lees je gewoon het scenario voor. Geen franje. En goedkoper.' Leon overhandigde hem zijn drankje.

'Ja, haha. Nee, dat zal niet gaan.'

'Waarom niet? Waarom kun je wel de belichting en sets skippen, maar niet de acteurs of de montage?'

'Beste Leon, een decor kun je weglaten, acteurs niet. Zij zijn onze spreekbuis. Heb ik je toch al eens uitgelegd, in Berlijn? Zij zijn ons eerste en oudste communicatiekanaal met de metafysica.'

'Volgens Lars is de cinema onze moderne godsdienst.' Leon pakte Lottes elleboog. 'Liefje, wat vind je daarvan? Als dichtstbijzijnd communicatiekanaal, zeg maar?'

'Bent u religieus?' vroeg ze aan de Deense regisseur. Uit alle macht probeerde ze niet te denken aan de vingers op haar blote bovenarm.

'Ben je gek. Maar als transportmiddel is het fantastisch.'

'Ik geloof niet dat ik u helemaal begrijp.' Ze haalde een hand door haar haar. De zuignap aan haar elleboog liet los.

'Godsdienst is een bus. Het brengt mensen van a naar b. Ik ben de buschauffeur.'

'Ik zie een film,' riep Leon.

Lars wees om zich heen naar de hoge plafonds, het art-deco-interieur, de uitbundige ornamenten. 'Wat denk je dat dit is?'

'Een bioscoop?'

'Een kerk.'

'Ik ga weer even naar de wc,' fluisterde Lotte.

Oktober 2017

In de studio wordt het beangstigend warm. Ligt dat aan hem?

De jonge oude presentator lijkt er geen last van te hebben. 'Rhuggenaath Sterren Casting is inmiddels het grootste bureau van Nederland.' Hij buigt naar voren, in het licht van de tv-spots glimt zijn colbertje als een vissenhuid.

'Ja,' zegt Reuben. 'Dat is eigenlijk wel zo.' Hij speelt verbaasd, alsof de onstuimige groei van zijn bedrijf hem ook heeft verrast.

Zocht je stemmen voor een radiocommercial? RSC Voice. Locaties voor filmopnamen? RSC FilmSpots. Was je op zoek naar een goede agent? Ursulinde Gloria. De holding boven deze bedrijven, Reubsul bv, had aandelen in een commerciële televisiezender en in een groot filmproductiebedrijf. En dan was er natuurlijk nog de goede oude afdeling van Rhuggenaath Sterren Casting, waar het allemaal mee begonnen was.

Ze ontvingen dagelijks castingverzoeken van productiehuizen waar hij, als directeur-eigenaar van Reubsul, soms zelf een belang in had. Zijn medewerkers factureerden uitgebreide castingwerkzaamheden, maar beperkten de zoektocht meestal tot acteurs in het eigen agency. Vanzelfsprekend hielden ze wel twintig procent commissie in op de honoraria van de mensen die ze voorstelden. Aan het eind van de rit incasseerde Reuben als coproducent ook nog een fee plus een deel van de winst. Het was een soepeldraaiende geldmachine, af en toe was er iemand die op grond van 'belangenverstrengeling' een spaak in het wiel probeerde te steken, maar wettelijk deed Reuben niets verkeerd. Hij had de markt vrolijk kunnen monopoliseren zonder dat iemand hem een strobreed in de weg had gelegd.

'Sommigen zeggen dat u de concurrentie de markt uit drukt met extreem lage prijzen.'

Reuben kijkt olijk. Hij weet dat de moeilijke onderwerpen nog gaan komen. Hij zal ze niet geven waar ze op hopen.

'Ik vind dat de kosten inderdaad naar beneden kunnen. De gages die nu betaald worden, zijn vaak niet reëel. Als wij het castingtraject voor minder kunnen aanbieden, profiteert de hele sector daarvan.'

'Sommigen zeggen dat u zich die lage prijzen kunt permitteren doordat u ook een acteursagency drijft. U hebt belangen in twee bedrijven.'

'Is dat verboden dan?'

'Dat niet, maar–'

'Ik geloof in een sterke Nederlandse filmindustrie. Kosten omlaag, rendement omhoog. De uithangborden van de industrie zijn onze acteurs en actrices. Kijk naar Amerika. Daar is de box office van Bruce of Angelina allesbepalend in het proces. Het productiebudget, de co-stars, noem maar op. En het uiteindelijke succes.'

'Maar nu doet u net of het–'

'Nederlandse acteurs of actrices hebben deze commerciële waarde niet, of veel minder. Dat moet veranderen, denk ik. In feite kom ik – indirect – op voor hun belangen.'

Het blijft even stil.

'Denk aan Rutger, Famke, Yorick. Door hun talent en inspanningen hebben ze de Nederlandse film op de wereldkaart gezet. Denk aan Sylvia, Barry, Carice, Halina, die op dit moment ook succesvol internationaal aan de weg timmeren. Zulke mensen hebben we nodig.'

'Goed, even over uw werk als producent.'

'Het is in lijn met wat ik net zei. Ik heb een visie op alle onderdelen in de productieketen. Als de Nederlandse filmindustrie wil groeien, moeten we over de grenzen heen kijken.'

'U bent coproducer van *Liefde is Alles 1* en *2*, en inmiddels ook van een grote internationale film die twee maanden geleden in Londen in première is gegaan.'

‘Ja, het is ongelofelijk.’ Hij had te veel geld. Het moest ergens naartoe.

‘Uw Amerikaanse collega is twee weken geleden beschuldigd van seksueel misbruik.’

Reuben leunt naar achteren. De laatste ronde. De beer is uit zijn kooi. ‘Inderdaad.’

~

Hij ontmoette Leon Goldmayer voor het eerst in het Okura in Amsterdam. Ze waren ongeveer met z’n twintigen. Producenten, financiers, distributeurs, een paar mensen van het ministerie.

Het budget van *Semper Augustus* werd geschat op honderd miljoen dollar. Dat was weliswaar een astronomisch bedrag, maar Nederland was een van de weinige landen waar geldschieters in hun belastingaangifte maar liefst honderddertig procent van hun investering mochten aftrekken. Bedrijven, banken en particulieren stonden in de rij om een aandeel te verwerven in een film zoals *Semper Augustus.* Leon zag het als een uitgelezen kans om geld op te halen voor een gillend dure kostuumfilm, voor Reuben was het de gedroomde gelegenheid om zijn internationale contacten uit te breiden. Na Ursuls dood was het kantooroppervlak verdrievoudigd, RSC zat inmiddels in een state of the art verbouwde voormalige kraanloods met uitzicht over het IJ.

Het was niet zo gek dat hij aan tafel zat met de maker van Oscarwinnende films zoals *Gangs of New York City* en *Master of the Ring 1, 2* en *3*. Reuben had het plan om twee miljoen te investeren in *Semper Augustus*, en daarmee een coproducerscredit te verwerven.

Na de vergadering, toen de ambtenaren en de bankjongens waren verdwenen, dronk hij samen met Leon nog iets op het dakterras. Het was een mooie herfstavond met wind uit het oosten. Beneden hen zuchtte en lispelde de stad. Getweeën leunden ze met hun onderarmen op de reling. De grote en de kleine jongen. Ze leken op elkaar, ze deelden dezelfde wortels, hun soort ging helemaal terug tot de donkere krochten van de middeleeuwse Balkan. 'Ik heb heel goede zalf voor uw rosacea,' zei hij.

De producer van de Ring-trilogie draaide een massief hoofd in zijn richting. 'Zonder cortisonen?'

'Dat niet.'

'Kan ik niet verdragen.'

'Dus, u denkt aan Julia in de lead in *Semper Augustus*?' vroeg Reuben voorzichtig.

De ander maakte een onbestemd keelgeluid en rochelde een groene fluim naar de woonwijk beneden. 'Of Sandra, Angelina, Nicole. Als ze kan. Gwyneth Paltrow misschien. Het zou leuk zijn als ze van nature een Europees accent heeft. *Speaking of which*, ik was vorige week met Lotte Feuerstadt op een feestje.'

'Lotte? Voor de hoofdrol in *Augustus*? Hm, nee. Lijkt me niet.'

'Nee, mij ook niet.'

~

Lotte kreeg het script per koerier. Ze vond het goed, maar ze realiseerde zich dat ze niet helemaal objectief was. Het was een fantastische kans. Ze zag zichzelf al rondlopen in een zeventiende-eeuwse outfit door de straatjes van de stad die ze zo goed kende. Ze zouden grote delen van de gracht moeten afzetten, reclameborden en haaientanden moeten maskeren, stoplichten verwijderen. Het verkeer in het IJ stilleggen voor een gevecht met scheepsartillerie. Wat een comeback zou dat zijn, dacht ze opgewonden. Honderd miljoen. Internationale publieksfilm. De aanbiedingen die hier op zouden volgen. Ze zou zich nooit meer druk hoeven maken over geld.

Ze had al drie maanden geen huur betaald voor het appartement met de patio. Binnenkort zou ze moeten verhuizen. Ze was achter met de betalingstermijnen aan Brent, Raggel & Dripsteen. Er was een rekening gekomen van het uitvaartbedrijf. Haar spaargeld was bijna op. De zomer met Jesús in Guerrero Negro was ver weg, alsof het nooit had plaatsgevonden. Zoë huilde veel en vaak, alsof ze aanvoelde dat de zorgen van haar moeder een stem verdienden. Lotte belde Leons assistent. Dat ze het script had gelezen, en of meneer Goldmayer daarom zo snel mogelijk contact op wilden nemen met haar agent.

Er gebeurde niets.

Na een week belde ze Marlene zelf op. Die wist nergens van.

Na nog een week toetste ze het mobiele nummer dat Leon haar had gegeven in The Globe.

'Lotte. Wat een verrassing. Ik ben net terug uit Amsterdam.'

'Ik heb het gelezen. Geweldig. Het lijkt me geweldig. Marlene probeert je te bereiken.'

'Dus je vond het goed?'

'Heel erg. Goeie dialogen, ook. En spannend. Plus, ik ken de stad natuurlijk heel goed.'

'We gaan misschien nog wat dingen veranderen.'

'Ja. Want dat kan niet, hoor, een galjoen afmeren aan de Dam. En ik vraag me af… haar motivatie in het eerste stuk… om bij Cornelis te blijven. Dat snapte ik niet zo goed.'

'Oké, alle feedback is welkom in dit stadium. Laten we iets afspreken. Kun je morgen?'

Isabel was blij. Ze vond dat Lotte te weinig de deur uitging. 'Voor jou gaat het leven door. Laat mij rouwen om Jesús,' zei ze met die zachte oceaanstem van haar.

Om kwart voor vijf stapte Lotte het kantoor binnen van de Goldmayer Company. Het was een van de oudste gebouwen aan Bentley Avenue, opgetrokken uit okergele steen, heel lang geleden had er een wapensmid in gezeten. GUNS & RIFLES was er nog in mooi verweerde vintage letters te lezen op de verder spatgladde gerenoveerde gevel. Ze werd naar een wachtkamer gebracht op de tweede verdieping met eivormige leren kuipstoelen die haar deden denken aan de pods uit *Aliens*. Het waren geen stoelen om in te gaan zitten, zelfs niet met de zwarte jeans die ze had aangetrokken. Je zou er misschien wel half in kunnen liggen, maar dan was je ook een makkelijke prooi voor elke buitenaardse griezel die zin in je had. Ze bleef dus staan en bestudeerde de filmaffiches aan de wand. Na een minuut of tien gooide Leon de glazen deur open, een telefoon in zijn hand. 'Lotte, sorry dat het wat uitloopt. Ik zit met de regisseur aan de lijn. Ik zeg tegen hem, ik moet stoppen, ik heb een afspraak met Lotte Feuerstadt, en hij: kom wat drinken en neem haar mee. Zou je dat leuk vinden?'

Dat vond ze inderdaad leuk.

Hij had de Ferrari thuisgelaten, in een zwartblauw glinsterende Cadillac Eldorado gleden ze over Sepulveda Boulevard naar het noorden. 'Het idee over die tulpen,' begon Leon, 'zit al sinds 2001 in mijn hoofd. Het is een verhaal over geldzucht, verblinding, massahysterie, denk even aan onze internetcrisis, maar dan driehonderdvijftig jaar geleden. Een bloembol voor de prijs van een grachtenpand. Het is een vijandige, hebberige wereld.'

Lotte knikte. Ze hield zijn rechtergrijpvis goed in de gaten, maar door de enorme middenconsole was het onmogelijk om zogenaamd nonchalant een hand op haar been te leggen.

Leon stopte voor een voorrangskruising. 'Waarom blijft Sophia bij haar echtgenoot? Dat vroeg je je af, toch?'

'Ja. Hij is twintig jaar ouder en lelijk.'

'Ze doet dat omdat het zo is afgesproken. Ze is uitgehuwelijkt door een familie die voordeel ziet in een verbintenis met de rijkste inwoner van Amsterdam. De kerk heeft haar zegen uitgesproken. Op het verbreken van deze afspraak staan zware maatschappelijke en sociale sancties.' Hij trok op. 'Haar man Cornelis is niet geboren met een gouden lepel. Hij heeft gevochten voor elke dukaat. Hij waakt over zijn veroveringen: een fortuinlijke oogst op een Javaanse theeplantage, een retourschip met specerijen bij Kaap de Goede Hoop, de opbrengst van zijn zilvermijn in Vastmanland, hij noteert het allemaal minutieus in zijn boekhouding in het enorme huis op de Herengracht. Hij ziet alles. Hij heeft personeel, medewerkers. Zelfs als Sophia zou willen ontsnappen, dan is de kans dat dit haar lukt, gering.'

'Ze haat hem dus,' vatte Lotte samen.

'Dat zou heel goed kunnen.'

'Omdat ze walgt van zijn aanraking. Dat zegt ze toch, ergens?'

'Inderdaad. Maar is het relevant? Ze legt zich erbij neer. Omdat het alternatief verstoting en armoede is.'

Hij stopte bij een *midsize* villa in Beverly Hills. Geen protspaleis, maar wel een hek, een intercom, een bescheiden oprijlaan, een uitpandige dubbele garage. Lotte schatte dat het huis zes tot zeven slaapkamers moest hebben. Aan de achterkant werden ze aan de rand van een overkapte *infinity pool* begroet door een beerachtige man van rond de vijftig in zwembroek. 'Leon,' schreeuwde die enthousiast, het grijzige haar op zijn schedel plakte in natte sliertjes in zijn nek, daaronder zat slap vel dat verbrand was door een overmaat aan zon. Hij zag eruit als een rugbycoach op leeftijd en rukte een kleine, schelpvormige koelkast open. 'Biertje?'

Leon stak een duim op. 'Lotte, dit is Rory. Volgens sommigen de beste regisseur van dit decennium.'

Ze kreeg een natte hand. '*Miss Mad Empress*, ik ben een groot fan,' brulde Rory met een zwaar Schots accent. Lotte glimlachte en accepteerde een glas chardonnay. Na de gekoelde atmosfeer in de Eldorado merkte ze hier buiten pas goed hoe warm het was. Nu had ze spijt dat ze geen jurk had aangetrokken.

Leon begon zijn overhemd los te knopen. 'Ik was in Amsterdam,' zei hij tegen Rory, 'het is een kutstad, ze stinkt, nergens een zwembad, maar jongens, wat een fijn belastingparadijs.' Hij wriggelde zijn voeten uit zijn instappers en trok zijn sokken uit. 'We hebben inmiddels een commanditaire vennootschap opgericht, verkopen de aandelen met een rendement van acht komma twee, en trekken honderddertig procent van de belasting af.' Hij ritste zijn broek open en liet hem zakken. Met alleen zijn shorts aan liet hij zich achterwaarts in het water vallen. 'Lotte heeft het gelezen, en ze vond het goed,' riep hij toen hij weer bovenkwam. 'Maar het probleem is natuurlijk wel dat het een *fucking* periodefilm is. En ja, Rory, jij mag dan een fan van juffrouw Feuerstadt zijn, je bent ook helemaal weg van die klote Hollandse meesters, en jouw plan om al die sets lekker rembrandtesk uit te gaan lichten, gaat ons enorm veel tijd en geld kosten.' Hij zette zich af en rugcrawlde weg.

Rory draaide naar Lotte. 'Wat vond jij het meest opwindende moment uit het script?'

'Eh, dat ze aan het eind verdwaalt in de steegjes achter de Nes, terwijl de bloemenveiling elk moment kan beginnen.'

'Echt waar?'

'Niet? Die scène dan dat ze verliefd wordt op Jan?'

'Maar dat zie je toch al van mijlenver aankomen? Hij is jong, knap, onder de indruk van haar schoonheid, zij is ongelukkig en wil losbreken uit haar bestaan.'

Hij had gelijk, moest ze erkennen. Het zou wel heel raar zijn als Sophia niet zou vallen op de jonge schilder. Maar wat had ze dan het spannendst gevonden? Ze dacht na.

'Precies!' bulderde Rory langs haar heen naar de watertrappende filmproducent. 'Zij weet het ook niet!'

Leon klom uit het bad en wikkelde een handdoek om zijn middel. 'Rory en ik hebben een klein meningsverschil,' verontschuldigde hij zich tegen Lotte. Hij wees naar binnen. 'Als jij ook wilt zwemmen, in die slaapkamer liggen volgens mij wel een paar bikini's.' Hij liet zich in een stoel vallen en strekte zijn behaarde benen uit.

Rory ging naast hem zitten. 'Ik probeer alleen maar te zeggen dat je er nog niet helemaal bent, Leon. Je hebt met *Augustus* een prima arena: een multinational in nood, pofbroeken, kanten kragen, bevroren grachten, noem maar op. Je hebt ook een goed verhaal: over een vrouw die wil ontsnappen aan haar noodlot, er is een overtuigende badguy, een romantische liefde en ook een tikkende tijdbom, allemaal hartstikke goed. Het is ook actueel, dat geklooi met aandelen en hebzucht is een herhaling van de geschiedenis, maar wat ontbreekt is een twist. De ontwikkelingen zijn te voorspelbaar.'

Lotte werd genegeerd. Deden ze dat expres? Ze stond nog steeds aan de rand onder de overkapping, haar kuiten in de zon. Ze had best zin om even te zwemmen. Mogelijk werd het ook van haar verwacht. Misschien was dit een proef. Misschien wilden de producent en de regisseur even zien of ze zich kon adapteren, voordat ze die honderd miljoen gingen uitgeven. Een rondje zwemmen. Dat was op zich niet gek. Om haar aanpassingsvermogen te testen.

Terwijl ze zich verkleedde dwong ze zichzelf te denken aan *go with the flow* en soepel meeveren, maar ze voelde zich een mannequin die op het punt stond de catwalk op te gaan met een niet-geslaagde creatie. Waarom? Ze zag er goed uit, dat wist ze zelf ook wel.

Ze koos voor een niemendalletje van zilverachtige stof, was zich zeer bewust van de blikken van beider mannen toen ze op een halve meter afstand langs hun stoelen deinde, en dook zo snel mogelijk het water in. Ze trok een paar baantjes, maakte hopelijk een beetje een sportieve indruk, en zwom toen langzaam een cirkel om te bepalen waar ze het beste uit het water kon komen. Doelbewust koos ze voor een plek vlak bij Leon en Rory, hees zich op aan de rand en gunde de heren onbelemmerd zicht op haar druipende bovenstukje en minuscule broekje.

Klaar. Keuring voorbij, dacht ze opgelucht. Ze wilde een handdoek pakken, maar de tuinstoel waar de badlakens net nog hadden gelegen, was leeg.

Leon trok de stoel naar zich toe. 'Kom er even bij, Lotte, we zitten hier met een patstelling.'

Ze had geen keus. Nat en onbeschermd ging ze zitten. Op tafel stond nu een fles tequila. Rory schonk drie glazen vol, gaf er één aan haar.

'Eind eerste akte zit die vrijscène, waar Sophia zich voor het eerst geeft aan haar jonge minnaar. Rory en ik vragen ons af, hoe ging dat dan, in de zeventiende eeuw?'

Ze sloeg haar benen over elkaar. 'Dat zullen de scenaristen toch wel hebben geresearcht?'

'Ja nee, natuurlijk. Maar het probleem is dat er weinig over bekend is. De meningen zijn verdeeld. Hielden ze alles aan? Rukten ze elkaars kleren van het lijf?'

'Ik denk dat ze zoveel mogelijk aanhielden. Wat ik ervan weet is dat ze bang waren voor elke vorm van lichamelijkheid.'

'Niet als je de dagboeken leest van de dames aan het hof van Lodewijk XIV.'

'Waren die niet katholiek? Nederland was volgens mij een heel puriteins en protestants landje.' Puriteins was goed. Puriteins zou haar goed uitkomen.

Rory zette zijn glas op tafel. 'Helemaal waar. Alles werd onderdrukt.' Hij hield een vlakke hand ter hoogte van Lottes sleutelbeen. 'Hier was de snit. Ze droegen soms kragen van een meter doorsnee. Het onderlichaam mocht niet gezien worden. Maar tegelijkertijd was het ook de tijd van wereldtalenten die doorbraken op het gebied van de schilderkunst. Jonge mannen die genoeg hadden van stillevens en religieuze taferelen. Mannen die niet bang waren van bloot vlees.' Hij bewoog zijn hand boven Lottes buik en benen. 'Die wanhopig zochten naar hoe ze de lichtval op een ronding konden vangen.'

Ze zei niets. Ze nam een grote slok, de alcohol viel als een komeet naar beneden, zijn vurige staart sloeg rond in haar slokdarm.

De hand kwam tot stilstand boven haar navel. 'Ik wil ook op zoek.' Rory keek haar diep aan. 'Maar ik wil eerst verdwalen, zoals Sophia bij de Nes. Elk straatje proberen. Kijken waar het uitkomt.'

Rory's vingers hingen bewegingsloos in de dikke lucht. 'Je moet je voorstellen dat voor mensen, in die periode, het vrouwenlichaam eigenlijk terra incognito was. Ik wil met de camera op reis. Stukje bij beetje. Ontdekken. Zoals de grote reizigers, Marco Polo, Magelhaen.'

Zijn hand daalde langzaam. 'Er zijn ontelbare liefdesscènes die zogenaamd verantwoord zijn gedraaid. Op z'n protestants, zou je kunnen zeggen. Ik zou een andere benadering willen zoeken. Nog steeds smaakvol, vanzelfsprekend. Maar avontuurlijker. Grensverleggender.' Zijn vingers landden op haar buik, voorzichtig, als een sonde op een onbekende planeet.

Lotte nam nog een slok. Ze wist waar dit naartoe ging. Ze was te laat om op te staan en een taxi te bellen. Ze wilde de rol. Ze wilde Sophia spelen en alles achterlaten, de rekeningen, Jesús, Brent, Raggel & Dripsteen.

'De grote visionairs medio zestienhonderd stonden op elkaars schouders om over de horizon te kijken.' Het landingsgestel bewoog naar haar rechterborst, kroop onder de stof. 'Christoffel had de weg gewezen, hij werd gevolgd door Diaz, Lemaire, Jan van Galen. Stel je voor, Rembrandt van Rijn was nog een eenvoudige schilderleerling, maar hij wist hoe Swanenburgh te werk was gegaan en bouwde daarop verder.' Zijn vingers omvatte de bolling, haar tepel tussen zijn vingers.

Ze sloot haar ogen.

'Ze voelden dat ze aan het begin stonden van een nieuwe era.' Rory's andere hand vond haar been, gleed naar boven. 'Het was allemaal even nieuw en opwindend.' Hij legde de palm zonder verder omhaal op haar venusheuvel, de vingers sloten zich om haar geslacht. Ze hoorde een stoel kraken, geluid van vochtig textiel dat afgestroopt werd en voelde warm vlees tegen haar wang. Ze liet toe dat hij zijn lul langzaam in haar mond schoof. Ze proefde zout en chloor. Hij pakte haar hoofd, zette zijn benen aan weerszijden en facefuckte haar zachtjes. Ze voelde hoe een paar andere handen haar broekje uittrokken en haar benen spreidden. Een erectie op haar been, tegen haar vagina, vingers die haar lippen van elkaar trokken, een duw, een penetratie, gekreun en gezucht toen ze door beiden gelijktijdig werd geneukt. Ze hoefde niets te doen, de mannen boven haar bewogen in dezelfde cadans. Iemand klikte de ligstoel verder naar achter, zodat ze nog dieper in haar konden doordringen. Ze dacht aan Claudia Cardinale. Die scheen ooit eens tijdens dreigende onvrijwillige seks tegen Jason Robards gezegd te hebben: '*When you're finished, all I'll need will be a tub of boiling water, and I'll be exactly what I was before – with just another filthy memory.*'

En zo was het. Na een unisono stereo-orgasme spoog ze Rory's zaad op de tegels, liep naar binnen, en boende haar lichaamsopeningen schoon. De deal was rond, de vergadering ten einde. Leon bestelde een taxi voor haar en beloofde snel te bellen.

Een week later ontving Lotte per post een aangepaste versie van het scenario. Er waren een paar kleine wijzigingen, zo ankerde Cornelis' VOC-schip nu in het IJ, en meerde niet meer af aan de Dam. Ze vond het verhaal iets minder geweldig dan de eerste keer, maar het had nog steeds de potentie om een mooie, historische kwaliteitsfilm te worden. Schaamde ze zich over de zwembadscène? Ja. Had ze spijt van haar investering? Nee. Ze probeerde haar dochtertje te vertellen hoe ingewikkeld de filmindustrie soms kon zijn. 'Ik zag het aankomen, en ja, ik had weg kunnen lopen, maar als Marlene het goed speelt, krijgt mama een nieuwe kans en een half miljoen. Ik deed het voor jou,' zei ze, en wist dat het niet waar was. Ze had het voor zichzelf gedaan. Wat maakte Zoë het uit waar het geld voor poedermelk en luiers vandaan kwam? Wat haar betrof zou haar moeder ook een achtenswaardig baantje kunnen hebben bij een makelaarskantoor of in de keuken van een fastfoodrestaurant.

Er gingen nog twee weken voorbij. Ze kreeg een nieuwe brief van Brent, Raggel & Dripsteen. LAATSTE AANMANING stond er in schreeuwletters. Ze deed een schnabbel van drie draaidagen voor een Kevin Costner-film, een reclamespotje voor een elektrische barbecue. Ze werd gevraagd voor een rol in een bewerking van *Richard III*, maar ze zei 'nee' omdat ze beschikbaar wilde blijven. Aan de voicemailserver van haar agent stelde ze voor om koffie te gaan drinken. Pas na drie dagen belde Marlene terug.

'Dat stuk over Richard gewoon doen hoor,' zei ze.

'Te laat. Ze hebben al een ander.'

'Want *Semper Augustus*, dat wordt iets uitgesteld, denk ik.'

'Hoe weet je dat?'

'Omdat je tegenspeler ook bij ons zit. En die is nog niet vrij.'

'Wie is dat dan?'

'Mag ik niet zeggen.'

'Marlene.'

'Nee, ga ik niks over zeggen. Heb wel een andere vraag. Begin volgend jaar is de release van het tweede seizoen van *Just Another Mission* voor een aantal Europese televisiezenders. Ze vragen of je samen met William een pr-tour wil doen.'

Het tweede seizoen. Toen ze nog vrolijk door het uitspansel vloog en ze nog niet wist hoe het zou eindigen. 'Hoelang?'

'Drie weekenden. Brussel, Berlijn, Londen.'

'Gaat dat niet botsen met het schema van *Semper Augustus*?'

'Nee. Zelfs als ze de opnamen gaan vervroegen – wat ze niet zullen doen – ben je toch al in de buurt, dus dat komt helemaal goed.'

Dat was waar. Ze vond het eigenlijk wel leuk, op reis gaan met *J.A.M.* Alles beter dan hier bij de telefoon te moeten wachten. 'Kan Zoë mee?'

'Wie?'

'Mijn dochter. Ze is al één.'

'Voor *Augustus* kunnen we een clausule in je contract opnemen dat zij moeten zorgen voor kinderopvang. Maar *J.A.M.* heeft er geen budget voor.'

'Word ik betaald?'

'Alleen reis- en verblijfkosten. Sorry. In principe ben je verplicht om zonder verdere bezoldiging mee te werken aan publiciteitswerkzaamheden.'

'Jammer.'

'Ja. Laat je me snel weten wat je doet?'

'Doe ik.'

'En Lotte? Ik ben zo blij voor je. *Augustus* kan echt een belangrijke boost worden voor je carrière.'

Ja, dacht ze, tuurlijk ben je blij. Je hebt niet op je rug hoeven liggen, maar je krijgt wel twintig procent.

~

In het voorjaar vloog ze samen met William via Houston naar Amsterdam.

Zoë kon helaas niet mee. Isabel had aangeboden op het huis te passen en voor haar kleindochter te zorgen.

Lotte vond het afscheid niet makkelijk. Het was de eerste keer dat ze haar kindje alleen liet. Aan de andere kant vond ze het, diep vanbinnen, ook wel fijn om een paar weken een vrije vrouw te zijn.

In de lie-flatstoelen van KLM was het net alsof ze weer met de commandant van *J.A.M.* op weg was naar een onbekend sterrenstelsel. 'Ongelofelijk,' zei hij, 'dat je nu een dochter hebt. Ik snap niet hoe je dat gedaan hebt. Dat niemand het wist, bedoel ik, behalve Jesús dan natuurlijk. Mijn god, wat onrechtvaardig, dat hij nu juist... niet te bevatten. Ik zit naast een jonge moeder én een jonge weduwe. En je doet dat allemaal maar. Ik ben onder de indruk, echt waar.'

'Dank je.'

'Ik mocht hem graag. Weet je nog, dat shot dat we aan de zero-gravitykabels hingen en dat hij met een rotvaart onder ons door werd getrokken op een lage *dolly*. Het moest geloof ik wel vijf of zes keer over, en toen het er eindelijk op stond bleek dat zijn elleboog de hele tijd over de grond had gesleept. De vellen hingen erbij.'

'Dat is later nog een behoorlijke infectie geworden.'

'De opnameleider verklaarde hem voor gek, maar hij zei alleen maar met die onverstoorbare Winnetou-glimlach van hem: 'Ik ben klaar voor het volgende shot. Klagen doe ik thuis wel.'

'Thuis klaagde hij ook niet.'

'Het is klote. Nu blijken die weapons of mass destruction misschien helemaal niet bestaan te hebben. Duizenden jonge mensen geofferd voor niets.'

De stewardess kwam de biefstuk met roquefortsaus brengen.

'Hoe bevalt de nieuwe?' vroeg ze, om van onderwerp te veranderen.

'Ik vond het met jou leuker. Nee echt. Ze is best aardig, goede actrice misschien ook wel, maar ze is verschrikkelijk met haar uiterlijk bezig. In haar kleedkamer staat een roeimachine.' Hij sneed zijn vlees in stukjes. 'Ze heeft een eigen make-upassistent,' voegde hij er somber aan toe.

Lotte zweeg. Het was inderdaad voor niets geweest. De documentaire waar Jesús halsoverkop voor naar Irak moest, was er door geldgebrek nooit gekomen.

De pr-afdeling van *J.A.M.* had hun verblijf vakkundig voorbereid. Ze hadden elk een eigen superior room in het Mariott. Het schema was relaxed. Drie dagen vrij in Amsterdam, één reisdag naar Brussel, één dag interviews rond de vertoning van de hoogtepunten uit de eerste twee seizoenen, dan weer vier dagen vrij, een reisdag naar Berlijn met dito programma, en vandaar weer terug naar Nederland en vervolgens een korte vlucht naar Londen. Lotte had alle tijd om William de stad te laten zien. De gewone dingen, Paleis op de Dam, Tussauds. Van Gogh. Rondvaart. Ze stelde hem voor aan Guusje.

Toen die ontdekte dat Lotte over tien dagen weer in Amsterdam zou zijn, stond ze erop een Schopfheim-reünie te organiseren. Daar stond Lotte nogal ambivalent tegenover, maar haar vriendin was onvermurwbaar. Ze zou ze allemaal uitnodigen. Iedereen, behalve Reuben natuurlijk.

Bij het horen van die naam werd Lotte ongedurig. Ze wilde weg. Stel je voor dat ze hem in deze stad tegen het lijf zou lopen.

William vond het prima om een paar dagen eerder naar Brussel te vertrekken, ze stuurde een fax naar de pr-afdeling, en 's avonds laat checkten ze in bij het Steigenberger Wiltcher's. De receptioniste overhandigde haar een notitie. Of ze Leon Goldmayer terug wilde bellen.

William bevroor, zijn sleutel halverwege de desk.

'Mijn volgende film,' deed Lotte nonchalant. Ze had Leon makkelijk vanaf haar kamer kunnen bellen, maar ze deed het expres bij de receptie. 'Leon? Je bent vroeg wakker.'

'Ik hoor dat je in Brussel bent.'

'Marlene zei dat het geen probleem was met jullie draaischema.' Ze knipoogde naar haar verbouwereerde collega. Laat mij dit lolletje hebben, dacht ze, ik heb er een hoge prijs voor betaald.

'We zullen wat later beginnen met draaien.' Leon klonk tamelijk kortaf. 'Er zijn wat probleempjes met de Europese financiers. We hebben een meeting volgende week. In Amsterdam. Ik vroeg me af of jij daar even je gezicht kunt laten zien.'

'Ik?'

'Zelf ben ik verhinderd. En ik heb op dit moment ook geen toegevoegde waarde. Jij wel. Ze weten wie je bent, daar. Het zou goed zijn voor het vertrouwen. Je kunt misschien vertellen wat je van het script vindt. Plus, je kent de regisseur. Hang een positief verhaal op.'

Een positief verhaal over Rory, dacht ze. Hij wil filmen zoals Johannes Vermeer. Hij wil het vrouwelijk lichaam ontdekken als een kleine Vespucci. Zijn kreeftrode buik lilt mee als hij je facefuckt.

'Zou je dat willen doen?' Leon in haar oor.

'Natuurlijk.'

'Prachtig. Dank je wel. De bank is Van Oranje. Ik zal ze laten weten dat je komt. En verder is er een dame van FineCine bv. Zij kan alle technisch-financiële vragen beantwoorden. Ik fax je haar nummer, oké?'

In de lift naar boven bekeek William haar alsof ze net een hitteschild had gerepareerd zonder ruimtepak. 'Ga jij een film doen voor de Goldmayer Company? Wanneer?'

'Over een paar maanden.'

'Godsamme. Budget?'

'Honderd.'

'Nietwaar.' Hij klonk afgunstig. Het bedrag was het tienvoudige van het budget voor twaalf afleveringen *J.A.M.*

'Periodefilm. Over de vrijheidsstrijd van een vrouw tijdens de tulpenoorlog.'

'En jij bent die vrouw?'

Lotte glimlachte.

'Zul jij blij zijn geweest dat je contract voor *J.A.M.* niet verlengd werd. Anders had het niet gekund.'

'Zo is het.'

Tevreden dat de rollen tussen haar en haar voormalige gezagvoerder waren omgedraaid, viel ze even later in slaap.

~

Tijdens de fotomomenten, Q&A-sessies en lunches met distributeurs in Brussel en Berlijn vergat ze soms de knoop bij haar middenrif, maar toen de internationale trein uit Duitsland een week later de buitenwijken bij Diemen passeerde, nam het gewicht van de steen in haar maag toe. Amsterdam, de citadel van Reuben. Hij kon in dat gebouw daar zitten, of in die auto voor het stoplicht.

In het Marriott kreeg ze deze keer een suite. Er stonden twee grote vazen met bloemen. Op het enorme bed lag een presentje ter grootte van een verhuisdoos in koraalblauw glimpapier. Er zat een zeventiende-eeuwse japon in, een uitzinnig geel geval met baleinen en verschillende lagen goudbrokaat. Er hoorde ook een *wardrobe assistent* bij die beneden in lobby geduldig zat te wachten tot Ms. Feuerstadt tijd had om de jurk te passen.

Lotte belde Leon.

'Vind je 'm mooi?'

'Ja, nee. Moet ik die aan?'

'In zo'n meeting gaat het niet alleen om de cijfers. Europeanen zijn anders. Ze willen de zekerheid dat het echt gaat gebeuren. Dat er al gebouwd wordt aan de decors, dat de acteurs gecontracteerd zijn, dat soort dingen. Een beeld vertelt meer dan duizend woorden, toch?'

Het wardrobemeisje hees haar in het gele slagschip, een exercitie van bijna twee uur. Alleen al de bevestiging van de kraag – een molensteen van vier etages Brussels handwerk – duurde drie kwartier.

Er stond een limousine klaar om haar naar de bijeenkomst te brengen van de commanditaire vennootschap *Semper Augustus*. Ze hadden hiervoor het Muiderslot afgehuurd, inclusief fakkels en lakeien in livrei. Bij de poort werd ze opgewacht door een ceremoniemeester met een pruik, die haar naar een antichambre begeleidde. Ze gaf een geschoend handje aan een half dozijn blije bankjongens. 'Het gaat goed,' fluisterden ze opgetogen, 'er is veel belangstelling.' Uit de zaal klonk sonoor geroezemoes van prognoses en cijfers.

Een technicus plakte een microfoontje in de tulewolk onder haar kin. Ze wierp een blik naar binnen. Daar zaten, op gewone stoeltjes van kunststof, zo'n driehonderd belangstellenden.

Snel klokte ze twee champagnekelkjes naar binnen. Ze had eigenlijk geen idee wat er van haar verwacht werd.

'En nu,' hoorde ze, 'graag uw aandacht voor een van de coproducers.'

Een beleefd applausje.

'Ik wil u bedanken voor uw komst,' klonk de stem van Reuben. 'Het is een bijzondere avond. U kunt mij straks vragen stellen, want eerst wil ik namelijk iemand aan u voorstellen. Het is een persoon die eigenlijk geen introductie behoeft.'

Lottes lichaam heeft dan al een halve draai gemaakt, ze wil zo snel mogelijk naar buiten, naar de auto, weg uit dit kasteel. Ze doet een stap naar de uitgang, maar het is te laat. Dit is haar cue. De bankventjes staan in een halve cirkel om haar heen. Samen komen ze op, de koningin met haar lijfwacht. En daar staat hij, in smoking, filmsterachtig verlicht door een volgspot. Hij is wat kaler dan vijf jaar geleden, maar de wolfsgrijns is hetzelfde. Hij steekt zijn hand uit. Wat kan ze anders dat de hare erin leggen?

'Lotte Feuerstadt is druk bezig met de voorbereidingen, we zijn blij dat ze tijd heeft om even langs te komen. Hoe gaat het met de preproductie?'

Gebiologeerd staart ze terug. De rosacea manifesteert zich nu nadrukkelijk – ze ziet de uitslag in zijn hals, op zijn polsen.

'Wat vond je van het scenario?'

Er is iets in haar geïmplodeerd. Alle beweging is tot stilstand gekomen.

'Lotte?'

Ze kan niet meer terug. Na a komt b. Oorzaak en gevolg. 'Goed,' mompelt ze. 'Fantastisch.'

Het blijft even stil.

Reuben lacht. 'Juist. Voor Europese begrippen is dit een enorme film. Als dit soort producties hier mogelijk zijn, is er dan een kans dat je terugkomt?'

'Terugkomt?'

'Ja, naar Nederland.'

'Nee, ik kom niet terug.' Haar stem is te zacht.

'Dat zullen veel mensen heel jammer vinden. Hoe bereid je je voor?'

Ze kijkt hem wezenloos aan, het voelt alsof ze high is.

'Op je personage. Anders dan in *The Mad Empress* zijn er uit die tijd weinig rolmodellen.'

'Ik lees veel,' piepte ze. Dit ging niet goed. Op deze manier maakte ze geen goede reclame.

'Hoe was dat, een patriciërsleven rond 1660?'

'Eh, je bent veel tijd kwijt met aankleden.'

In de zaal wordt er gelachen.

'Wat maakte dat je "ja" zei?'

Ze worstelt zich naar de werkelijkheid. 'Een hele belangrijke periode in onze geschiedenis.'

‘Precies. Nederland is het machtigste land ter wereld.’

‘Klopt. Onbegrijpelijk dat er niet eerder een film is gemaakt over dit onderwerp.’

‘Zie je aanknopingspunten met onze tijd?’

Ze zwengelt haar ionenmotor aan. ‘Heel erg. Hebzucht, tunnelvisie. Terwijl tegelijkertijd onze grote meesters ontwaken. Huygens, Van Rijn, noem maar op.’

‘Rory Swift. Je hebt al eens met hem gewerkt?’

‘Ja, nee. Hij heeft bijzonder opwindende ideeën. Als er één regisseur is die dit kan, is hij het.’

Zo gaat het nog even door. Op de automaat geeft ze antwoord, ondertussen vraagt ze zich wanhopig af wat ze moet doen. Reuben coproducer van *Augustus*?

‘Ze klimmen op elkaars schouders om naar de horizon te kijken,’ hoort ze op een bepaald moment haar eigen stem. Ze heeft zin om ergens over te geven. Maar in plaats daarvan drinkt ze na afloop mousserende wijn en schudt handjes met financiers en kleinburgers die hun centjes in de pot moeten stoppen. Na een half uur ziet ze eindelijk kans om te ontsnappen – Reuben is aan de andere kant van de zaal druk in gesprek. Zo onopvallend mogelijk loopt ze naar buiten en vervloekt haar kostuum. Tussen al dit stemmige zwart is ze net zo onzichtbaar als een wegwerker in een fluorescerend hesje.

Ongezien steekt ze de binnenplaats over, haar hakken haken achter de kinderhoofdjes, een paar seconden lijkt een snelle autorit naar Amsterdam dichtbij, ze is al bijna bij de uitgang als ze zijn stem hoort. ‘Tien miljoen,’ zegt hij. Hij haalt haar in en posteert zich voor de poort. ‘Als het een beetje gaat zoals ik denk dat het zou moeten gaan, halen we vanavond tien miljoen binnen.’

‘Mooi. Maar ik moet nu weg.’

‘Samen met de twintig die we al hebben opgehaald, zitten we nu op dertig procent.’

‘Gefeliciteerd.’ Ze is bang.

Hij schudt bezorgd zijn hoofd. 'Ik weet niet of het genoeg is. Ik heb toegezegd dat we in Europa de helft van het kapitaal kunnen vinden.' Zijn gezicht wordt dramatisch verlicht door de walmende toortsen aan de middeleeuwse muur.

'Wat wil je van me?' Achter zijn rug ziet ze haar limousine verleidelijk glinsteren.

'Lottegoudlokje. Snap je het niet? In dit tempo gaat het niet lukken. Dan is er geen film. En dus ook geen rol voor Lotte Feuerstadt. Dan moeten we al dat geld teruggeven aan de mensen die hier rondlopen.'

Ze zegt niets.

'Ik heb je hulp nodig. Loop even mee.'

Ze aarzelt. Loop even mee is niet ongevaarlijk. Loop even mee kan helemaal verkeerd uitpakken.

'Kom op, Lot. Ik ga je niet ontvoeren of zo, het is vlakbij.' Hij maakt een hoofdbeweging naar de tuin en pakt voorzichtig haar arm.

Ze laat het toe. Wat kan er gebeuren? Overal staan schijnwerpers.

Na twintig meter laat hij haar los en wijst naar de rivier. Daar ligt een joekel van een motorjacht, het verspert de toegang naar de jachthaven. Het is monstrueus hoog, ze telt vier, vijf verdiepingen, overal brandt de dekverlichting.

'Straks varen we met een paar vips terug naar de stad. Mensen die allemaal vijf ton of meer willen inleggen. Het zou heel fijn zijn als je meeging.'

Hij legt haar geen strobreed in de weg als ze naar de auto loopt. De chauffeur houdt de deur open. Ze propt haar japon naar binnen, op de achterbank belt ze haar agent. Het kost waarschijnlijk een vermogen, maar dat kan haar nu niet schelen.

'Goeiemorgen, Lotte. Hoe gaat de pr?'

'Goed, prima, over drie dagen vliegen we naar Londen. Luister, ik heb een belangrijke vraag en wil dat je me eerlijk antwoord geeft.'

'O, jee. Ik zal het proberen. Ben net wakker.'
'Is er al een contract voor *Semper Augustus*?'
'Ik denk dat je heel tevreden zult zijn. Alles zit erin, honoraria, winstdeling, prequel- en sequelrechten, spin-off, merchandise, borgsom. Naaktclausule. Een nanny tijdens de opnameperiode.'
'Is het al ondertekend?'
'Door jou dus nog niet, want je bent in Europa.'
'Ik bedoel, door de Goldmayer Company.'
'Nee liefie. Dat doen ze natuurlijk pas als alles helemaal rond is. Je hebt Sam nog niet eens ontmoet.'
Sam is haar tegenspeler? Dat is een AA-acteur. Eigenlijk *out of her league*. 'Kan het nog misgaan?'
'Lijkt me onwaarschijnlijk.'
'Eerlijk antwoord.'
'Alles kan. Ik hoor dat er wat problemen zijn met de financiering *overseas*.'

Langzaam varen ze tussen de pieren naar open water. Het is een rustige, warme avond. Er zijn ongeveer dertig mensen aan boord, het equivalent van vijftien tot twintig miljoen dollar, als ze Reuben mag geloven. Er zijn verschrikkelijke types bij. Zwaarlijvige schreeuwlelijkerds, vastgoedkerels met plakhaar, bankiers met ogen waarin alle menselijkheid ontbreekt. Cateringmeisjes brengen hapjes rond die niemand wil hebben, er wordt des te meer gedronken. 'Ik wil ook zo'n jurk!' grapt een kegelvormige investeerder en hij wijst naar Lotte. Zijn overhemd heeft hij half opengeknoopt.

Reuben en zij werken schouder aan schouder om de mensen bij de les te houden. 'Je hebt alles in huis voor een succesfilm,' zegt ze keer op keer. 'Een fantastische arena, een overtuigende badguy, een romantische liefde, een twist.'

'Wat is de twist, dan?' vraagt een man met een glimmend kaal hoofd en het postuur van een bokser. Het is de Nederlandse minister van Financiën.

'Excellentie, dat is het moment dat Sophie moet kiezen tussen twee kwaden, maar dat de kijker weet dat er nog een derde weg is. En dat ze dan, volkomen onverwacht, voor een vierde optie kiest die niemand had zien aankomen.'

Als ze haar riedel zo'n tiental keer heeft afgestoken, neemt Reuben haar apart. Hij kijkt ernstig. 'Er is een dingetje.'

Ze laat zich meevoeren, twee trappen af naar een ander dek. Hier, bij de achtersteven, is het tamelijk stil. Dit moeten de privévertrekken van de eigenaar zijn, denkt ze. Er staan comfortabele meubels, achter een openstaande schuifpui schemerlampen en zachte loungemuziek.

'Ik wil je iets vragen,' zegt Reuben. De puistjes boven zijn overhemdboord gloeien vervaarlijk. 'Ik ben me ervan bewust dat je me een heleboel verwijt. Het Zwarte Woud. De breuk met Ewout. Guusjes oog. Weet ik wat allemaal nog meer. Ik hoef het ook niet te weten. Ik heb namelijk een voorstel. Een heel simpel voorstel. We kijken naar de toekomst en laten het verleden achter ons. Ik wil vooruit. Ik wil dat deze film er komt. Met jou. En niet met Julia.'

Ze fixeert haar blik op een knipperende lichtboei in de verte. Dingen beginnen in haar binnenste weer te imploderen. 'Wat bedoel je precies?'

'Leon heeft verregaande afspraken gemaakt met Julia's agency. Ze is beschikbaar. Ze heeft het script gelezen. Ze is wat duurder en heeft meer eisen dan jij, maar daar gaan ze wel uitkomen.'

Lotte ziet haar door flambouwen verlichte luchtkasteel traag slagzij maken in het IJsselmeer. Waar is ze mee bezig? Ze heeft hand in hand gestaan met haar verkrachter voor een publiek van roofridders. Ze heeft toegestaan dat een producent en regisseur tegelijkertijd in haar klaarkwamen. Ze staat verkleed als een geurkaars op een polyester strijkijzer een film te verkopen waar ze misschien niet eens in zit. Ze heeft verkeerd gegokt.

'Van iemand als Julia kan ik het niet winnen,' zegt ze toonloos.

'Ik weet het niet, ik heb het gevoel dat Leon zich behoorlijk verkeken heeft op de fundraising hier. Er wordt gewoon anders gedacht, het publiek in Europa heeft mogelijk meer met jou dan met dat botoxlijk uit Amerika. Julia speelt alles hetzelfde doordat haar gezichtspieren niet meer goed functioneren en nog maar twee standen kennen. Ze mag dan een betere box office hebben, maar jij bent de betere actrice.'

Verdoofd kijkt Lotte naar de lichten van een elektriciteitscentrale die rechts van haar langzaam in beeld komt. Wat doet het ertoe wie de beste actrice is?

'Ik ben bereid twee miljoen in *Augustus* te stoppen. Als ik me kwaad maak, weet ik zeker dat ik tien mensen kan vinden die hetzelfde willen doen. Samen met de kleinere investeerders van de commanditaire vennootschap, een banklening, plus het geld van Eurimage kunnen we de helft van het budget financieren. Daarmee zijn we een gelijkwaardige partner, en mogen we eisen stellen over de cast. Ik heb geen bezwaar tegen Sam als Cornelis. Maar jij moet Sophia spelen.' Hij staat achter haar, legt zijn handen op haar schou ders. *Titanic*, denkt ze, Leonardo probeert Kate te overtuigen niet overboord te springen.

'Ik wil daarvoor vechten,' zegt hij zachtjes in haar oor. 'Maar dan moet ik wel zeker weten dat jij meedoet.' Zijn handen verplaatsen zich een paar centimeter. Naar beneden.

Het water gorgelt langs de romp. Aan bakboord dreunt de energiecentrale.

Er is een overlevering over Charlotte van België, die in mei 1864 met vijfhonderd hutkoffers, een dozijn hofdames, honderden hovelingen en een gouden koets arriveerde in Mexico. Na de ontscheping in Vera Cruz bereidde het gezelschap zich voor op de rest van het traject: een reis van twee weken naar het paleis in Mexico-Stad. Een tocht van driehonderd kilometer door droge vlaktes en vochtige bossen, met stof, modder, kapotte wegen en voortdurende aanvallen van struikrovers en republikeinse opstandelingen.

De stichting van het Keizerrijk was een initiatief van de Franse keizer, die zijn belangen in Centraal-Amerika wilde beschermen door middel van een stabiele monarchie onder leiding van een prins uit Oostenrijk en een prinses uit België. Charlotte was vierentwintig, haar reiservaring beperkte zich tot verende stadskoetsen, eersteklas accommodaties en gecapitonneerde treinwagons met warm en koud stromend water. Het gewicht van haar reisjapon en juwelen bedroeg tweeëndertig kilo, ze was gekleed op een vorstelijke ontvangst, en dus niet voorbereid op veertien dagen van ontbering op een karrenspoor. Met de ijzeren discipline van de oude Europese royalty weigerde ze arrogant onderweg iets anders aan te trekken, kaarsrecht zat ze in haar hotsende en botsende vehikel en sommeerde haar gevolg hetzelfde te doen. Na tien dagen was iedereen uitgeput door slaaptekort, honger, jeukende malariabulten en uitdroging, maar Charlotte van Saksen-Coburg zat nog net zo recht op haar bankje als op de dag van vertrek.

Twee dagreizen voor Mexico-Stad brak de achteras van de keizerlijke koets. Er waren geen hotels, geen herbergen of pleisterplaatsen, men was gedwongen op de grond te slapen. Zonder hun escorte van Franse cavaleristen zouden ze zo goed als zeker beroofd zijn door rondzwervende desperado's. Het moet een vreemd gezicht geweest zijn, die adellijke dames met hun crinolines, luifelhoedjes en onderrokken van paardenhaar in dat woeste, hete en vochtige klimaat. Het lukte Charlotte in deze omstandigheden niet meer om het decorum te bewaren. Net als haar gevolg lag ze die nacht op de grond, bevuilde haar kostbare jurk met modder en hurkte 's ochtends, net als alle anderen, neer in de bosrand voor haar behoefte.

Er werd overwogen om Maximilliaan vooruit te laten reizen, zodat hij op tijd kon zijn voor de inauguratie, de stad keek immers reikhalzend uit naar de komst van de nieuwe keizer. Charlotte scheen toen tegen gravin De Coligny – een van haar hofdames – gezegd te hebben: 'Ik heb verdomme niet in de berm zitten schijten en bijna negenduizend klotekilometers gereisd om bij de laatste vijftig op te geven.' Dat was in het Frans, waardoor het er wat deftiger uit kwam, maar het schetst de belangen die op het spel stonden. Ze had die enorme reis niet zomaar gemaakt: aan het einde wachtte een kroning, erkenning en een keizerlijke majesteit. Die vijftigduizend stappen die haar nog restten waren niets, concludeerde ze terecht. Ze kon alleen maar vooruit.

De scène zit niet in *The Mad Empress*, maar Lotte was wel bekend met het verhaal. Ze zag er destijds frappante overeenkomsten in met haar eigen ambitie. Nu ligt ze voorover in de *owners cabin* van een tachtigvoets motorjacht terwijl Reuben haar van achteren neukt. Hij houdt haar feestjurk van gele zijde als een tarp omhoog.

Ze kent ook de 'verbouwingsparabel'. Deze vergelijking stelt dat als men eenmaal begonnen is met het slopen van een keuken, het geen zin heeft om halverwege te stoppen. Hoe malafide de bouwfirma ook is, hoeveel pijn de uitgedraaide poot ook doet, er is geen andere keus dan doorgaan, want wat eens een redelijk goed functionerende kookruimte was, is nu een ruïne van gebroken tegels en kapotgeslagen kastjes. Je kunt alleen maar hopen dat de aannemer de klus wil afmaken en – wanneer het hem uitkomt – zo vriendelijk is om een nieuwe keuken te plaatsen waarna je zonder dralen de te hoge rekening dient te betalen.

Ze voelt een opkomende kramp in haar kuit, verschuift haar been.

Reuben kreunt.

Deze keer plakken er geen mos en blaadjes aan haar wang, maar schuurt haar voorhoofd zachtjes over het witte leer van de kajuitbank. Het doet geen pijn, het materiaal is suède-achtig, veel comfortabeler dan bosgrond, en beter ook dan bijvoorbeeld het stromatras waar Claudia het mee moest doen in haar spaghettiwestern.

Tevens beschikt de eigenaarshut over een eigen badkamer, en na afloop staat ze bij de reling gewoon weer handjes te geven aan de dronkenmannen die van boord gaan.

Haar chauffeur brengt haar terug naar het hotel. Ze laat het bad vollopen, maar ontdekt dan dat ze de gehate jurk niet kan uitdoen.

Het lijfje van haar piskleurige tent zit vast met een tiental piepkleine haakjes op haar rug. Ze probeert zich eruit te vechten, rost de achterkant langs een beddenspijl, zoekt iets om achter de sluitingen te haken, een raamhendel of een deurknop, maar is uiteindelijk gedwongen om de lift te nemen naar beneden en hulp te vragen aan de nachtportier. Die vervolgens niets kan met het beschadigde koperdraad en iemand van de technische dienst erbij moet halen. Al die tijd moet ze zich beheersen om niet een schaar te pakken en de japon van voren open te knippen. Maar ze durft het niet. Het zal haar kwalijk worden genomen door de mensen die de limousine hebben betaald, die het Muiderslot, de lakeien en het jacht hebben gehuurd. Aan het einde van de rit bestaat de kans dat Leon belt en roept: '*What the fuck*, Lotte, ik zie hier een rekening van tweeduizend dollar voor een opengesneden kostuum, weet je wat? Ik geef de rol aan iemand anders.'

Ze is te ver gekomen om de deal nu af te laten ketsen op zoiets onbenulligs als een gebrek aan zelfbeheersing. De portier slaagt er uiteindelijk in om Lotte met een nijptang te bevrijden.

Ze blijft drie dagen in haar kamer. Ze kan het niet opbrengen om naar de reünie te gaan van Schopfheim en meldt zich ziek. Het hotelpersoneel schuift een fax onder haar deur van de commanditaire vennootschap *Semper Augustus*: 'Negenendertig miljoen!!' heeft Reuben er met uitroeptekens opgeschreven.

Ze houdt William op afstand door met een handdoek voor haar mond een griepaanval voor te wenden en volhardt daarin tot ze naar Schiphol vertrekken voor het laatste deel van hun pr-verplichtingen.

Met shawl en zonnebril loopt ze door de vertrekhal en ziet hen gelukkig al van veraf: bij het hekje van de paspoortcontrole staan Babette, Jaap, Ewout en Guusje. Allemaal een bos bloemen in de hand, Guusje een ballon in de vorm van een tulp. Lotte schrikt van de tijd die zichtbaar is in de gezichten van haar vrienden van vroeger en verbergt zich achter een reclamebord. Even overweegt ze om gewoon door te gaan en hen te omhelzen. Ze zijn speciaal voor haar gekomen, Ewout woont zelfs helemaal in Limburg. Maar ze twijfelt. Wat heeft een ontmoeting met het verleden nog voor zin? Ze wil niet terugkijken.

Ze legt het uit aan William: er staan vier fans bij de douane die ze liever niet wil ontmoeten.

Haar kapitein begrijpt het, hij is gewend aan de minder leuke kanten van de roem en vertelt een verraste Guusje dat Lotte helaas een andere vlucht heeft genomen. Achter haar zuil kijkt ze toe hoe het viertal nog even onzeker blijft staan en dan ontgoocheld op weg gaat naar de treinsporen.

Ze dalen langzaam boven Engeland. Het liefst zou ze door willen vliegen: bijtanken in de lucht en non-stop verder naar Zoë. Volgens Isabel gaat het goed met haar, maar mist ze haar moeder. Dat is wederzijds. Lotte is van plan om heel erg de schade te gaan inhalen, straks, met oneindig veel knuffels, lieve woordjes, kusjes en de belofte dat, als mama de volgende keer in een vliegtuig stapt, Zoë mee mag, met een nanny. Dat is contractueel vastgelegd.

Op Heathrow beantwoordt ze professioneel de vragen over *Semper Augustus*: ja, ze kunnen elk moment beginnen met draaien, ze heeft in Amsterdam al een aantal kostuums gepast.

~

Ze weet nog niet dat de film zes maanden zal worden uitgesteld. En daarna weer zes maanden. Op het moment dat het er echt van lijkt te gaan komen, zijn de Nederlandse belastingregels zodanig veranderd dat investeringen in filmproducties niet meer aftrekbaar zijn. De belangrijkste partners zijn dan al afgehaakt. Ook de kleinere financiers willen hun geld terug. Bij de meesten lukt dat, bij sommigen niet. Het momentum zal voorgoed voorbij zijn.

Leon zal het bijzonder jammer vinden, maar wat kan hij doen?

Sometimes you win, sometimes you lose. Als zoenoffer geeft hij Lotte een bijrolletje in een sitcom.

Ze kan niet anders dan zich erbij neerleggen. Die internationale comeback zal er niet komen. Ze heeft zich voor niets laten penetreren. Misschien is ze teleurgesteld dat het zo gelopen is, maar ze is niet verbitterd. Ze heeft haar *situation comedy*, daar kan ze net van rondkomen. In het onbegrijpelijke uitspansel van de entertainmentindustrie zijn er maar zeer weinigen die kunnen overleven. Sta je te ver weg van het middelpunt zal niemand je kunnen zien in het duister. Ben je te dichtbij, dan bestaat de kans dat het licht je zal verzengen, dat ziet ze nu wel in. Ze nadert de veertig en heeft vermoedelijk haar Goudlokjesplek gevonden tussen de sterren, een dwergplaneetje aan de buitenste rand van een zonnestelsel.

Binnenkort zal ze de laatste termijn overmaken aan Brent, Raggel & Dripsteen. Daarmee is de ereschuld aan haar vader ingelost. Dat stemt haar tot tevredenheid.

Tien jaar later wordt de film over de Hollandse tulpenmanie alsnog gemaakt, voor een derde van het oorspronkelijke budget. Lotte is dan echt te oud, haar rol wordt gespeeld door een twintig jaar jongere actrice. Hoewel Reuben een aandeel in de productie heeft, wordt er geen enkel shot gedraaid in Nederland. De feestelijke première van *Semper Augustus* is in Londen.

Opnieuw staan Leon en Reuben na afloop op het dak van een hotel, alleen nu is het The Hyatt Regency op Portman Square. Leon rochelt een fluim naar het donkere plein beneden.

Twee maanden later doet een moedige Amerikaanse actrice aangifte. Leon Goldmayer wordt beschuldigd van verkrachting. Tientallen vrouwen melden zich daarna met verhalen over seksuele chantage bij de Goldmayer Company.

Lotte Feuerstadt houdt echter haar mond.

In Nederland gebeurt hetzelfde, maar op kleinere schaal. Een tiental vrouwen zoekt de publiciteit met klachten over grensoverschrijdend gedrag bij Rhuggenaath Sterren Casting. Onder hen ook een aantal geestjes uit het verleden: de dochters van de oom waar Reuben twee jaar heeft gewoond komen met een paar griezelseksverhalen die in de pers breed worden uitgemeten.

Ook nu zwijgt Lotte.

8. *Wat gebeurt in het donker wordt verblind door het licht*

De finale. Hij heeft moeite zich te concentreren. Het gezicht van Matthias zwemt af en toe van hem weg. De presentator voelt zich als een vis in het water, grijnst hem toe en zegt: 'Leon Goldmayer, een van de toonaangevende Hollywood-producenten, is ontslagen door zijn eigen bedrijf. Wat dacht u toen u dat nieuws hoorde?'

'Ik ken hem niet zo goed. Een paar keer ontmoet tijdens de financieringsrondes. We hadden voornamelijk telefonisch contact.'

'Jullie delen een voorliefde voor actrices tussen de twintig en vijfendertig.'

'Ik weet niet wat je daarmee bedoelt.'

'Een aantal dames heeft jou immers ook aangeklaagd.'

'Een beschuldiging is snel gemaakt. Ik kan niet zeggen dat ik me aangesproken voel. Maar misschien weet jij iets wat ik niet weet, Matthias?'

'Het is dus niet waar?'

'Het is niet waar.'

'Ze liegen?'

'Ik weet niet wat ze doen. Maar hun uitlatingen raken me wel. Ik voel me geroepen me te verdedigen, ook hier bij jou. Mijn vraag is dus: is er bewijs waarmee deze insinuaties worden onderbouwd?' Hij speelt hoog spel. Het bewijs stond op een harddisk in zijn kluis. Tientallen beavershots, pijpmondjes en penetraties, van begin jaren negentig tot nu. De analoge tapes uit de begintijd heeft hij zelf gedigitaliseerd. Als er duplicaten zijn, zullen ze nu boven water komen.

Matthias zegt niets.

Met beide handen omklemt Reuben het drinkglas voor hem op tafel. 'Kijk, ik maak fouten, net als iedereen.' Niet de vermoorde onschuld spelen, hij heeft dit allemaal voorbereid. Fiona zit in het publiek op de tweede rij. Toch gekomen, denkt hij opgelucht. 'Het zou kunnen dat ik mensen op het verkeerde been heb gezet. Er is *some crazy shit* voorbijgekomen in die vijftien jaar.'

Matthias is ook niet op zijn achterhoofd gevallen, en vraagt: 'Kun je je, afgezien van het ontbreken van de bewijslast, dan voorstellen dat er dingen in de castingruimte zijn voorgevallen die niet door de beugel konden?'

Reuben laat een korte stilte vallen. 'Dat heb ik me natuurlijk ook afgevraagd, de afgelopen dagen. Ben ik over de schreef gegaan? Ik denk het niet. Maar mijn perceptie is heel anders dan iemand die voor het eerst een test doet. Ik bedoel, als ik de president van China was, zou jij ook heel anders met me praten dan je nu doet. Wat voor mij normaal gedrag is, is dat voor een ander wellicht niet.'

'Maar is het denkbaar dat mensen zich beschadigd voelen?'

'Acteurs zijn kwetsbaar. Hun emoties moeten echt zijn, anders gelooft niemand ze. Als ze een vrijscène moeten spelen, moet daar iets van waarachtigheid in zitten. Je ziel ligt altijd op tafel, in de creatieve sector. Een slechte recensie, een vervelende opmerking van een regisseur, een verkeerd uitgelegd gebaar van een castingdirector, het kan allemaal schade aanrichten.'

'Maar de beschuldigingen aan jouw adres zijn toch heel specifiek? Aanranding, seks onder dwang, dat soort dingen.'

'Wat je ziet is dat de mensen die nu naar voren komen, naar hun idee nooit een kans hebben gekregen. Nooit een echte carrière hebben gehad. Die zoeken natuurlijk naar een oorzaak. Die nemen me misschien allemaal dingen kwalijk waar ik niets aan kan doen.'

'Dus je herkent je niet in het beeld dat ze schetsen.'

'Ik begrijp dat ze gekwetst zijn en dat ik daar een rol in heb gespeeld. Dat spijt me oprecht, want dat is nooit mijn bedoeling geweest. En als er incidenteel sprake is geweest van het verlenen van seksuele diensten, was dat wederzijds en altijd met instemming van beide partners.'

Hij weet dat hij hiermee een punt heeft. Het zal voor de dames in kwestie een hele klus worden om een juridisch instrument te vinden waarmee ze deze redenering kunnen ontzenuwen. Ze waren er immers bij toen het gebeurde. Ze zijn naderhand niet meteen naar de politie gegaan met het ejaculaat. Ze hebben er iets voor teruggekregen en in die zin waren het vruchtbare concepties. Maar dat zegt hij niet hardop. Wat hij wel zegt: 'Het omgaan met macht is uiterst precair in de film- en theaterwereld. Vraag en aanbod zijn er totaal niet met elkaar in verhouding. Als er al sprake is van verwijtbaar gedrag, ben ik slachtoffer geworden van een verkeerde bedrijfscultuur.'

Matthias knikt. Hij begrijpt het. 'Ik hoop niet dat je het erg vindt, maar we hebben vanavond nog een speciale gast uitgenodigd.' Hij verplaatst zijn blik van Reuben naar de camera en in close-up kondigt hij haar aan: 'Mag ik een warm applaus voor Giselle Sigmundsdotter?'

Natuurlijk heeft Reuben rekening gehouden met de mogelijkheid dat hij geconfronteerd zou worden met een of meerdere actrices. Maar de jonge vrouw die nu plaatsneemt aan tafel kent hij niet.

'Giselle,' zegt Matthias, 'jij bent Zweeds, of vergis ik me?'

'Mijn moeder,' antwoordt Giselle. 'Maar ik ben zo Hollands als wat.' Ze lacht haar groene ogen tot spleetjes.

'Je bent psychologe, maar in een grijs verleden wilde je actrice worden, klopt dat?'

'Inderdaad.'

'En in die periode heb je meneer Bierkwiek ontmoet.'

'Klopt.'

'Reuben, kun je je deze dame herinneren?'

Hij twijfelt. 'Ik weet het niet. Ik zie zo verschrikkelijk veel mensen.' Maar die ogen hebben hem op een spoor gezet. Hij heeft deze vrouw eerder gezien. Lukraak opent hij de lades van de dossierkast in zijn hoofd, op zoek naar de juiste castingtape.

'Kun je ons iets over die ontmoeting vertellen, Giselle?'

'Ik was negentien, wilde heel graag toegelaten worden tot ronde twee van een bepaalde casting. Deze meneer was in de veertig en bezat de sleutels tot die tweede ronde.'

Roxane's Hel, denkt Reuben. Het ravijn van smaragd. *Spaghetti funghi.*

'En toen?'

'De test zelf was op zijn minst kwestieus. Er was niemand meer op kantoor. Het was hij en ik. Af en toe bevond de camera zich tussen mijn benen.' Ze vertelt het luchtig en glimlacht, maar Reuben voelt hoe alles en iedereen om hem heen verstijft.

'En heb je de rol gekregen?'

'Nee. Hij heeft wel Italiaans laten bezorgen.'

'En je kwam niet op het idee om aangifte te doen toen je eenmaal buiten stond?'

'Ik voelde me geen slachtoffer. Ik wist niets van de filmwereld. Zo gaat het kennelijk, dacht ik.'

'En ook later niet?'

'Het is bepalend geweest voor mijn besluit om te stoppen met acteren.'

'Je bent psychologie gaan studeren.'

'In een zeker opzicht ben ik meneer Bierkwiek wel dankbaar. Het onderwerp komt uitvoerig aan bod in mijn proefschrift.'

'Het wordt met de minuut interessanter!' roept Matthias. 'Welk onderwerp precies?'

'Seksualiteit in sociale onderhandelingen.'

'Vertel ons meer.'

In zijn ooghoek ziet Reuben hoe Fiona opstaat en verdwijnt achter de kleine tribune.

'Stel dat je verliefd bent op iemand. Vrouwen voelen daarbij doorgaans net iets andere dingen dan mannen, maar het verlangen naar de ander heeft altijd een seksuele component. Dat komt in alle relaties voor: man-man, vrouw-vrouw, man-vrouw. We hebben daar veel verschillende woorden voor; liefde, opwinding, erotiek, lust.'

'Juist.'

'In feite is dit een kwaliteitsreeks. Liefde staat bovenaan, lust heeft een lagere waardering.'

'Dat moet je even uitleggen.'

'Je vrijt anders met iemand met wie je een duurzame relatie hebt, dan met een onenightstand.'

'Laat mijn vrouw het maar niet horen, haha.'

'Ik denk dat ze dat juist wel moet horen,' antwoordde Giselle onverstoorbaar, 'want we doen daar dikwijls erg krampachtig over. Want wat blijkt uit onderzoek? De ene vrijpartij is meer teder of liefdevol dan de andere, maar ze hebben één ding gemeen: de opwinding wordt vooral bepaald door het verlangen je over te geven aan de ander, en tegelijkertijd die ander te bezitten.'

Reuben ziet aan de rode cameralampjes dat hij al een tijdje uit beeld is. Hij kijkt over zijn schouder en ziet Fiona druk praten met de floormanager.

'Deze bezitsdrang is hiërarchisch, maar wisselt tijdens het liefdesspel voortdurend van partner, net als de momenten van grote overgave. Tijdens een geslaagde copulatie is bezit en overgave met elkaar in evenwicht.'

'Jesus Giselle, dat wordt nog een moeilijk gesprek, als ik straks thuiskom,' lacht Matthias. 'Maar wat heeft dat nu te maken met de beschuldigingen aan het adres van Reuben?'

'Mensen met macht denken dat ze seksueel aantrekkelijk zijn. En dat zijn ze vaak ook. Het is spannender om een generaal tot overgave te verleiden dan een gewone soldaat.'

De host wendt zich tot Reuben. 'Vind jij jezelf aantrekkelijk?'

'Oeps, niet meer zo erg, vrees ik.' Hij reageert automatisch. 'Wat denk jij, Giselle?'

'Nee, ik voel me niet tot je aangetrokken. Maar als ik actrice was geworden, zou dat misschien anders liggen.'

'Dus daarmee zeg je eigenlijk?' De presentator lijkt even afgeleid door een geluid uit zijn oortje.

'Het is mijn persoonlijke ervaring dat meneer Bierkwiek vanuit een machtspositie seksuele gunsten heeft afgedwongen, en dat is moreel verwerpelijk. De vraag is bovendien: wat heeft hij ervoor teruggegeven?'

'Reuben?'

Wie geschoren wordt, moet stil blijven zitten. Hij wil niet verzeilen in een semi-wetenschappelijke discussie die hij niet kan winnen. Opnieuw heeft hij het gevoel dat Giselle hem de baas is, terwijl hij haar nota bene een aantal keer heeft genomen, ook van opzij. Wat denkt ze wel? Hij voelt een woedeaanval opkomen, het is een oud gevoel, hij heeft het al heel lang niet gehad. Hij ziet dat Fiona op weg gaat naar de regiecabine.

Matthias buigt zich voorover. 'Meneer Bierkwiek? Uw reactie?'

Stil blijven zitten, stil blijven zitten, houdt hij zich voor, uit alle macht.

In Giselles ogen gloeit gifgroene minachting.

Reuben merkt dat hij transpireert. Hij heeft die vrouw bezeten, haar mond, haar vagina. Hij kan de gedachten in zijn hoofd niet onderdrukken. 'Mevrouw Sigmundsdotter heeft teruggelikt,' zegt hij.

'Sorry?'

'Ze was nog opgewondener dan ik, ze stond open, haar vagina likte terug.'

Het is een moment doodstil in de studio.

'Je had het net over bewijslast.' Reuben ziet Fiona terughollen naar de publiekstribune, maar hij kan nu niet meer stoppen. 'Ik heb mijn vrije avond aan haar besteed. Ze wilde een extra test, maar ze kwam binnen als een blok beton. Ik heb de camera gepakt en we zijn aan het werk gegaan. Ik heb haar geholpen zich te ontspannen, denk hieraan, heb ik gezegd, denk daaraan. Probeer alles los te laten. En toen ze een beetje ontdooid was, heb ik haar laten improviseren. Laat me liefde zien, heb ik gevraagd, maar ze liet me lust zien, het lag te broeien, ergens diep in die turquoise kernreactor van haar.'

'Eh, Reuben...' De presentator zoekt naar woorden.

'Dat geeft al duidelijk aan dat ze het zelf wilde. Giselle hier moest zo nodig actrice worden. Je zou kunnen zeggen dat ze *mij* geneukt heeft, in plaats van andersom.'

'Ik denk dat we nu misschien–'

Maar Reuben laat zich niet onderbreken. 'Het is net gezegd. Alles is een onderhandeling. Mensen willen een kans. Ik geef ze die, tenminste, als ze me iets teruggeven. Denk je dat mensen met talent mij überhaupt nodig hebben? Natuurlijk niet. Daar mag ik soms het verkeer een beetje regelen, dat is alles. Het zijn de mislukkelingen die de hele tijd bij me aankloppen. Een rolletje. Een testje, een goed woordje. Ik heb m'n handen vol aan ze, terwijl mijn creatieve werk blijft liggen. Het regisseren, het schrijven.'

Hij is steeds harder gaan praten.

'Ik heb een twaalfdelige televisieserie bedacht over een jongen die opgroeit zonder ouders. Vraagt iemand daar ooit iets over? Nee. Jij ook niet, Matthias. Jij wil het ook alleen maar hebben over misbruik, sensatie, verkrachtingen, of dingen die lang geleden gebeurd zijn in Duitsland, waar ik overigens voor ben vrijgesproken.' Hij slaat met zijn vlakke hand op tafel. 'Ik ben bezig met een aantal scenario's, met de opzet van een roman. Er zijn verschillende uitgevers die belangstelling hebben. Ik ben godverdegodver bezig met een avondvullend toneelstuk. Wanneer moet ik dat dan allemaal schrijven, als ik de hele tijd word achtervolgd? Kijk, als ze naar me toe zouden komen om wie ik ben, om de ideeën die ik heb, dan zou het wat anders zijn, maar dat is het juist, ik weet waarom ze aan m'n mouw trekken: ik moet iets voor ze doen. Werk voor ze zoeken. Naar ze kijken. Naar ze luisteren.' Hij staat op en roept: 'Terwijl ik mezelf niet eens kan verstaan!'

Hij zet beide handen op de tafelrand en schreeuwt naar Giselle: 'Jullie reduceren me tot een doorgeefluik!' Speeksel sproeit in het tegenlicht. 'Terwijl ik zoveel meer ben!'

Ze glimlacht beminnelijk terug.

~

Fiona zit naast hem in de taxi en beroert even zijn schouder.

'Dat had beter gekund.'

Reuben knikt woordeloos. Hij is uitgegleden en in de afgrond gevallen.

'Ze zijn nog niet van ons af,' klinkt ze strijdvaardig. 'Ze hadden je niet zo mogen confronteren. Geen onverwachte gasten, hadden we met de redactie afgesproken.'

'Wat wilde je doen, dan?'

'We kunnen proberen aan te tonen dat jij onnodig reputatieschade hebt geleden.'

Hij vindt het lief dat ze zich zorgen maakt, maar hij heeft zichzelf uit de tent laten lokken. Hij kan niemand iets verwijten, behalve het Gisellekutwijf.

'Het is misschien beter als je je een tijdje gedeisd houdt. Ik regel de pers hier wel.'

Weer knikt hij.

'Is er nog iets wat ik moet weten?' informeert Fiona. 'Hoe zit het met die castingtapes?'

'Die zijn er niet.'

'Nee? Die kunnen niet opeens uit de kast vallen?'

'Ze hebben nooit bestaan.' Dat is niet helemaal waar, hij heeft ze uit de kluis gehaald en samen met de harddisk verbrand in een oude oliedrum aan de rand van de stad, als de eerste de beste vagebond. In theorie zou een van zijn medewerkers kopieën hebben kunnen maken, maar de meesten zijn loyaal aan hem omdat ze ook iets te verliezen hebben. Tenslotte hebben zij allemaal die meisjes naar boven zien gaan.

Op advies van Fiona vertrekt hij voor een paar maanden naar zijn buitenhuis bij Napels, aan de voet van de Vesuvius. Hij heeft het destijds speciaal gekocht in verband met het onbelemmerde zicht op de stratovulkaan. Hij voelt zich verwant met de massieve berg, die dagelijks beklommen wordt door honderden toeristen. Totdat het geduld van de berg een keer op is en hij in hun gezicht ontploft.

Hij heeft zijn schrijfwerk meegenomen, maar hij schiet niet op.

Ze vinden de opzet voor de roman en de twaalfdelige serie in de tuin. Op tafel bij de openstaande deuren liggen ook de eerste pagina's voor de autobiografie waar hij aan begonnen is. De huurauto is een verfrommeld wrak op de bodem van een bergkloof.

~

Lotte leest geen Nederlandse kranten, ze hoort het nieuws van Guusje, die haar opbelt in verband met de twaalfde verjaardag van Zoë.

Ze is opgelucht noch verdrietig. Ze moet denken aan de jongen op de brug over de Da Costakade, in het kunstenaarscafé, in haar slaapkamer op de Dinkelberg, ze herinnert zich het vuur van zijn ambitie, zijn gestuntel tijdens de selectiecursus, zijn wanhoop in de rechtszaal en de chantage aan boord van een motorjacht. Hij heeft zich één, en hoogstwaarschijnlijk twee keer aan haar vergrepen. Op het IJsselmeer heeft ze zijn gezicht gezien en in het Zwarte Woud niet, maar handen, beharing, lengte, ademhaling verraden dat hij het was. Toch kan ze hem makkelijker vergeven dan Leon of Rory.

Zoë is amper twaalf als ze wordt benaderd voor een zeepcommercial. Ze heeft de perfecte uitstraling, zegt de scout, en hoe jong ze ook is, de camera lijkt dol op haar te zijn. Ze bezit een bepaald naturel waarmee ze het volgens hem nog ver kan brengen. Lotte hangt op zonder antwoord te geven.

De dag erna haalt ze haar dochter van school en rijden ze met een volgepakt bestelbusje naar Guerrero Negro. Ze zijn er de afgelopen jaren al vaak geweest, tijdens de zomervakanties. In het begin was het onverdraaglijk, het vervlogen geluk met Jesús was overal aanwezig: in het slaapkamertje boven het restaurantterras, in de kamperfoelie, op de pier, in het koele zand van het strand. Stukje bij beetje geeft ze zich over en raakt eraan gewend hem de hele dag te horen in het geruis van de wind en de golfslag op de rotsen. In haar zal zich een idee vormen, soms neemt een golf het mee terug naar zee, maar spoelt het de volgende dag toch weer aan, net zolang tot ze het zeker weet.

'Ik wil graag blijven,' zal ze op een dag tegen Isabel zeggen.

Jesús' moeder zal glimlachen alsof ze dit allang wist en haar de sleutels van het restaurant overhandigen. Op het terras zal de keizerin van Mexico groente en vis schoonmaken en Zoë helpen met haar huiswerk. In de winter zullen ze een goede school voor haar uitzoeken, ze spreekt al vloeiend Spaans.

Alles beter dan de juiste uitstraling en een camera die dol op je is.